現代日本の資源問題

中藤康俊 編著
松原　宏

古今書院

はじめに

し、最近は従来のような「資源」の概念では捉えきれないような問題が出。その一つは、現代のように国民の多くが「生活の質」を重視するようななると、環境（廃棄物を含む）や観光・景観などの新しい問題が出てきたある。第2には、人口の減少と高齢化が進み、労働力不足という問題が出ので外国人労働力が生産現場や介護施設で必要になってきた。また、国際激しくなり、グローバリゼーションの時代にはグローバルな「人材」がき重要になってきたことである。第3には、中国をはじめとする新興国が経し、資源の争奪戦争が展開されるようになり、資源の囲い込みがみられるになった。また、外国資本が日本の山林や農地を取得するような動き、さら日本近海の領土問題が新たな国際摩擦になり、石油・天然ガス、漁場をめぐ源問題として浮上してきたことである。第4には、前述した2011年の東日震災と福島第1原子力発電所事故、そして毎年のようにくり返される局地的中豪雨の被害による国土の荒廃である。こうした新しい観点から資源問題をなくてはならない。

書はこのような観点から第1章ではこれまでの研究成果を整理し、課題を明にした。われわれの生活に基本的で不可欠なものとして第2章では食料資源ードチェーンの立場から論じた。第3章ではグローバル化時代の森林資源問取り上げ、外国資本の森林取得についても触れた。第4章では食料の生産、資源と密接な関連を有する水資源を問題とし、水資源開発のあり方についてた。第5章では国民生活に欠かせない水産資源を取り上げ、漁場の汚染、領めぐる紛争など深刻な事態を指摘した。第6章ではいま大きな問題になってエネルギー資源を問題とした。第7章では生産と生活の向上が廃棄物を増や環境問題をいっそう深刻にしており、廃棄物を資源として捉え、積極的にリクルに取り組む必要性を指摘した。第8章では「定常型社会」における観光を取り上げた。第9章では人間を労働力として取り上げ、戦後日本の労働市高度成長期、安定成長期、低成長期の3期に分けて論じた。最後に、第10は本書がめざす資源問題を通じて日本の国土の開発・利用・保全について論「まとめ」とした。

このように、本書は現代日本が抱える資源問題についてこれまでの研究成果をえ、食料、林業、漁業など様々な分野にわたって問題を明らかにし、国土の

はじめに

　1960年代以降、日本は海外から資源を輸入して重化学工[業]済成長を達成したが、90年代に入ると、「失われた20年」[の]低成長が続き、企業の倒産、失業者の増加、貿易赤字、経済[が転]落するなど深刻な経済危機に見舞われた。その一方で、中国[など]国の経済成長は目覚しく、資源の世界的需給関係は逼迫して[、世]界的に資源の争奪戦、資源ナショナリズムは強まりつつあり、[不]足、価格の高騰などの問題が生じている。

　日本は海外の輸入資源をもとに産業構造を転換し、大量生産[、大量]消費、大量廃棄型のシステムをつくりあげた。その結果、東京[一極]構造が形成された。この産業・国土構造は市場原理に基づくと[もに]生活の様々な側面に問題を生じ、災害にも弱い構造である。

　2011年3月11日、東日本大震災の発生による福島第1原子[力発電所事故は]深刻な被害をもたらし、あらためて日本の資源、エネルギー政[策が問われること]になった。いま、脱原発、再生エネルギーの開発、新たな資源[開発の]試みが展開されているが、今後の資源政策はどうあるべきであ[ろうか。]

　従来、日本は「資源のない国」とか「資源の乏しい国」とい[われてきたが、果]たしてそうであろうか。決して、そうではないはずである。日[本は自国の資源を]乱開発、放棄し、安易に海外の輸入資源に依存してきたのでは[ないか。]

　「資源」とは自然によって与えられる有用物で人間の労働が加[わることに]よって生産力の一要素となりうる可能性を持ったもので、単なる[自然ではない。]しかも、その可能性を決定するのは自然条件ではなく、科学技[術である。]いかに貴重な鉱物が大量に埋蔵していたとしてもそれを採掘す[る技術がなけ]れば資源ではない。しかし、無価値の自然が資源となりうるため[には、科学技]術の発達だけでなく、やはり社会・経済のあり方が大きく左右す[るといっても過言]でもない。

開発・利用・保全と関わらせて今後の資源政策を検討したものである。本書の出版の企画は以前から進められていたが、2011年3月の東日本大震災・福島原発事故は資源・エネルギー問題への関心をいっそう強くした。われわれは研究会を重ね、議論した結果を本書にまとめることとした。

　2012年5月20日、第59回経済地理学会が北海道の北海学園大学で開かれ、その際、ラウンドテーブルで『現代日本の資源問題を考える』というテーマで本書の執筆者全員が発表した。会場から様々な意見が出たが、それらは本書に反映させるようにした。執筆者はすべて経済地理学を専門とするもので、本書が従来の資源問題とは異なる点があり、なにがしかの貢献できるとすれば幸せである。本書が多くの方々に読まれ、ご批判をいただくことを期待するものである。

　最後に近年出版事情が極めて厳しいにもかかわらず出版の機会を与えていただいた古今書院の橋本寿資社長に感謝したい。

2012年5月

中藤康俊

目　次

はじめに ──────────────────────────────── i

第 1 章　研究の成果と課題 ──────────────── 中藤康俊　1
　1．資源問題の所在　1
　　(1) 資源とは何か　1
　　(2) 『成長の限界』の問題点　3
　　(3) 研究の意義と課題　3
　2．資源の開発・利用と需給関係をめぐる諸問題　9
　　(1) 農林水産業の再生産構造と自給率　9
　　(2) 重化学工業の発展と鉱物・エネルギー資源　12
　　(3) 観光産業の発展と観光資源　13
　　(4) 水・土地・人的資源をめぐる産業間・地域間の争奪　13
　3．資源をめぐる世界情勢　15
　　(1) 中国の経済発展と資源問題　15
　　(2) 南北問題と資源ナショナリズム　16
　　(3) 領土問題と資源問題　16
　4．日本の資源政策　17
　　(1) 資源外交の展開　17
　　(2) 資源備蓄の増強　18
　　(3) 原子力政策の見直し　18
　　(4) 新たな資源・エネルギーの開発　19
　　(5) 省資源・省エネ技術の開発　20
　　(6) 資源循環・管理型社会の形成　20
　　(7) 持続可能な社会の形成　21
　　(8) 産業・国土構造の転換と国民生活　22

第2章　食料資源とフードチェーン　————————荒木一視　25
　1．はじめに　25
　　(1) 食料資源を考える際のフレームワーク　25
　　(2) 地域的偏倚　28
　2．フードチェーンの地理的拡大　30
　　(1) 食料資源獲得のプロトタイプ　30
　　(2) 近世以降の日本の食料資源獲得とフードチェーン　32
　3．食料資源とPOWER　36
　4．安定した食料資源の確保のために　39
　　(1) 食料資源の量的側面　40
　　(2) 食料資源の質的側面　40
　　(3) 食料資源と国家の役割　42

第3章　グローバル化と地域森林管理　————————中川秀一　47
　1．本章の射程と森林資源の定義　47
　2．森林をめぐる二つのグローバル化　51
　　(1) U字型仮説と木材貿易　51
　　(2) 森林認証と政府の取り組み　60
　3．森林管理をめぐる二つの限界状況　61
　　(1) 新政策の立脚点　61
　　(2) 市場の限界　63
　　(3) 地域の限界　67
　4．新政策と森林資源管理の未来　69

第4章　わが国の水資源政策と水資源問題　————————伊藤達也　75
　1．環境の中の水資源　75
　　(1) 資源とは何か　75
　　(2) 水資源の特徴　78
　2．河川管理と水害　79
　　(1) 川と流域と水害　79

（2）水害を防ぐ　81
　（3）水害はなくならない　82
　3．ダム・河口堰による水資源開発と水利用　84
　（1）農業用水と河川水利秩序　84
　（2）高度成長と都市用水需要の拡大　85
　（3）都市用水需要の減少と水利用現況　89
　4．ダム・河口堰計画の中止へ向けた動き　91
　（1）止まり始めたダム・河口堰　91
　（2）造り続けられるダム・河口堰　93
　（3）問題と課題　95
　5．今後の河川政策　97

第5章　水産資源の状況と課題　　　　　　　　　　　磯部　作　101
　1．水産業の概況　101
　2．水産資源の特色と経緯　103
　3．水産資源の状況　105
　4．水産資源をめぐる問題の概要　109
　5．漁場環境の問題　110
　（1）沿岸海域の埋立て問題　110
　（2）海域の汚染問題　111
　（3）地球温暖化の問題　112
　（4）河川流域などの沿岸陸域環境の問題　113
　6．漁業制度や漁業管理などの問題　113
　（1）漁業管理の問題　113
　（2）宮城県の「水産業復興特区」問題　115
　（3）養殖業・栽培漁業の発展と問題　115
　（4）遊魚などの問題　116
　（5）国際的な水産資源問題　116
　7．水産資源の課題　118
　（1）漁場環境の課題　118

(2) 漁業制度や漁業管理などの課題　119

第6章　エネルギー経済の動態と
　　　　　　ポスト石油・原発の世紀　────────　富樫幸一　123

　1．新たなエネルギー変革の時代　123
　2．エネルギー経済の歴史　125
　3．エネルギー経済の基本的性格　128
　　(1) 埋蔵量の考え方　128
　　(2) 原油の種類と価格、市場　129
　4．エネルギー革命から、硬直した高需要構造へ　132
　　(1) 戦後日本のエネルギー革命　132
　　(2) 石油危機後のエネルギー政策　134
　5．日本の電力体制の特徴と問題　137
　　(1) 電力産業体制の歴史　137
　　(2) 石油危機以降の電力事業　139
　　(3) 循環型社会に反した原子力発電　141
　6．ポスト石油・原子力の時代へ　143
　　(1) ソフト・エネルギー・パスとは　143
　　(2) サステナビリティとコンパクト・シティ　143
　　(3) エネルギー経済の市場、制度、政策　144

第7章　資源問題と廃棄物問題　────────────　外川健一　149

　1．問題の所在　149
　2．持続可能な発展と枯渇性資源・再生可能資源　151
　3．3R 政策の導入と展開　154
　4．循環資源の国際移動　159
　　(1) 鉄スクラップ　160
　　(2) 銅および関連スクラップ　162
　5．国際資源循環論と日本の資源環境戦略　164
　　(1) レアメタル・レアアース　165

(2) 新しい資源ナショナリズムと都市鉱山　168

第8章　「資源論」と観光資源　――――――――――― 米浪信男　173
　1．「資源論」における観光資源　173
　2．定常型社会の観光資源　174
　(1) 定常型社会の定義　174
　(2) 定常型社会の特徴　174
　(3) 定常型社会の観光　175
　(4) 定常型社会の観光資源　176
　3．観光資源の保護・管理　188

第9章　人的資源・労働力・労働市場　――――――――― 中澤高志　193
　1．資源論における人的資源　193
　2．人的資源と労働力の特性　194
　3．戦後日本における労働市場の社会的調整　198
　(1) 高度成長期　198
　(2) 安定成長期　203
　(3) 低成長期　207
　4．おわりに　212

第10章　土地資源　――――――――――――――――― 松原　宏　217
　1．土地資源の意義　217
　2．土地利用・土地所有の変化と地価の推移　218
　(1) 全国的にみた土地利用の変化　218
　(2) 全国的にみた土地所有の変化　220
　(3) 地価の推移　222
　3．縮小経済の下での土地資源問題　224
　(1) 日本農業における耕作放棄地の増大　225
　(2) 工場用地をめぐる需給ギャップ　225
　(3) 中心商店街の衰退と大型店閉鎖　229

(4) 少子・高齢化とグローバル化による土地資源の変容　230
4．国土保全の動きと土地資源をめぐる政策的課題　232

おわりに　235

索 引　239

第1章　研究の成果と課題

１．資源問題の所在

(1) 資源とは何か

　われわれが「資源」というとき、石炭や石油を浮かべるのは当然であろう。しかし、石油を原料とする化学繊維や鉄鉱石を原料とする鋼鉄は資源とは呼ばない。石井素介が資源とは「食料・原材料・エネルギーなど、生活や生産の中で消費される様々な物質は、多かれ少なかれ人間労働によって生産されるものであるが、それらが生産されるまでに加えられた人間労働を一つひとつ取り除いて、その素材の源泉をたどってゆくと、ついには労働の生産物ではない、つまり自然そのものにかえりつく。資源（あるいは自然資源）とはこのように、自然によって与えられる有用物で、なんらかの人間労働が加わることによって、生産力の一要素となり得るものをいう」[1]というように、資源というのは人間の労働が加わる前の自然物であり、人間の労働が加えられることによって生産力の一要素となりうる可能性を持つものである。しかし、資源は単なる自然物ではなく、人間社会にとって「有用な自然物」である。岩渕　孝はこの「単なる自然物」を『有用な自然物』、すなわち資源に変える人間社会の営みを「資源化」[2]と呼んでいる。

　「資源」については森滝健一郎が「人間が主人公であり、資源は人間に役立つべきものである」[3]というのはもっともなことであり、人間を「資源」と呼ぶことに対し厳しい批判[4]のあることも十分承知している。ただ、価値のない自然が人間の労働によって「資源」となり、人間に役立つ限り「人間」の問題は無視できない。工業社会から知識・情報社会に転換しつつある現在の日本では人口の減少と高齢化、企業の外国人労働力の雇用、非正規雇用の増加など、発展途上国の貧困と資源開発、爆発的な人口増加、さらには資源をめぐる世界的な争奪戦、

ひいては領土問題などを考えると、あらためて「人間社会」の問題を考えざるを得ない。本書では「資源」を自然資源（鉱物、水、食料など）と社会資源（労働力、技術、企業組織など）の二つに分けた。

「資源問題」とは大きく分けると次の四つである。その一つは資源の開発、利用、保全をめぐる問題である。人間と自然との関係である。技術と資本が新しい資源を絶えず創造し、人間社会の経済的発展をもたらしたことは事実であるが、ローマ・クラブが「有限の地球」を強調したように資源の浪費、開発に伴う環境破壊などの問題が生じる。二つめの問題は深海博明が世界の資源需給の基本的構造として「資源保有・産出国、資源消費国、巨大国際資源企業」[5]の三層構造を指摘しているように、資源との関連で日本の産業の再生産構造、経済的な相互依存関係の進展、グローバル化に伴う問題として資源をめぐる南北問題、資源ナショナリズム、資源の安定的な確保などの問題である。三つめの問題は資源開発による「むらづくり」、「まちづくり」をはじめとする「地域づくり」に関する問題である。四つめの問題は、資源開発をめぐる国土利用、漁場の分割、領土問題などについてである。

このような資源問題は次のような性格を持つ。その一つは資源問題の歴史的性格である。黒岩俊郎が言うように「資源問題の所在は時代とともに絶えず変化、発展している」[6]。資源は「技術の進歩とともにかわり、また経済的・政治的条件の変化とともにかわるのであり、これを決して固定的に考えてはならない」[7]。人間の歴史は自然との闘いの歴史であったといえよう。資源問題は人類の歴史と共にその内容を変えながら今日に至っている。

次に二つめの性格としてあげられるのは、階級的性格である。小出 博は「資源にはいま一つ、人と人との関係において捉えられねばならない側面があり、この側面にこそ最も重要な資源問題の核心が伏在しているからである。われわれが当面する今日の資源問題の所在はここに求められるし、またここに焦点をあわせてみないかぎり、資源問題は平板な経済地理的な感覚に陥ってしまう危険がある」[8]と指摘している。

さらに、三つめの性格としてあげられるのは、資源問題の地域的性格である。資源の賦存は特定の資源の開発・利用によって一定の地域的性格をあらわすからである。地域的性格について小杉 毅は資源問題の「副次的なもの」[9]と位置づ

けているが、決してそうではない。というのは、ほとんどの資源がアメリカ、カナダ、オーストラリアなどの上位3カ国で占められているからである。斉藤 優が「世界の国々には『富める国』と『貧しい国』という南北関係のほかに、資源の『持てる国』と『持たざる国』の資源関係に分ける必要」[10]と強調するように資源問題を南北関係で捉える必要がある。

(2) 『成長の限界』の問題点

ローマ・クラブは、1972年に『成長の限界』(大来佐武郎監訳、ダイヤモンド社) という報告書を出版した。この報告書が天然資源の浪費や環境問題、GNP成長第一主義などに対する反省を求め、世界の多くの人々に警鐘を鳴らしたことは有名である。

『成長の限界』は「地殻には、人間がそれを掘りだし、他の有用なものに転換することのできる巨大な量の原材料が含まれている。しかし、いくら巨大な量が眠っているといっても、それは無限ではない」(p.51)と述べ、いままでの人口と工業成長が続けば悲劇的な結末に陥ると警告しているが、「資源有限論」の域を抜け出ていない。科学技術と社会・経済の発展によって資源化を進めることが出来るはずである。ただ、資源問題の特徴の一つは、資源の「偏在性」にある。資源が偏在しているため、資源問題が大きな問題となるのであり、それは資源の再配分、つまり需給関係の問題である。

また、現代の農業では「土地の肥沃度」は有機質肥料や化学肥料によって維持・増進させることが出来るのであり、「自然的肥沃度」は決定的な要因ではない。資本と技術を投下すれば未利用地を「世界の穀倉地帯」に転換することも可能である。「地球の有限性の問題ではなく、『社会の有限性』の問題であり、地球の可能性を十分に生かすことのできない『農業のありかたの問題』である」[11]といえよう。

(3) 研究の意義と課題

われわれが資源・エネルギー問題を取り上げる理由は次の4点である。
①日本の資源・エネルギー危機
海外からの資源の輸入による経済発展とその結果についてである。戦後の日本

は食糧増産と電源開発、さらには石炭資源の開発によって経済復興のチャンスをつかみ、1960年代には海外から石油をはじめとする資源を大量に輸入して大量生産・大量消費型のシステムをつくり、経済成長を実現した。わが国は様々な資源を浪費し、乱開発を繰り返してきた。その結果、周知のように地域経済の不均等な発展を繰り返しながら「過疎・過密」と呼ばれるような地域問題や公害問題を発生させたことは言うまでもない。国内の石炭資源の開発は海外からの輸入によって採算が取れなくなると放棄され、荒れ果てる結果となった。同じように安い農産物や木材の輸入によって国内の農業や林業は衰退し、農地や林地は荒廃し、過疎化が進行した。さらに、ダム建設による水資源の開発は上流地域の過疎化をいっそう促進し、今日では「限界集落」とさえ呼ばれる地域も少なくない。わが国は土地資源に恵まれないにもかかわらず、特定地域に人口と産業を集中・集積させ、土地問題をいっそう深刻なものとした。工業の発展に不可欠な石油や鉱物資源を輸入して重化学工業化を進めてきた。さらに、国民の「生活の豊かさ」にこたえるため、従来の観光に加えてリゾート開発が進められたが、必ずしも成果が上がっているとは言いがたい。マイカーの増加や冷暖房設備の充実は国民のライフスタイルの変化をもたらし、資源・エネルギー問題と環境問題をいっそう深刻にしている。

　2011年3月11日、東日本大震災が発生した。地震と津波によって東京電力の福島第1原子力発電所が壊滅的な被害を受け、あらためて日本の原子力政策が問われることとなった。一般家庭で使われる電気の量は過去30年間に約2倍に増えているが、太陽光や風力などの自然エネルギーはわずかに0.6%にすぎず、約30%は原子力によるものである。原子力発電はなくてはならないものとなっている。その原子力発電所が壊滅的な被害を受け、東京電力はもとより発電所のある福島県には大きな被害をもたらした。その結果、あらためて原子力発電、ひいては日本の電力政策が問われることになった。

　2008年秋を境に世界経済はアメリカの金融危機に端を発し、各国の経済に波及し、世界的に需要が大きく減少した。その結果、世界各国の貿易額も大きく減少したが、なかでも日本の下げ幅の大きさが目立つ。原材料やエネルギーの多くは輸入に依存する。つまり、日本の貿易構造が外需依存型であることに問題がある。

②環境問題と循環型社会の形成

　20世紀後半におけるわが国の大量生産、大量流通、大量消費、大量廃棄というシステムは経済発展を実現したのは事実であるが、その一方で資源・エネルギーの枯渇、環境破壊、廃棄物処理などの問題を生じた。1950年代の重化学工業化、60年代以降の石炭から石油へのエネルギー源の転換を契機として生産と消費の構造転換を実現した。全国的に北海道から九州まで高速道路ができ、ネットワークが完成したのも大量流通を実現するためであった。

　しかし、各地で深刻な公害問題が生じ、化石燃料の消費に伴う環境破壊などの公害問題のほか産業廃棄物、都市化に伴う廃棄物の問題などが増加し、人間の生命すら危険な状況になった。資源・エネルギー消費量の削減、リサイクル、省エネ技術の開発、再生エネルギーの開発、環境負荷の低減、鉱物資源の保全などを通じて「循環型社会」が求められるようになった。21世紀はまさに「環境の世紀」であり、われわれ人類が生存できるかどうかが問われているといっても過言ではない。

③新しい世界秩序と資源・エネルギー問題

　1989年の東西冷戦構造の終焉は、世界経済の市場化とグローバル化を進め、さらに中国やインド、ブラジルなどの新興国の工業化・経済発展により世界経済は一変した。とりわけ、資源をめぐる市場は価格の高騰を招き、いっそう不安定なものとなった。ここ数年の資源価格の高騰は「安い資源時代」の終わりを告げると言ってもよい。

　「資源メジャー」と呼ばれる国際資本が台頭して資源市場の寡占化が進み、価格の上昇が目立っている。一方では、最近は、資源ナショナリズムもいっそう激化している。「一握りの巨大資源資本による世界市場支配は戦後も続くが、1950年代に入り植民地の独立が相次ぎ、これを契機に資源保有国の資源ナショナリズムが急速に高まった」[12]という。

　世界的な資源確保を背景に資源の争奪戦が展開されているが、この点を豊富なデータで明快に示したのが柴田明夫『資源戦争』(かんき出版、2010年)、同『資源争奪戦』(かんき出版、2010年)である。多くの鉱物資源は他の天然資源と同様に1980～90年代の長期価格低迷の間に生産能力が低下し、需給バランスが崩れ、そこにアジアの経済成長に伴う需要の増大によって資源の争奪戦が起こった

という。とくに、中国の胡錦濤主席は就任以来、精力的に資源の囲い込みに動いている。経済成長に伴い中国では原油の輸入量が急増している。石油輸出国であった中国は製造業などの急成長に伴い、1993年には石油輸入国に転じた。『メタル・ウォーズ』(東洋経済新報社, 2008年)を著したジャーナリストの谷口正次は続編に当たる『メタル・ストラテジー』(東洋経済新報社, 2009年)で、リーマン・ショックによる金融価格の暴落後も中国の資源の囲い込みは続いていると述べている。

　最近、海底に眠る未開発の資源が世界的に注目されている。海底の油田やガス田の開発に加えてレアメタル(希少金属)を掘削する動きも出てきた。このため、資源の開発をめぐって各国で利害が対立し、資源の開発をめぐる問題にとどまらず領土問題と絡んでいるだけに問題の解決はいっそう難しくなってきた。日本の周辺にはロシアとは北方領土問題、韓国とは竹島問題、中国とは尖閣諸島問題などいずれも資源開発に領土問題が絡んでいる。それだけに今日、日本は資源問題をめぐって厳しい立場に立たされている。領土問題は歴史学の研究成果を待たなければならないが、ここでは領土問題の存在を前提として資源開発のあり方を考えたい。

④研究の成果

　日本はしばしば「資源のない国」[13]とか「資源小国」[14]という表現であらわされる。しかし、日本は決して「資源のない国」ではない。国土の60％以上が森林に覆われており、年間降水量は世界平均の2倍もある。それにもかかわらず、国内資源を有効に利用しないで安易に海外に求めた。資源やエネルギーを安く輸入して重化学工業化を進め、経済成長を実現した。その結果、深刻な公害問題を起こした。2011年3月11日の東日本大震災、福島原発事故を契機に資源・エネルギーの危機が深刻になってきた。もちろん、後藤康浩『資源・食料・エネルギーが変える世界』(日本経済新聞社, 2011年)のように資源・食糧危機は幻想であるという人も少なくない。

　資源問題の研究は戦後まもなく資源調査会のメンバーによって手がつけられた。1953年には総理府資源調査会事務局著『明日の日本と資源』(ダイヤモンド社)が出版されたが、そのなかで資源政策の重要性を指摘するとともに「資源問題は主として人文地理学の一課題にしか過ぎなかったのである」(p.176)と並べている。小出　博編『日本資源読本』(東洋経済新報社, 1958年)、安芸皎一『日

本の資源』（毎日新聞社，1958年）、黒岩俊郎『資源論』（1959年）、そしてこれらを集大成したのが科学技術庁資源調査会『日本の資源問題』上・下（資源協会，1961年）など資源調査会は数多くの仕事をしており、これには地理学出身の石光　亨や石井素介らも加わっている。なお、石光　亨（1973）の『人類と資源』（日本経済新聞社，1973年）、「資源論へのアプローチ」（『人文地理』，1964年10月）は一読の価値がある。

　1970年代になると資源ナショナリズムが激しくなったので日本としては資源戦略が重要となり、森　詠『資源戦略』（時事通信社，1979年）が出版された。そして1972年にはローマ・クラブが『成長の限界』（ダイヤモンド社，1972年）を発表し、警告を出した。日本政府も資源政策に積極的に取り組むこととしたことは経済審議会資源研究委員会編『国際化時代の資源問題』（大蔵省印刷局，1970年）、同『変化の中の資源問題』（大蔵省印刷局，1972年）、通商産業局鉱山石炭局編『資源問題の展望』（通商産業調査会，1971年）などをみると明らかであり、日本はただ単に「輸入」というのではなく、「開発輸入」を志向することとなった。

　日本は今後も経済発展を続けることが出来るかどうか疑わしくなり、あらためて今後の資源政策を論じたのが板垣與一編『日本の資源問題』（日本経済新聞社，1972年）である。さらに、74年には日本青年会議所編『省資源日本の構図』（ダイヤモンド社）が出版された。1982年にはさきの黒岩俊郎が『日本資源論』（東洋経済新報社）を発表したが、このなかで国土保全が主張されているのは注目すべきである。

　資源問題については地理学の分野からの研究成果も少なくない。西村睦男編著『経済地理　Ⅱ』（大明堂，1967年）のなかで末尾至行が資源の経済地理を書き、資源の偏在、経済・社会条件、さらには技術的条件を踏まえ資源の充足度から世界の5類型を試みている。石油、電力、石炭などエネルギー資源が主であるが、水産資源についてもふれている。『講座　日本の国土・資源問題』（汐文社，1982年）は全7巻に及ぶ当時としては画期的な計画であったが、残念ながら森滝健一郎『現代日本の水資源問題』（1982年）、中藤康俊『現代日本の食糧問題』（1983年）、藤田佳久『現代日本の森林木材資源問題』（1984年）の3巻が出版されただけである。国土・資源問題の概要は矢田俊文、森滝健一郎両氏が野原敏

雄・森滝健一郎編『戦後日本資本主義の地域構造』（汐文社，1975年）のなかで論述している。1981年には、小杉　毅・小松沢　昶編著『現代の資源・エネルギー問題』（ミネルヴァ書房）が出版された。本書は資源問題を資本主義と関わらせて論じている点に特徴がある。本書では、河野通博が水産資源について論じている。石井素介は『国土保全の思想』（古今書院，2007年）を出版し、国土利用のあり方を論じた。これらの著作は今後のわれわれの研究に大いに役立つものである。地理学の立場からは示唆に富む点が多々ある。

　石井、石光らの資源調査会における活動については佐藤　仁『「持たざる国」の資源論』（東京大学出版会，2011年）が出版されたのでこの時期のことについてあらためて触れる意味はない。われわれはこうした人々の業績を踏まえてさらに発展させなくてはならない。われわれが今回改めて日本の資源問題について論じる課題（意義）は次のような点にある。

①これまで多くの業績は「資源」を単なる「物」として扱ってきたが、われわれ地理学を専門とする立場からは資源を単に物としての資源にとどまらず「地域資源」としての側面を重視しなければならない。平岡俊一も「温暖化対策における地域資源の重要性」[15]を主張している。

②資源・エネルギーの「自給率」がなぜ低下したのか。国内資源の放棄、乱開発、海外資源の開発・輸入、ひいては国土資源の荒廃という事態をもたらしたプロセスを解明する。自給率を高めるには何が問題か、再生産（資源・エネルギー価格の高騰を含む）のあり方を考える。

③「現代」を戦後以降とかなり長く捉える人もあるが、われわれは現代を「ごく最近、1990年以降ぐらい」に限定し、特殊歴史的・社会的「現代」として捉え、特色を出す。

④資源問題を総合的（自然と社会の一体化）に捉え、資源の開発、利用、保全をめぐる技術革新、産業間、地域間配分の論理（メカニズム）を明らかにする。しかも、「地域」を固定的に考えるのではなく、ローカルにしてグローバルな視点から国内の地域間だけでなく、日本と外国との関係を考える。

⑤国内問題としては地震と原発事故によりあらためて日本の資源・エネルギー政策が問われている。被害の大きさを考えると、原発に依存しないエネルギー政策、一極集中型の国土利用から多極分散型の国土利用に転換しなければならな

い。
⑥自然、歴史、景観、文化などを重視した「まちづくり」、「地域づくり」を提案する必要がある。コミュニティの存在、あり方を再検討する。
⑦少子・高齢化時代を迎え、企業経営にあたっては労働力不足、人材不足が大きな問題になりつつある。さらに、近年の円高は日本企業の海外進出を加速させ、空洞化さえ問題になっている。外国人労働力、外国人研修制度などを踏まえ、「人的資源」についても取り上げる。
⑧新興国、とくに中国の急速な経済発展に伴う資源・エネルギーのナショナリズム、開発輸入など国際的に争奪戦が強まっている。こうした政策に日本はどのように対応すべきかが問われている。さらに、TPP、外国企業の日本の農地、山林、水資源の買収にどう対応するかも問題である。これまで国境を越えて移動することはないと考えられていた水資源は新たな事態を迎えた。一方、日本は再生資源の多くをアジア諸国に輸出しているが、循環型社会の形成に取り組むべきである。
⑨日本近海の竹島、北方領土、尖閣諸島などの領土問題をめぐる問題は資源・エネルギー問題としてだけでなく、海の分割（資源エネルギー、漁場の分割）問題としても無視できない。
⑩単なる「記述」ではなく、評価（解釈）を加え、さらに政策を提言し読者に役立つものを目指す。

なお、最近、世界の資源問題を地図で解説したものとして、資源問題研究会『図解　世界資源マップ』（ダイヤモンド社，2008年）、同『一目でわかる！最新世界資源マップ』（ダイヤモンド社，2011年）、布施克彦・岩本沙弓『最新版　世界の資源地図』（青春出版社，2011年）が出版された。

2．資源の開発・利用と需給関係をめぐる諸問題

(1) 農林水産業の再生産構造と自給率

　日本の食料自給率（カロリー換算）は、国際的にも低いだけでなく、年々低下する傾向にある。農林水産省によると、1961年度に78%であった食料自給率は78年度には54%に低下し、93年度には37%まで落ち込んだ。中藤は食料自給率

の低下を日本資本主義の再生産構造との関連で分析した[16]。将来、世界的な異常気象、人口増加や食生活の多様化によって農産物の需給が逼迫して、日本の食料自給基盤を大きく揺るがす可能性は多分にある。

2007年には世界的な異常気象に襲われ、輸入小麦が高騰した。2010年にはまた異常気象が世界の主要な小麦産地を襲った。日本はうどんや素麺などに使う小麦の9割を輸入に依存している。温暖化によって異常気象も激しさを増し、頻度も高くなっている。そのため、食糧危機も深刻さを増している[17]。西川 潤らは食糧自給を主張する[18]。農薬や化学肥料に汚染された農産物は決して安全な食料とはいえないが、農薬も化学肥料も使わない有機農業で国民の食料を確保できるのであろうか[19]。遺伝子の組み替えも食糧危機をなくすかもしれないが、人間の体に悪影響はないのかという疑問がある[20]。

20011年11月にアジア太平洋経済協力会議（APEC）で、日本政府の野田首相は環太平洋戦略的経済連携協定（TPP）交渉参加に向けて協議に入ることを表明した。全国農協中央会の会長は「TPPへの参加は日本農業の壊滅への道」として強く反対している。中野剛志は「農業から金融、サービス、健康・保険、雇用まで日本経済の根幹をゆるがしかねない」[21]としてTPPの危険性を明らかにした。また、農民作家の山下惣一も日本がTPPに参加することに「絶対反対」[22]だという。一方、経済界は歓迎している。いずれにしてもTPPに参加するべきか否かは議論の分かれるところである。

農業就業人口は1960年には1,454万人を数えたが、2009年には290万人にまで減少してしまった。農業総産出額も1984年の11兆7,171億円をピークとして減少し、2007年には8兆2,585億円にまで減少した。その結果、農地の荒廃、住宅地などへの転用が進み、耕地面積も減少した。耕作放棄地は1985年には12万ha程度であったが、2005年には40万ha近くまでに増加した。さらに国民の食生活も洋風化し、魚よりも肉、ご飯よりもパンを好むようになり、輸入に依存するようになった。

1961年に制定された農業基本法は農業の基盤整備をして近代化を進めるとともに選択的拡大を目指して果樹や畜産を伸ばした。しかし、日本の産業構造が重化学工業化するにつれ、農業はその犠牲になったと言っても過言ではない[23]。現在、政府は生産費の赤字を補填するためコメの所得補償制度を実施している。

また、政府は2005年の「食料・農業・農村基本計画」では「地産・地消」の推進を掲げ、直売所の整備を推進している。食料自給率の低下は農地の有効利用、あるいは土地をめぐる問題にも大きな問題を投げかけている。農地は単に国民の食料を供給するだけでない。災害の防止、地下水の供給、緑の供給、レクリエーションの場としても大きな役割を果たしている。かつて、われわれの生活に密着していた里山を見直さなくてはならない。今後はこうした食料以外の機能をどのように評価するかが課題であろう。

　国土の3分の2が森林である日本は、戦後スギやヒノキの植林によって全体の4割を人工林が占める木材資源大国となった。たしかに、数字の上からは木材大国かもしれないが、実態は甚だ弱く、とうてい木材大国とは言いえない。藤田佳久は『現代日本の森林木材資源問題』（汐文社，1984年）のなかで、林業地域の再編成、山村の変貌まで含めて論述している。森林の減少の主な原因は大規模な農地やプランテーションの開発、燃料用木材の違法な伐採などが考えられるが、紙などの原料となるパルプの大量消費と関係している。日本の林業は安い外材の輸入で木材価格が下落し、収益が悪化し、就業者が激減した。1965年に約44万人であったが、2005年には約4万7千人とおよそ10分の1にまで激減してしまった。手入れのされない森は荒れ、里山は荒廃している。

　森林は温室効果ガスの吸収源であり、木材住宅は「第2の森林」と言われるほど、木材の利用は林業の振興と環境保全に役立つ。依光良三は1970年代前半を境に「木材資源に加えて、環境資源問題あるいは緑問題が新たな資源問題として生起していった」[24] と述べ、環境資源あるいは緑資源として木材資源の重要性を強調している。この他、森林は水源のかん養、地すべりや山崩れなどの災害防止、さらには人間の心と体を癒す効果まで考えると森林の機能は多方面に及ぶ。国土と人々の生活を守るために、森林の現状や林業の振興に関心をもつことは極めて重要である。経済審議会の資源研究委員会は『変化の中の資源問題』のなかで補論という形ではあるが、特集を組んで日本の木材資源問題を取り上げ、「森林資源のもつ公益的機能を拡充強化するための方策が早急に検討されなければならない」[25] と述べている。問題は市場原理が働き、日本の林業が深刻な危機に陥っているとき、果たしてこの危機を打開できるかどうかである。森林が果たす水源の涵養や災害の防止、レクリエーションの場として機能をどのように評価し、ど

のようにしてそれを達成するかである。

　日本の漁業就業者は終戦直後には100万人を越えていたが、その後年々減少し2008年には20万人余りにまで大幅に減少した。漁業生産量は1974年ごろから減少し、89年ごろからは急激に減少した。魚種ごとの漁獲量の減少をみてもマイワシを除くとほぼ同じような傾向である。日本では水産資源の管理が遅れ、水産業が衰退しており、日本漁業では「資源管理はキーワード」[26]である。水産物の安定的供給に向けて「とる漁業」から「育てる漁業」をめざして養殖業を進めるなど漁業経営の安定化と多様化が求められている。日本漁業は「資源を根こそぎとりきってしまってからでは間にあわない。いま、まさに崖ぷちにいるのではないか」[27]とさえ言われる状況である。

(2) 重化学工業の発展と鉱物・エネルギー資源

　戦後の日本は総合開発の一環であった電源開発と石炭の採掘が戦後の復興を強力に支えた。国内の貴重なエネルギー資源であった石炭産業の崩壊過程を克明に分析したのは矢田俊文『戦後日本の石炭産業』（新評論，1975年）である。国内の開発を重視する人たちも1956年ごろから国内の石炭生産では将来のエネルギー需要をまかなうことは不可能であるという判断から石油への転換に傾くが、電力業界は油主炭従のみでは将来の電力需要に対応できないと判断して原子力発電に傾いた[28]。日本はエネルギー供給の大宗を輸入石油に依存しており、必要とするエネルギーの安定供給を確保するため政府は「積極的・多面的な国際活動」[29]の必要性を強調している。

　鉱物資源は日本の産業及び国民生活を支える重要な資源であるが、鉱物資源のなかでもとくに非鉄金属は稀少性、偏在性が他の資源に比べて高く、かつ代替性が困難であるからその需給は日本経済にも大きな影響を及ぼす。従って、非鉄金属資源が安定的に供給されなくてはならない。鉱物資源については、志賀美英が深海底や南極まで広く扱い、南北問題として先進国による発展途上国の鉱物資源支配について述べている[30]。1960年代以降、日本が世界に例を見ない急速な経済発展を実現できたのもこの時期に安くて豊富な石油を使うことができたからである。ところが、日本は国際石油会社を持つ欧米諸国と資源ナショナリズムに燃える産油国との間にあって、石油の確保は極めて不安定であり、しかも資源開発

のコストや環境問題も無視できない。日本は世界第4位のエネルギー消費国であるが、その多くを輸入に依存している。

(3) 観光産業の発展と観光資源

　日本には風景、自然、文化に富んだ観光資源が多いとしばしば言われる。たしかに、そうであるかも知れない。しかし、こうしたものが観光資源となりうるためには、観光客が観光の対象として「価値」を見出さなければならない。観光はそれ自体が「非日常世界」を楽しむ人間の行動だからである。食料や鉱物、エネルギー資源などと大きく違うのは観光資源が移動させることのできない「地域資源」であるという点である。観光産業を研究する米浪信男は『現代観光のダイナミズム』（同文館出版, 2008年）で観光を基軸にした都市再生を主張する。山村順次も観光産業を一貫して研究しているが、観点が少し異なる。

　日本では従来、観光といえば神社・仏閣を訪れ、温泉に入るというパターン、しかも団体旅行が主流であったが、国民所得の増加と自由時間の増加に伴い海外旅行が増えた。政府の『観光白書』(2007年版) によれば、日本人の海外旅行者数は1990年には1,099万7千人であったが、2006年には1,753万5千人に増加した。最近は中国人の所得増加と日本政府のビザ発給要件の緩和で訪日観光客が急増している。

　従来、日本政府は観光に余り力を入れてこなかったが、2007年に観光立国推進基本計画を策定し、さらに2008年には国土交通省の外局として観光庁を設置した。それに加えて政府は新成長戦略で「観光立国」を目標の一つにした。いよいよ観光が日本の主要な産業の一つになるものと期待されている。近年、地域の環境や生活・文化を壊さないで自然や文化に触れ、学ぶことを目的にした滞在型の観光、つまりエコツーリズムが増えている。環境問題に国民が関心を持ち始めたものと思われるが、「持続可能な観光」を目指すべきであろう。

(4) 水・土地・人的資源をめぐる産業間・地域間の争奪

　工業開発に伴う都市化の進展で工業用水や生活用水の需要が増大し、従来の農業用水は大きく変わった。水利用のあり方だけでなく、河川の水利秩序も変わったことは森滝健一郎『現代日本の水資源問題』（汐文社, 1982年）、同『河川水

利秩序と水資源開発』（大明堂，2003 年）に詳しい。さらに、伊藤達也は水資源の開発利用に伴う諸問題について『水資源開発の論理』（成文堂，2005 年）で、木曽川水系の水資源問題は『木曽川水系の水資源問題』（成文堂，2006 年）のなかで長良川河口堰や徳山ダムをとおして政府の水資源開発政策を批判している。

日本は水資源に恵まれているので今世界で起きている深刻な水不足がわからない。しかし、世界に目を向けると、水不足に悩む国が多く存在する。急速に経済発展する中国も深刻な水不足に直面している。メコン川上流では大規模なダム建設が進められており、国際紛争の火種になりかねない状況である[31]。それどころか、中国は日本の水資源を狙って北海道などの山林の買収を進めていることは東京財団がすでに指摘しているところであり、平野秀樹・安田嘉徳らは研究成果を発表し、警告している[32]。なお、2010 年版の『水資源白書』によれば、渇水が徐々に起きやすくなっているという。

土地資源は「わが国土に豊かな社会を築き上げる基本は『土地』である」[33]といわれる。1960 年に池田内閣が「国民所得倍増計画」、72 年には田中内閣が「日本列島改造論」を発表し、高度経済成長が続くと都市への人口集中が加速し、細分化された土地価格が値上がりし、「土地神話」が生まれた。土地は値上がりするものと多くの人が信じていた。バブル経済期の 1986〜90 年には 4.8％に及んだ。土地や株の値段が急上昇し、高級車やゴルフ会員権が飛ぶように売れ、土地は有利な資産となったので土地を持つことが事業の拡大につながり、「土地本位経済」が形成された。大都市周辺ではディベロッパーの活動が目立った。松原宏『不動産資本と都市開発』（ミネルヴァ書房，1988 年）は不動産資本による都市開発の実態を踏まえ、不動産資本の空間的運動の理論的検討を加えた。企業は銀行から金を借りて土地を購入したもののバブルが崩壊すると借金を返せなくなり、銀行には不良債権がたまった。もちろん、一般国民も土地や住宅を持つことに奔走するようになった。1990 年代に入り、バブル経済の崩壊と共に「土地神話」が崩れ、「使える土地」と「使えない土地」の二極化が始まった。その上、日本は地震、水害など災害の多い国であり、決して安全な国とはいえない。

「資源」というと、われわれはすぐ石油やレアメタル（希少金属）を思い出すが、人もまた貴重な資源である。加藤尚武は持続可能性に対応する責任主体として「人間という主体」[34]という表現であらわしている。農林水産資源が危

機に瀕しているといわれる現在、コモンズの本来の機能や人間と自然の相互関係を維持するためには人材（人的資源）が欠かせない。とくに経済活動では人の役割が極めて重要である。石油やレアメタルを採掘し、資源として経済活動に活用するのは人だからである。国内の移動はもちろん、経済のグローバル化の進む現代では人は国境を越えて国際的に移動している。

　内閣府の『少子化白書』によると、日本を「超少子化国」と位置づけたが、2005 年版の『高齢社会白書』によれば、65 歳以上の高齢者は 19.5％に達した。過去最高であった 2004 年を更新した。

　バブル経済の崩壊と円高に伴い、日本企業は国際競争に打ち勝つためには生産コストの削減を目指さざるを得なくなった。海外に進出できない企業は国内で安い労働力を求めて非正規雇用や外国人研修制度を活用したり、日系ブラジル人の雇用を進めた。「失われた 10 年」と言われる長期不況の中で企業は競争力を維持するため正規職員を減らし、それを非正規職員、つまり派遣やアルバイト労働力で支えてきた。グローバルな市場競争の激化する中で大企業はともかく、下請け企業になると企業そのものの存続が危ぶまれるからである。企業にとっては優秀な人材をどうやって確保するかが大きな問題である。

3．資源をめぐる世界情勢

(1) 中国の経済発展と資源問題

　中国は 1978 年末以来の改革・開放政策により急速に経済発展を遂げ、2010 年には日本を抜いて世界第 2 位の経済大国に発展した。2008 年には北京でオリンピック、10 年には上海で万博を開催し、中国の存在を世界にアピールしたと言ってもよい。急速な経済発展は外国の資本と技術を導入し、国内の安い労働力を使って工業製品を生産し、輸出するという「輸出主導型」の経済発展であった。中国はもとより石炭、石油などの鉱物資源をはじめ、穀物などの農産物も海外に輸出するほどの「資源大国」であったが、工業化によって資源やエネルギーの需要が増大し、輸入せざるを得ない状況に至った。1993 年には原油の純輸入国に転じた。

　13 億の人口を抱え、工業化を進める中国にとっては資源の確保は国家的な大

きな課題である。中国もかつては食糧の輸出国であったが、今では輸入国である。経済のめざましい発展によって食糧の消費量が生産量を上回り、レスター・R・ブラウンが『誰が中国を養うのか』(今村奈良臣訳, ダイヤモンド社, 1995年)のなかで将来の食糧危機を危惧したことは有名である。

中国政府は積極的に資源外交を進めている。「政府による資源外交・政策支援を背景に、大手国有企業が先頭を切るという官的色彩が強い」[35]という特徴のもとに、海外においても権益の獲得に乗り出している。とくに、アフリカへの資源外交は世界的にも注目されており、今後も資源の囲い込みの手を緩める気配は全くない。

(2) 南北問題と資源ナショナリズム

欧米列強の植民地支配下にあった発展途上国の多くは第2次世界大戦後、次々と独立を達成したが、経済的には1次産品に依存するというモノカルチャー経済から脱却できないでいた。南北間の経済格差が拡大するにつれ、発展途上国は国連などの舞台で先進国に対し、共通の要求を突きつけるようになった。

資源ナショナリズムは国家独立を達成した資源保有発展途上国の経済的自立への要求であり、先進国に対する富の公平な分配を求める動きである。日本政府は「資源保有国への積極的援助が南々問題の深刻化を生み、国際経済社会の不安、かく乱要因とならないようにするため、資源をもたない発展途上国への経済協力も積極的に推進していくべきである」[36]と述べ、南々問題への配慮を指摘している。

(3) 領土問題と資源問題

日本の周辺にはロシアとは北方領土問題、韓国とは竹島問題、中国とは尖閣諸島問題などいずれもその根底には資源問題が絡んでいる。深海に眠る未開拓の資源が世界的に注目を集めるようになった。新興国の経済発展に伴う資源価格の高騰が見込まれ、海底の油田やガス田の開発に加え、レアメタル(希少金属)を深海で掘削する動きも出てきた。このため、各国あるいは各地域間で利害が対立し、紛争の解決、管理体制のあり方が問題になってきた。

中国が「唐突に尖閣の領有権を主張し始めたのは、1971年、国連による海底

資源調査の結果が発表されて以降の話である。豊富な海底油田が存在する可能性があることを知り、『尖閣諸島は中国の領土』と言い出したのだ」[37]という意見もある。

このような厳しい状況を踏まえ、日本は資源多消費型の産業構造を転換させ、大量消費を抑制するとともに省資源・省エネルギーの技術を開発するしかないであろう。小杉　毅は日本の資源外交としてさらに自立的外交の確立を主張し、「対米従属外交の姿勢を改め、安保条約を破棄する方向で自主・自立外交を推進し、発展途上国サイドに立った経済的技術的援助を、国の責任において行うべきである」[38]とさえ述べている。

4．日本の資源政策

(1) 資源外交の展開

日本は資源のほとんどを海外からの輸入に依存している。1973年の石油危機は、日本経済がいかに海外資源の供給に依存しているかという事実をあらためて強く認識させる結果になった。しかし、今後とも安定的に資源が確保できる保証はどこにもない。経済審議会資源研究委員会も「この解決のためには、ともすれば国内資源に重点を置かれがちであった従来の資源政策を反省し、正当な位置づけを内外資源に与えつつ主体的な資源確保策を樹立していくことが強く要請される」[39]と述べている。資源の安定的な確保にあたって、総合商社の果たす役割について、大木保男は「資源取引において、非鉄金属では資源小国でありしかも世界の有数の消費国である立場を、最大限に補強、支援する役割を果たしている」[40]という。

自由貿易を推進する国際機関として世界貿易機関（WTO）があるが、多数の加盟国の利害が錯綜するため交渉が難しく、なかなか成立しない。資源の多くは南の発展途上国にあるが、需要する国の多くは北の先進国である。ここに資源をめぐる南北問題が発生することになる。自由貿易協定（FTA）は関税を撤廃して輸出入を拡大し、経済の活性化をめざすものであるが、さらに人材交流など幅広い分野で経済の連携を強化するのが経済連携協定（EPA）である。

日本は国際協力を推進するため1974年に国際協力事業団（JICA）を設立した。

事業団は発展途上国に対して無償資金協力や青年海外協力隊の派遣、災害時の緊急援助、人材の育成などを通じて途上国の持続的な発展をめざしている。この他、国連の安保理非常任理事国として国際社会の平和と安全の維持に貢献してきたが、さらに常任理事国入りをめざしており、国際貢献に役立つものと考えられる。

　日本も資源を求めてアフリカに進出しているが、鉱山開発に時間がかかるため、一朝一夕に新しい供給源を確保するのは難しいから「代替技術の開発が急がれる」[41]。なお、日本の周辺海域には石油や天然ガスを多く含む鉱床がある。

(2) 資源備蓄の増強

　資源の開発と並んで資源の備蓄が極めて重要である。1971年のわが国の主要な資源の備蓄量は石油が原料製品合わせて45日分程度、銅地金製品在庫は17日分と極めて少ないのが実情であった[42]。

　わが国の資源消費量が増大した今日、特定の国に集中することに対する不安、政治的な問題などで一時的にせよ供給停止のおそれが無きにしもあらずである。適切な対応が出来る程度の備蓄をしておくことが必要であろう。

(3) 原子力政策の見直し

　2009年における日本のエネルギー消費構成は石油42.5％、石炭23.4％、天然ガス18.9％、原子力13.3％、水力3.5％であり、原子力が決して大きいとは言えない。ただ、世界のエネルギー消費構成の中で原子力はわずかに5.4％であることからすれば日本が原子力にいかに重点を置いているかがわかる。しかし、2011年3月11日に発生した東日本大震災における福島第1原発の事故は大きな被害をもたらし、わが国原子力政策を根本から見なおさざるを得なくなった。川村泰治はいみじくも「電力分野で、原子力発電ほど安全性と経済性の対立・矛盾が激化している分野はない」[43]とさえ述べている。

　1970年代から反原発を訴えてきた槌田　敦も福島原発を徹底的に批判している[44]。同じく、広瀬　隆も原発を痛烈に批判する。原子力発電所が1カ所に集中していたことが被害を大きくした。日本政府も国際原子力機関（IAEA）に提出した福島第1原発事故の報告書では原発の集中立地の弱点を認めざるを得なかった[45]。福島の原発事故を教訓とし、脱原発を目ざさなくてはならない。

(4) 新たな資源・エネルギーの開発

　われわれの快適な暮らしは太陽エネルギーを消費することで成り立っている。しかし、日本のエネルギー自給率は4％にしか過ぎない。世界的にエネルギー需要が増えているが、日本は今後も必要なエネルギーを確保できるのかが問題である。また、温暖化防止のために二酸化炭素の排出量を減らすことも大きな課題である。この二つの問題を解決する手段として導入・普及が期待されているのが新エネルギーである。

　これまで日本は資源のない国だと思われていたが[46]、実は「資源大国」である。風、波、熱……と国産エネルギーとして開発可能なものが意外に多い。原発事故後、急速に関心の高まっているのが自然の力を利用した「再生可能エネルギー」である。風力や太陽エネルギー、バイオマス（生物資源）などは地球温暖化の原因となる二酸化炭素（CO_2）を排出しないエネルギーとして注目されている。

　太陽光発電とは、太陽の光がシリコン半導体にあたったときに発生するプラスとマイナスの電気を大量に集めて電力に変換するものである。われわれは毎日の生活の中で太陽エネルギーを思う存分に利用しているようにみえるが、実際に活用されているのは地球の表面に到達する太陽エネルギーのうちわずかに0.1％にしか過ぎないと言われている。風力発電は火力発電に比べ設備などの経費はかさむが、CO_2の排出量が少なく、また原子力発電より初期投資が少なく、短期間に発電所を建設できるという利点がある。耕作放棄地に太陽光や風力などの発電施設を作るのもよい。巨大なダムをつくることは環境負荷が大きく、周辺の住民の同意を得るのはむずかしい。雨に恵まれ、山地の多い日本は水力発電に適している。最近注目されているのが中小水力発電である。地域の危機管理の観点からも小規模・分散型の発電所を増やすべきであろう。このような自然エネルギー資源は再生可能な資源であり、環境対策にも有効である。風力や太陽光など再生可能エネルギーでつくられた電気を電力会社が決まった価格で全て買い取る制度が2012年7月1日から始まった。新妻弘明が『地産地消のエネルギー』（NTT出版，2011年）で主張するようにエネルギーの「地産地消」を推進しなくてはならない。ただ、問題は化石エネルギー資源と比べ、エネルギー密度が小さく、自然の影響を受け易いという点である。槌田　敦は将来のエネルギーを自然エネルギーに求めようとするのは「幻想」[47]であるとさえいう。

なお、アメリカでは地中のシェールガスも開発されており、日本近海の渥美半島沖ではメタンハイドレートの試掘、鹿児島湾では中国からの輸入が途絶え深刻な問題となっているレアメタルの鉱床が発見された。世界のエネルギー地図は塗り替えられつつある。

(5) 省資源・省エネ技術の開発

日本の最終エネルギー消費量は石油危機や不況時を除くと増加傾向である。ただ日本の GDP 当たりの一次エネルギーの消費量は世界でも最も少ないのが特徴であり、エネルギー効率が優れているといえよう。

エネルギーの他に資源の効率的な利用も重要な課題である。資源のリサイクルが極めて重要になってきた。外川健一『自動車とリサイクル』(日刊自動車新聞社, 2001 年) は 21 世紀は資源を再生・循環させる「静脈産業」の時代であると主張した。最近話題になっているレアメタル(希少金属)でもリサイクルで注目されているのが「都市鉱山」である。

(6) 資源循環・管理型社会の形成

日本はテレビ、洗濯機、エアコン、冷蔵庫の 4 品目のリサイクルは家電リサイクル法に基づいて消費者が費用を負担し、小売店に引きとってもらってメーカーがリサイクルするのが原則である。しかし、2005 年に不要になった 4 品目 2,300 万台のうち、この制度に基づいて国内でリサイクルされたのは 1,200 万台にとどまったという。残り、1,100 万台はどこに行ったのかという疑問が生じる。廃家電の越境の規制を強め、とくに先進国は自国で徹底的に処理するべきである。廃家電が発展途上国に流れるのはリサイクルの費用が安いからであるが、この低コストは環境対策や公害規制の未整備、安い労働条件の上に成り立っているのである。寄本勝美 (2003)『リサイクル社会への道』(岩波新書, 2003 年) が言うようにわれわれはリサイクル社会を構築しなくてはならない。大量の廃家電がアジアに流れている現状を踏まえ、日本は国内での処理を優先し、環境への影響を重視しなくてはなるまい。

農地や森、川、海などの自然資源は農業、林業、漁業などの第 1 次産業には欠かせないが、それを維持・管理する仕組み、つまりコモンズが市場経済の発

展、グローバル化の進展によって危機に瀕している。豊かな日本の森林を誰も管理しない荒れ果てた山にするのではなく、またお金になるからといって外国資本に売却するのではなくそこで生活する人びとと山を守り、維持・管理する仕組みが今ほど必要なときはない。こうした仕組み、すなわちコモンズの必要性を強調したのが秋道智彌『コモンズの地球史』（岩波書店，2010 年）である。同じような主張は宇沢弘文・大熊　孝編『社会的共通資本としての川』（東京大学出版会，2010 年）である。

　資源管理の欠如が日本漁業の衰退をもたらした一因であることは言うまでもないが、漁業に限らず農業や林業でも資源管理の視点が欠かせないことを八田達夫らは主張している[48]。同じことは水資源についても言えるのであり、秋山道雄[49]や富樫幸一[50]らの研究成果はその必要性を訴えるものである。

（7）持続可能な社会の形成

　1972 年にはスウェーデンのストックホルムで国連環境会議が開催された。この会議の背景には 1950 年代から 60 年代にかけての先進諸国の急速な経済成長に伴う深刻な環境破壊があった。この会議では発展途上国の貧困とそれに起因する環境破壊が取り上げられた。1992 年には、ブラジルのリオデジャネイロで「環境と開発に関する国連会議」、いわゆる「地球サミット」が開催され、「環境と開発に関するリオ宣言」および「持続可能な開発のための人類の行動計画」としての「アジェンダ 21」が採択された。これに基づいて日本でも 1993 年に環境基本法が策定されたが、それに伴う具体的な行動計画を示したのが環境基本計画であり、「持続可能な開発」が重要な柱になっている。

　1987 年には「環境と開発に関する世界委員会」（通称ブルントラント委員会）が発表した『われら共通の未来』では「持続可能な開発」（Sustainable Development）という新たな考え方が提唱された。ここで言う持続可能な開発とは「将来の世代のニーズを満たす能力を損なうことなく、現在の世代のニーズをみたすこと」である。2002 年のヨハネスブルグサミットで日本は「持続可能な開発のための教育（Education for Sustainable Development）」を提案し、「国連 ESD の 10 年」が国連で採択された。

　地域資源を活用して個性的な地域が自律的に、しかも相互に補完するような小

規模分散型のシステムを作ることが重要である。

(8) 産業・国土構造の転換と国民生活

　しばしば日本は「資源のない国」といわれたが、決してそうではない。それにもかかわらず、国内資源を放棄し、海外から資源を輸入し資源・エネルギー多消費型の重化学工業化によって経済成長を実現し、大量生産、大量流通、大量消費、大量廃棄の国をつくりあげた。日本は資源・エネルギー多消費型の産業構造を転換させ、大量消費を抑制するとともに省資源・省エネルギーの技術を開発しなくてはならない。東日本大震災による原発事故を教訓として安易に原子力に依存してはならない。いまでは、資源やエネルギーが安定的に、しかも安く供給されない限りわれわれの生活は1日たりとも成り立たないような情況である。ところが、相手国の政治的、経済的な事情や気候の変動によって日本に安定的に安く供給されるという保障はどこにもないのである。

　さらに、日本経済の高度成長期の太平洋ベルト地帯重視の工業開発は太平洋側に人口を集中させ、大都市を形成したので都市問題を生じ、その一方では地方、なかでも日本海側では人口の減少と過疎化が進んだ。その結果、日本の産業構造は農林漁業の就業人口が大幅に減少し、第2次、3次産業の就業人口が増加した。経済成長期に日本の産業構造と国土構造は大きく変わった。都市化が進み、モータリゼーションによって国民の生活スタイルも大きく変わった。地方の商店街はさびれ、「買い物難民」とさえ呼ばれるような人が増えた。

　われわれは産業・国土構造と生活スタイルをもう一度見直してみる必要があろう。化石燃料の輸入を減らし、その金を自然エネルギーへの投資に回すことで国内に産業と雇用を生み出すのである。資源・エネルギー多消費型の産業・生活を見直し、資源節約型の産業構造、生活様式に転換することである。電力業界の「地域独占体制」に風穴を開け、地球規模の環境問題にも積極的に取り組まなくてはならない。さらに、農林水産業を重視した産業構造に転換し、都市と農村の一体化を進め、拠点都市を中心に広域経済圏を形成し、コミュニティを再生させ、小規模・分散型で、ネットワーク型社会を形成し、歩いて暮らせるような「まちづくり」に取り組む必要がある。豊かな資源を次の世代に受け継いでいかなくてはならない。

注

1) 大阪市立大学経済研究所編（1965）:『経済学辞典』岩波書店:470. ジンマーマンは資源とは「物あるいは物質に関するものではなく，物あるいは物質が果たしうる機能，あるいはそれが関係する作用に関するものである」（ジンマーマン，E. W. 著，後藤誉之助・小島慶三・黒澤俊一共訳（1954）:『世界の資源と産業』時事通信社:35.）という。
2) 岩渕　孝（1996）:『現代世界の資源問題入門』大月書店:11.
3) 森滝健一郎（1983）:わが国における資源論の動向と課題,『経済地理学年報』29-4:1.
4) 吉田敏浩（2010）:『人を「資源」と呼んでいいのか』現代書館.
5) 板垣與一編（1972）:『日本の資源問題』日本経済新聞社:42.
6) 板垣與一編（1972）:『日本の資源問題』日本経済新聞社:85.
7) 入江敏夫・林　礼二著（1961）:『現代の人文地理学』日本評論社:175.
8) 小出　博編（1958）『日本資源読本』東洋経済新報社:13.
9) 小杉　毅・小松沢　昶編著（1981）:『現代の資源・エネルギー問題』ミネルヴァ書房:3.
10) 稲毛満春・牛嶋　正・藤井弥太郎（1985）:『現代社会の経済政策』有斐閣:483-485.
11) 岩渕　孝（1996）:『現代世界の資源問題入門』大月書店:133.
12) 稲毛満春・牛嶋　正・藤井弥太郎（1985）:『現代社会の経済政策』有斐閣:485.
13) 大来佐武郎（1975）:『資源のない国日本と世界』ダイヤモンド社.
14) 片野彦二（1979）:『エネルギー小国日本の活路』ダイヤモンド社.
15) 和田　武・新川達郎・田浦健朗・平岡俊一・豊田陽介・伊与田昌慶著（2011）:『地域資源を活かす温暖化対策』学芸出版社:61.
16) 中藤康俊（1983）:『現代日本の食糧問題』汐文社.
17) 杉浦俊彦（2009）:『温暖化が進むと「農業」、「食料」はどうなるか?』技術評論社.
18) 山崎農業研究所編（2008）:『自給再考』農村文化協会.
19) 岩沢信夫（2010）:『究極の田んぼ』日本経済新聞社.
20) 日本学術振興会・植物バイオ第160委員会監修（2009）:『救え!世界の食料危機』化学同人.
21) 中野剛志（2011）:『TPP亡国論』集英社.
22) 山陽新聞，2011年1月24日.
23) 中藤康俊（2000）:『日本農業の近代化と経営』古今書院.
24) 依光良三（1984）:『日本の森林・緑資源』東洋経済新報社:69.
25) 経済審議会資源研究委員会編（1972）:『変化の中の資源問題』大蔵省印刷局:121.

26）栗原喜一（1997）：『世界の海から魚が消える？』農林統計協会：63.
27）八田達夫・高田　真（2010）：『日本の農林水産業』日本経済新聞社：206.
28）小堀　聡（2011）：『日本のエネルギー革命』名古屋大学出版会.
29）通商産業省（1973）：『日本のエネルギー問題』通商産業調査会：37.
30）志賀美英（2003）：『鉱物資源論』九州大学出版会.
31）「週刊エコノミスト」，2010年6月8日.
32）平野秀樹・安田嘉徳（2010）：『奪われる日本の森』新潮社.
33）科学技術庁資源調査会編（1971）：『将来の資源問題（上）』科学技術庁資源調査会報告第60号：145.
34）加藤尚武（2008）：『資源クライシス』丸善：189.
35）柴田明夫・丸紅経済研究所編（2009）：『資源を読む』日本経済新聞社：87.
36）経済審議会資源研究委員会編（1972）：『変化の中の資源問題』大蔵省印刷局：106.
37）別冊宝島（2011）：『誰も見たことのない日本の領土』宝島社：43.
38）小杉　毅・小松沢　昶（1981）：『現代の資源・エネルギー問題』ミネルヴァ書房：224.
39）経済審議会資源研究委員会編（1970）：『国際化時代の資源問題』大蔵省印刷局：154.
40）大木保男（1975）：『総合商社と世界経済』東京大学出版会：119.
41）「日経ビジネス」2010年9月27日：11.
42）通産省（1971）：『資源問題の展望』通商産業調査会：253.
43）日本科学者会議編（1975）：『エネルギーの技術と経済』大月書店：192.
44）槌田　敦（2011）：『原子力に未来はなかった』亜紀書房.
45）朝日新聞，2011年6月9日.
46）大来佐武郎（1975）：『資源のない国日本と世界』ダイヤモンド社.
47）槌田　敦（1993）：『エネルギーと環境』学陽書房：14.
48）八田達夫・高田　眞（2010）：『日本の農林水産業』日本経済新聞社.
49）秋山道雄（2011）：日本における水資源管理の特質と課題，『経済地理学年報』57-1：2-20.
50）富樫幸一（2011）：工業・都市の変容からみた都市用水と水資源開発，『経済地理学年報』57-1：39-55.

第2章　食料資源とフードチェーン

1．はじめに

　そもそも食料[1]の獲得は人類が人類になる以前からの大きな課題であった。食料の獲得は生存と同義であるともいえる。事実、携帯電話やパソコンを1カ月使えなければ便利が悪いかも知れないが、死ぬということはない。しかし、1カ月間食料が入手できなければ確実に生死の境をさまようことになる。人類が文明を築いて以降も食料資源の確保は最大の課題であった。逆に言えば食料の余剰が文明をもたらしたということもできよう。そして今日なお、食料資源の獲得問題は大きなテーマとなっている。従来からの飽食の北側世界と飢える南側世界という枠組みに加えて、繰り返される食品事故や事件は、いかにして良質食品を獲得するかという議論を引き起こした。これもまた食料資源を考える上での新しい観点といえる。そこでまず、食料資源を論じる際の基本的な考え方とその枠組みを示しておきたい。

(1) 食料資源を考える際のフレームワーク

　人類が食料を得る手段は二つしかない。一つは狩猟採集によるもの、二つは農業によるものである。人類史の長い期間は狩猟採集社会で農耕が開始されたのは、諸説あるが1万年あまり前とされている。しかし、いずれにしても狩猟採集する者と獲得された食料を食べる者、農業をする者と収穫した食料を食べる者は基本的に同一か、極めてローカルな社会の中におさまっていた（図2-1の上段）。この状態で食料資源の獲得に努めるならば、優良な猟場や漁場、あるいは採集地を求めて移動したり、農地の開発や開墾を行うということが重要となる。また、多くの人類が自ら必要とする食料を自らの集落や社会の単位で獲得し

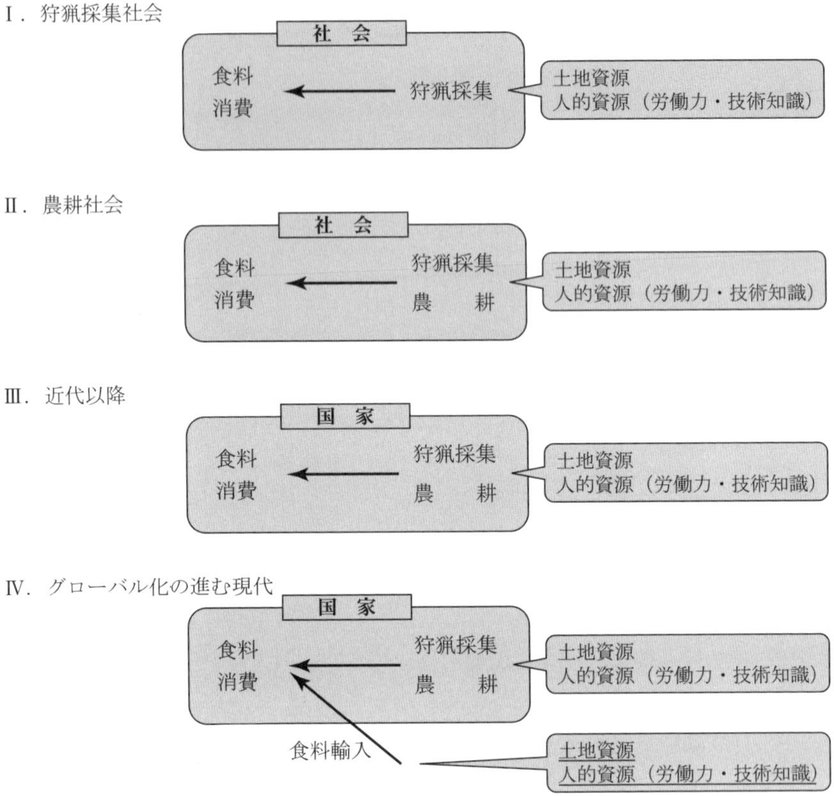

Ⅰ．狩猟採集社会

Ⅱ．農耕社会

Ⅲ．近代以降

Ⅳ．グローバル化の進む現代

図 2-1 食料資源を考える際の空間的枠組み

ていた時代はそれが唯一の方法でもあった。

　しかし、市場経済の進展や輸送能力の増強とともに食料資源獲得の空間的スケールは次第に拡大していく。わが国でも、江戸時代には東北から江戸に、西国から上方に米を輸送するなどの全国的なスケールでの食料の流通体系が確立している。しかし、19世紀までの食料資源獲得の空間的スケールは概ね国家の枠組みの中に収束していた。フリードマン（2006）によると、小麦の世界市場が形成されるのは1870年代以降とされているように、19世紀の終わりに国家の枠組みを越えた国家間、大陸間での食料市場が姿を現し、20世紀に入ると急速に拡大していく。その後の保存技術や輸送能力の向上は従来的には腐敗性が高く輸送が

困難であった肉類や青果物の国家間・大陸間での貿易を実現しつつ今日に至っている（図2-1の下段）。これが現代において食料資源獲得の空間的スケールを考える上での大きな留意点である。

　もう一つ食料資源を考える上で押さえておきたいことがある。それは食料資源とは何かということであり、図2-1の右側に示すように、土地資源と人的資源に分けて考えることができる。土地資源とは狩猟採集を行う上では、猟場、漁場、採集地となる土地であり、農業の場合には農地である。人的資源はさらに2分される。狩猟・採集活動や農作業に従事するいわば労働力の側面とそれらに関わる知識や技術に関わる知的資源の側面である。この二つの側面が充分ではないと土地資源はあったとしても食料を獲得することは難しい。

　最後に図2-1中に矢印で示されるのがフードチェーンであり、狩猟採集や農耕などによって食材が確保されてから、実際に消費されるまでの一連の経路のことを指している。図2-1に則せば、狩猟採集社会や農耕社会でのフードチェーンは比較的短いものであったといえる。基本的に食料資源のうち土地資源の要素と人的資源の要素は地理的には重なり、それらと食料消費も同一の社会か近隣の社会の枠組みの中にあったからである。近代以降は輸送技術の進展に伴いフードチェーンが急速に長大なものとなるが、それでも概ね近代国家の枠組みの中で把握することができた。あるいは国家間や植民地間での農産物貿易も進展したが、食料資源の獲得、とくに主食などの基本的な食料資源の経営や食料の獲得については国家の専権事項[2]でもあった。

　しかし、今日の食料供給はどうだろうか。すでに地球の裏側とつながるフードチェーンもめずらしくはない。チェーンの長大化は今日の私たちの食卓に食料が届くまでに、狩猟採集者あるいは農業者の手を離れてから複雑な経路をたどるということと同義でもある。今朝飲んだコーヒーの豆がどこの国のどのような農民によって収穫されたのか、彼らがどのような暮らしをしているのか、私たちは何も知らないままにコーヒーを飲み続けている。昼にほおばったハンバーガーの肉が、どこの国のどのような生産者によって飼育され、どのようにと畜、解体され、どのように加工されて、店舗まで運ばれてきたのか、私たちは何も知らないままにハンバーガーをほおばる。夕食の味噌汁の味噌や豆腐がどこの国のどのような生産者によって作られた大豆なのか、私たちは何も知らないままに味噌汁をすす

る。それは今日の高度に発達した市場経済の中で、食料が商品として取引されていることとして理解することもできる。また、こうした長大なチェーンを通じて私たちに様々の食料、食品を供給しているのは多国籍のアグリビジネスに代表される民間セクターであり、そこに国家の食料政策の影響を直接的に見ることはできない（フリードマン，2006；荒木，2012）。言い換えれば、今日の食料資源の獲得は、空間的な枠組みのみならず、そのコントロールにおいても国家の枠組みからは外部化されはじめているといえる（図 2-1 最下段下線の部分）。むろん国内での生産から消費はある程度国家の権限の下に置かれているものの、食料輸入に関わってはフードチェーン全体に国家の権限は及ばない。その際に、国家の権限の及ばないところ（他国）での食料資源の獲得や食料調達を担うのは、国家とは次元の異なる民間セクターである。食料資源獲得の上での主要なプレーヤーが国家から民間セクターに移行し始めているともいえるのが今日の姿でもある。その意味で、1995 年の「食糧法（主要食糧の需給及び価格の安定に関する法律）」の施行、2004 年の改正を通じて政府の管理が緩和されたことは、端的にそれを物語っている。

この段階での食料資源を論じる際は、単に域内での食料資源（土地資源や人的資源）をどのようにするのかの議論だけではなく、外部からの食品、商品としての食料資源の獲得ということも選択肢に加わる。今日の食料資源の問題を考える際にはこうした観点を抜きにはできない。本章ではそれを理解するためのツールとして、フードチェーンという考え方に着目したい。既に述べたように、フードチェーンは狩猟採集や農業という食料資源の獲得から、実際に獲得された食料資源が消費されるまでを結ぶ一連の繋がりである[3,4]。

(2) 地域的偏倚

以上の理念的な枠組みを踏まえて、私たちの暮らす現代の世界に目を移そう。食料資源と食料消費に関わる地域的な偏倚がみえてくる。人口や資源の偏倚はいうまでもない。人口が世界各地に均質に分布しているわけではないし、石油やレアメタルなどの地下資源の偏在もよく知られたところである。それは食料資源に関しても例外ではない。

食料資源が地球上に均一に存在しないことは当然でもある。食料資源の獲得は

農業か狩猟採集に依存することは既に述べたが、農業や狩猟採集がその土地の自然環境に大きく左右されるのは当然だからである。暖かいところで収穫される農産物、寒いところで収穫される農産物、雨の多いところで栽培される農産物、乾燥した地で栽培される農産物、あるいは山岳地で採集される食物と海岸で採集される食物、食料資源には地域的な多様性がある。例えば世界各地で栽培される基本的な食料である米や小麦、トウモロコシなどでも栽培地域には明確な地域差を認めることができる。このように食料資源は様々な環境条件に左右されるわけであるが、多くの場合、肥沃な大地の広がりが古くから食料資源、とくに農業資源を得る上では極めて重要であった。

一方、人口の偏在は食料消費量の偏在[5]でもある。ここでは巨視的な観点からその一側面を見てみたい。図2-2はFAOの統計による世界の国別人口の上位と各々の農地の規模を示している。人口の多寡は食料消費量の多寡とみなせる。食料資源の量を統合的に計測することは簡単ではないが、ここでは農地の規模で代替することとしたい。中国やインドなど大きな人口を抱える国が広大な農地を持っていることは自国の食料消費を自国の食料資源でまかなおうとしていることと理解することができる。また、アメリカ合衆国は人口の割には広い農地を有している一方で、少なからぬ人口を有する日本の農地は同程度の人口の国々と比較

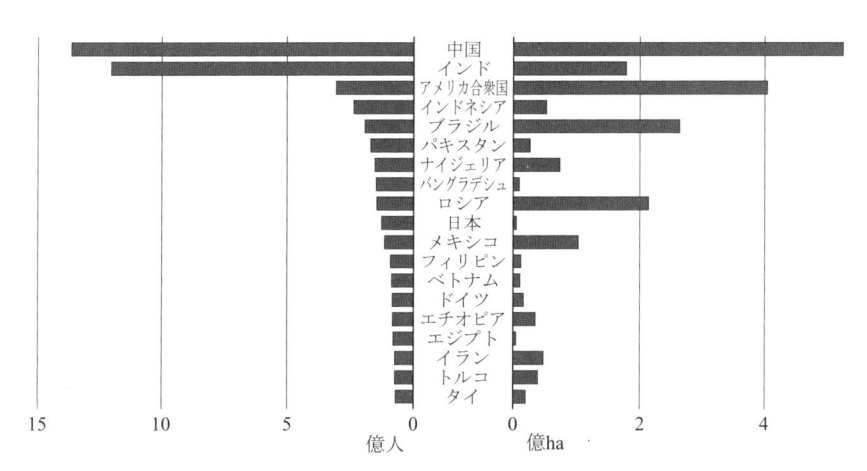

図2-2　国別人口における上位国とその農地面積（2009年）
資料：『FAOSTAT』。

して極めて少なく、食料資源と食料消費のズレ、偏在が認められる。それは食料資源を有する国から食料消費の多い国を繋ぐフードチェーンが介在していることを暗示するものである。図2-1の上段の時代、人類史の長い期間においては、沃野の広がりが多くの人口を養ったと理解することができる。しかし、図2-2に見るように今日のパターンは異なる。決して農地が多い国の人口が多いわけではない。沃野の広がりが大人口を養っているとは限らないのである。それがフードチェーンに着目する意味でもある。

既に示したように、食料は農業か狩猟採集による以外に獲得の手段はなく、今日私たちの食料の多くは農業によって供給されている。しかしながら、食料消費と農業生産の地域的な分布パターンには少なからぬズレが存在するのが今日の状況である。それは国家の枠組みを越えたフードチェーンが稼働していることの状況証拠でもある。これを踏まえて、今一度私たちの食料資源について考えてみよう。

2．フードチェーンの地理的拡大

(1) 食料資源獲得のプロトタイプ

食料資源の獲得は地理的な範域と無関係ではない。例えば、農業を行うためには水田や畑、あるいは牧場などの土地が必要であるし、それらに水や肥料、飼料を提供するための河川や湖沼、あるいは採草地などもなくてはならない。それが狩猟採集であったとしても狩り場や採集地となる山や野、あるいは河川や湖沼、海洋などを抜きにしては成立しない。この文脈において、食料資源の獲得はそれを取りまく自然環境に大きく左右されるということができる。

その際、農業者や狩猟採集者が同時に消費者である場合を考えてみよう。人類の長い歴史の大部分はそのような状態であったといえる（図2-1上段）。この場合にはフードチェーンは考慮しなくてもよい。食料資源を獲得することがそのまま食料の消費と見なせるからである。また、集落内や近隣の集落間での分業が行われていたことは想定できるが、その場合でもフードチェーンは限られたものであり、集落や近隣という枠組みの中で食料資源の確保とその消費がおおむね完結していたと見なすことができる。いわばこれが、食料資源を考える上でのプロトタイプである。

しかし、現代日本に暮らす私たちの食生活に目を向けた場合、食料資源の獲得とその消費の枠組みがこうしたプロトタイプとは大きく異なっていることに気がつく。おそらく昨日の夕食の食材について、それらが生産された状況を詳しく語れる人はごく少数であろう。私たちはどこでどんな人が生産し、どこでどんな人が加工し、どこでどんな人が取引したのかを一切知らないままに日常の食生活を営んでいる。この文脈においては食料資源の獲得は、食料生産と同義ではない。他所で生産あるいは獲得された食料を、対価を払って二次的に獲得し消費するというスタイルが姿を現す。そしてこのスタイルの食料の獲得が今日私たちにとっては最も一般的になっている。逆に今日の食料資源論は今日の食料供給におけるこうした側面を抜きには成り立たない。その際、一次的な食料資源の獲得と最終的な食料消費との間を媒介するのがフードチェーンなのである。

それではこのような食料資源獲得の仕組み、いいかえれば長大なフードチェーンを構築し稼働させていく仕組みはいつ成立したのだろうか。香辛料貿易が古い時代にインド洋世界と地中海世界をつないだように、食料が遠距離を運ばれることは決して珍しいことではない。しかし、コメや小麦のような基本的な食料が国境や大陸を越えて遠隔地間で貿易されるようになったのは19世紀以降のこととされている（フリードマン，2006）。フードチェーンが地理的に拡大していった経緯を簡単に振り返ってみよう。

集落の大型化は集落居住者が必要とする食料資源獲得に対する圧力を増大させる。輸送技術が充分でない時代には食料は集落の周辺から供給するしかなく、この状況では集落の規模拡大にも限界があった。こうした状況は比較的近年まで続く。米や小麦など輸送や貯蔵の比較的容易な食料の確保は可能であっても、青果物や食肉類など輸送や保存の困難な食料の調達は集落周辺からの供給に依存していたからである。実際、古くから生鮮野菜を供給するための野菜産地が都市周辺に形成されていた。例えば京都では九条のネギ、東京では千住のネギ、広島では観音のネギなどである。他にも東京では練馬のダイコン、目黒のタケノコ、尾久のゴボウ等が有名であり、京都では賀茂のナス、聖護院のダイコン、大阪では天王寺のカブ、田辺のダイコンなど枚挙にいとまがない。これら伝統的な野菜産地は供給先の市場（都市）の存在抜きには成立しない。逆に都市以外では基本的に野菜類は域内で自給自足していたわけである。これは野菜に限らず、「江戸前」

という言葉にみられるように、魚介類についても都市周辺での食料資源の調達ということが前提になっていた。西洋では酪農が都市周辺に成立するのも同様の理由による（チューネン，1989）。こうした都市周辺の野菜産地の形成は、都市の人口増と歩みをともにし、江戸時代から明治にかけて、また歴史の古い京都ではさらに以前から成立していたとみられる。また、こうした大都市周辺の野菜産地は高度経済成長期まで広く見られた形態でもあった。すくなからぬ食料資源はなお消費地周辺から供給されていたのである。その後の輸送園芸の拡大がこうした状況に変化をもたらし、都市の巨大化がすすむ。輸送や保存技術の進歩や交通体系の整備に伴い、都市周辺からの食料供給という制約から解放されたからである（荒木，1998）。

しかし、米や麦などの主要食料を含めても、フードチェーンはおおよそ国家の枠組みとそのコントロールの中で完結していた。逆に、フードチェーンのスケールが国家のサイズを形づくったということもできる（ポンティング，1996）。フードチェーンを稼働させ、国民（領民）を充分に食べさせることのできる範囲が国家の原型を形成していったのである。

(2) 近世以降の日本の食料資源獲得とフードチェーン

以上を踏まえて日本の食料資源確保の来し方を振り返ってみよう。江戸時代には既に全国的なスケールで米を流通させるチェーンが稼働していたが、食料資源という観点からは藩や幕府の支配領域を超越するものではなかった。この枠組みの中で食料資源の獲得は農地開発によるものが中心となる。実際、慶長期の1598年に18,509千石（寛永期21,251千石）だった石高は明治はじめの1873年には32,008千石と1.8倍程度まで増加する。人口増加とそれに伴う食料資源の確保が幕藩体制下の各藩で展開されていたのである。農業技術の改良による反収の増加、開墾や干拓などを通じた農地開発は各藩の重要課題であった。

明治以降も食料資源の確保は重要であり、国内人口（食料消費）をまかなうためにどのようにして食料資源を獲得するかは当時の国家の重要課題であった。そこで明治以降の近代日本が選択したのが、海外からの食料調達であった。絹糸輸出が外貨の獲得に貢献したことは事実であるが、明治期から戦前期にかけてのアジアとの貿易をみた場合、食料貿易が大きな比重を占めている。昭和24年の

通商白書によると昭和5～9年の食料の海外依存率は約20％（重量換算）である。内訳は米が16％、小麦が37％のほか、砂糖88％、豆類55％、トウモロコシ40％などとなっており、わが国の食料は戦前戦後を通じて海外に依存し続けていたといえる。また、昭和9年の食料輸入先は当時植民地であった朝鮮の38.9％、台湾の35.7％を筆頭に、満洲及び関東州9.7％、中国3.5％、米国2.6％などが続き、アジアに食料資源を依存していたことがうかがえる。

　こうした食料資源のアジア依存というパターンは第2次世界大戦の敗戦により、大きく変化する。海外依存という構図はかわらないものの、アメリカ大陸からの食料輸入がそれまでのアジアからの輸入に取って代わる。同白書によると、戦後の昭和23年の日本の食料輸入におけるシェアは朝鮮の0.8％、中国の4.1％に対して、米国は64.7％、キューバは22.8％を占める。また、この時期は全輸入量の55.4％（昭和21年）、56.1％（同22年）、56.3％（同23年）とほぼ半分を食料が占め、食料の確保が最大の課題であったことがうかがえる。戦前期（昭和5～9年）に食料の占める割合が28％程度であったことと比較しても、この時期は大量の食料を海外に依存せざるを得なかったのである。ちなみに米の海外依存度は昭和23年に約5％、小麦は45％、大豆22％などとなる。わが国の食料資源の米国依存という構造はこの時期に形成されたといってよい。明治以降アジア各地にフードチェーンを連結していくことで食料資源を確保してきた日本は、敗戦を契機にチェーンの主軸をアジアからアメリカへと付け替えた（付け替えさせられた）のである。

　むろん、アメリカからの食料供給と同時に国内でも食料増産の取り組みが展開される。例えば新たな農地の開発で、八郎潟の干拓に代表されるような大規模なプロジェクトも着手された。しかし、高度経済成長を迎えるとともに海外からの食料輸入は増大する。図2-3は主要な食料の輸入量の推移を示したものであるが、穀物は1960年代以降、比較的早い段階から輸入量を増やし続けてきている。1980年代に入り穀物の輸入量が頭打ちになるのに対して、野菜や果実、肉類や魚介類は1980年代後半以降急速に海外依存を高めてくる。また、それと対応して日本の農地面積は減少の一途をたどっている。とくに田に関しては1960年代後半から面積の減少が急になることと同時期の穀物輸入の増加、畑に関しては1960年代末から一定の面積を維持してきたものが80年代後半から減少に転じる

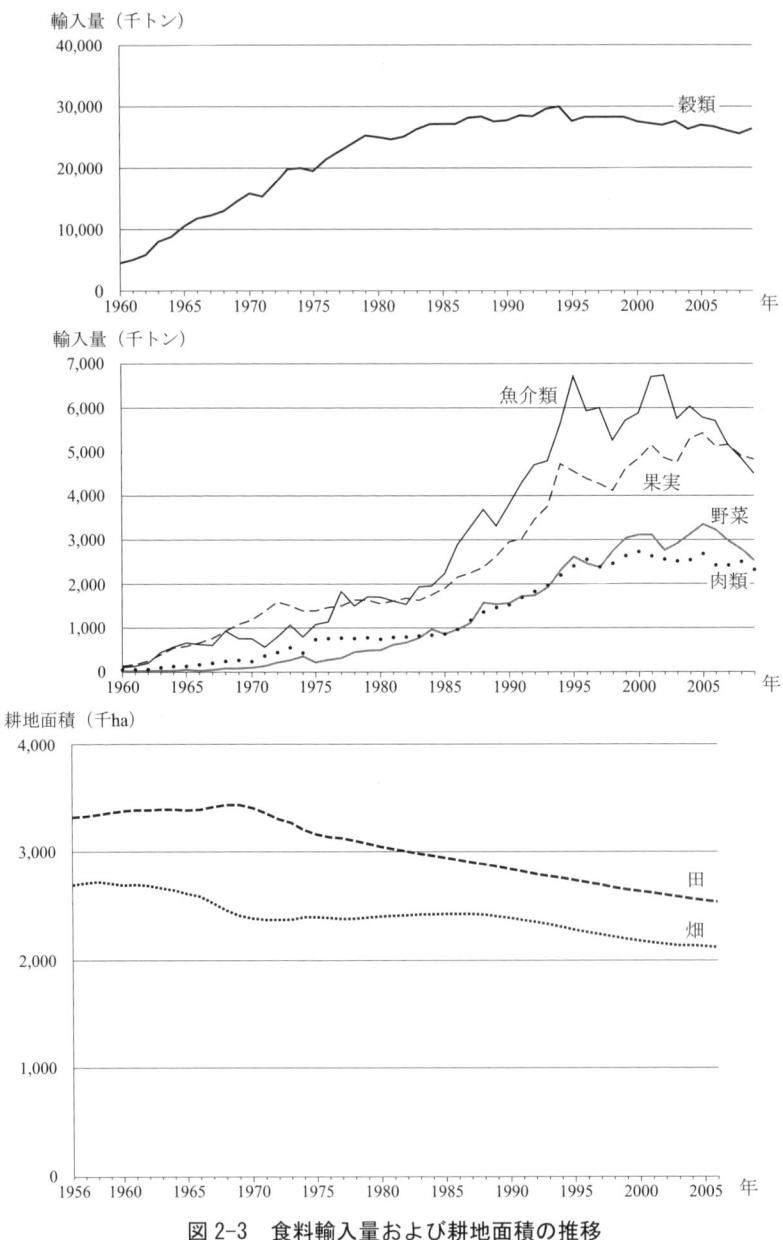

図 2-3　食料輸入量および耕地面積の推移
資料：『食料需給表』、『本地けい畔別耕地面積累年統計』．

ことと同時期の青果物輸入の増加は好対照をなしている。農林業センサスによると耕作放棄地面積は 1980 年代半ばまでは約 13 万 ha 前後で推移するが同年代後半から増加に転じ、2005 年には 40 万 ha に近い土地が放棄地となっている。すなわち、わが国の食料資源の獲得においては、国内での資源開発という方向から海外からの資源の調達という方向に舵をきったとみることができる。また、農政調査委員会の調査（農業振興地域・農地制度等の実態把握及び効果分析に関する調査、平成 16 年 2 月）によると、耕作放棄の発生要因のほぼ半数（45.0％）は高齢化などによる労働力の不足とされている。さらに、農地の受け手がいないとするものも 11.4％あり、食料資源の中でもとくに人的資源の不足による側面が大きい。人的資源の不足は単純に労働力の不足というだけではない。食料資源を管理していく知的資源が失われていくことでもある。とくにその土地土地の環境条件に適応した栽培技術や資源管理のノウハウの継続が途切れることの損失は極めて大きいということも指摘しておきたい。

　このように、高度経済成長期以降、わが国の食料資源の海外依存は高まっている。図 2-1 に則せば、国家の枠組みの中での食料資源の確保から、国家の枠組みの外からの食料資源の調達へと比重を移しているとみることができる。今日の食料資源獲得を考える上での特徴として、フードチェーンの国家の枠組みを越えた展開をあげられる。むろん、以前から食料の輸出入、食料貿易は広く行われていたが、それは国家の食料政策の強い影響下にあった。とくに米や麦などの基本的な食料に関わっては、近代国家が資源の獲得とその管理、運営の中心的役割を果たしてきた。充分な食料を安価で安定的に供給することは古くから国家の重要な政策であった。近代国家においても食料価格を安く抑えることで大量の工業労働者を確保し、産業革命をおし進めた。その意味において国内外に伸びるフードチェーンを動かしていたのは近代国家ともいえる。しかし、今日フードチェーンを稼働させている主要なプレーヤーは国家といえるのだろうか。むしろ、多国籍企業、大規模アグリビジネスなどの民間セクターが中心的な役割を担っているともされる（フリードマン，2006）。いずれにしても今日の食料資源の獲得を検討する上で、これら民間セクターの役割を無視することはできない。

　食料資源獲得をめぐってフードチェーンはローカルなスケールから、全国的なスケール、さらにグローバルなスケールへとその地理的範囲を拡大してきた。そ

れは私たちが食料資源獲得を考える上で必要とする地理的スケールの拡大でもある。国家を越えた長大なフードチェーンの出現とその稼働の上で、国家に代わって台頭してきたのが多国籍企業である。このフードチェーンの支配やコントロールをめぐってはどのような営力が働いているのか。次節ではそれについて検討したい。

3．食料資源と POWER

　食料の獲得という視点から私たちの世界を振り返ったとき、人類の歴史はフードチェーンの拡大の歴史であったともいえる。また、このようなフードチェーンの拡大は決して平和裏に進行してきたわけではない。その背景には力と力のせめぎ合いがあり、時には対立や戦争、支配・被支配ということが繰り返されてきた。今日でもなお食料資源獲得競争の最前線ではし烈なせめぎ合いが続いている。ここでは、それらの背景に存在する、あるいは存在した営力について言及したい。すなわち誰がフードチェーンを支配してきたのか（しているのか）、支配することの利益は何なのか、について考えてみよう。

　図2-1の上段、食べる人が食料資源を獲得する段階でも食料資源をめぐるせめぎ合いは存在した。狩り場や漁場をめぐるせめぎ合いであり、農地や山林、水利をめぐるせめぎ合いでもあった。わが国においても「山論」や「水論」など食料資源をめぐる争いは古くから頻発してきた。食料資源の確保は当事者の生存と直結する問題であったからである。それは近代国家やそれ以前の国家の枠組みにおいても同様であり、国民や領民に潤沢な食料、食料資源を提供することは統治のうえで極めて重要であった。沃野、すなわち高い食料生産能力を持つ土地をめぐって、政治的駆け引きが展開され、軍事的な衝突も幾度となく繰り返された。この沃野をめぐる争いは古来国家間の争いの根底にあったということもできる。いずれにしても食料資源は自社会、自国内で獲得、開発していくものであったが、図2-1の最下段、食料資源の国外への依存の段階になると、それまでの沃野をめぐる争いは、いかにして沃野の支配者になるかという争いから、いかにして沃野に自国のフードチェーンを接続させるかという争いとなった。ヨーロッパ世界による植民地化のもとで、植民地における食料資源の開発と本国への安価な食料供

給、それによって産業革命が進行する（フリードマン，2006）。これは食料資源のみではなく、エネルギー資源やその他の工業原料の獲得などにおいても同様であるが、いかにして新領土、植民地の資源と連結するか、いかにして新領土、植民地を経営していくかが、国力を左右したのである。そして、その際にも新たなる沃野、植民地の獲得をめぐって、多くの衝突が繰り返されてきたことはいうまでもない。ここに今日のグローバルなフードチェーンの原型をみることができる。

　では、今日のグローバルなフードチェーンと当時のそれとの間にはどのような違いがあるだろうか。最も大きな違いは、植民地と帝国の関係にみるようにかつてのそれは国家による食料資源の争奪戦であったのに対して、今日のそれは国家というよりもむしろ企業による食料資源の争奪戦ということができる。フードチェーンは、植民地と帝国の間ではなく独立した国家間に張り巡らされ、それを稼働させているのはもはや国家ではなく、アグリビジネスや多国籍食品企業、商社などの民間セクターである。むろん、植民地貿易においても民間セクターは介在したが、国家の枠組みの中の企業や会社組織であり、フードチェーンを支配していたのは国家であった。一方、今日のフードチェーンにおいても国家の役割が無いわけではない。しかし、実際にチェーンを稼働させているのは民間セクターである。彼らが食料資源の開発を行い、市場と連結させ、付加価値を高め、潤沢に商品を市場に供給しているのである。

　ここで理念型としての二つのタイプのフードチェーンを想定することができる。一つは国家の主導するチェーン、あるいは国家の枠内で稼働するチェーンで、他方は多国籍企業の主導するチェーン、あるいは国家の枠組みを越えて稼働するチェーンである。前者のチェーンを稼働させる原理としては、国民に潤沢な食料を供給するという命題が存在する。換言すれば、自国民への潤沢な食料の供給が国益と一致しているといえる。一方、後者は国家の枠組みの中にはなく、国民に潤沢な食料を供給するという命題が明確に存在するわけでもない。実際、植民地支配から独立したとしても、アフリカのコーヒー農家をはじめとして、多国籍アグリビジネスに農産物を出荷する南側世界の農民の暮らしは貧しい。あるいは企業の自由な競争（自由化）によって、さらに貧しくなっているとみることもできる（辻村，2004）。企業の行動原理が利潤の追求にあるとするならば、国民への潤沢なる食料の供給という国家の利益とは必ずしも一致するものではない。

また、国家も多国籍企業の行動を充分に制御できない。

　ここに食料資源に関わる今日的な問題が横たわっている。一つには利潤の追求に基づく企業の行動が、フードチェーンに連結される国家の利益、とくに多国籍企業の場合には連結する複数の国家群の利益とが一致しないケースである。そしてもう一つは前節に示したように、今日のフードチェーンがこれまでの歴史の中で、最も長く複雑なチェーンとなっていることである。長くて複雑なフードチェーンはその全容を見えにくくすると同時に、責任の所在も曖昧にしてしまう。フードチェーンが長大で、消費者、消費国が、食料資源獲得の全容を把握できないという現状がある。それには、フードチェーンが自らの視野の外にまで広がり、充分な情報が消費者に届かないということと、情報が届いたとしても権限の及ぶ範囲の外にあるということが含まれる。例えば、上記のコーヒー農家の貧困のようなフードチェーンに関わる経済格差の問題や環境問題などがある。自らの消費する食品につながるフードチェーンのどこかで経済的な搾取や、環境破壊、あるいは人種差別や、不当な児童労働など犯罪に関わるケースも想定できる。同様に、使用が制限されている薬品や化学物質がチェーンのどこかで混入するなどの安全性にかかわるリスクも高まる（荒木，2011）。ここでフードチェーンが国家の枠内で完結しているのならば、問題はそれほど複雑ではない。国内法で対処できるからである。同様に農地の開発と森林伐採などの環境問題を想定したとき、国民の利益のために森林伐採を止めるなどの環境保護や保全に対する運動が展開されるであろうし、保護や保全の施策を実施することもできる。自国の開発政策に対して国民が異議を唱えることができるからである。民主主義国家であればあるほど農地の開発と森林伐採のバランス、食料資源の確保に関する国家の方向性を決定する力は国民にあるからである。同様に不当な行為が展開されていれば、法律によって規制したり監視したりすることも可能である。

　しかし、国家の枠組みを越えて展開する多国籍企業などの動向については、国民が行使できる力は限定的となる。多国籍企業が他国で展開する事業に関しては自国の国民は直接関与することができない。それ以上に情報が極めて限られているため、何が起こっているのかを直接把握することができないケースさえ少なくはない。繰り返しになるが、今日の高度に複雑なフードチェーンは誰もその全貌を把握することができないのである。自らの消費する食料についても、その生

産現場を知ることはほとんど不可能である。しかし、私たちが口にした食べ物は必ずどこかの国で誰かの手によってつくられたものなのである。そのつながりがフードチェーンであり、今日フードチェーンを支配しているのは民間セクターである。この文脈の中、私たちは自身に接続するフードチェーンのもう一方の端で展開されている民間セクターによる激しい資源争奪戦を充分に知ることができない。私たちには何ができるだろうか。

　こうした状況に対して、フードチェーンの質の問題が提起されている。ここでいう質とは有害物質の混入などの安全性の問題だけではなく、価値としての質という側面である。すなわち、フードチェーンの先で展開する食料資源の獲得が自然環境に悪影響を与えるものではないか、倫理的な規範を逸脱してはいないか等の文脈である。例えば、生物学的な多様性や文化的な多様性を脅かすものではないか、知的財産は守られているか、野生動物の保護やエネルギー資源、環境汚染に関わって問題はないか、人種間不平等や性差別を助長するものではないか、などである（フリードマン，2006）。このような側面からの食品への関心の高まりは1990年代の後半以降急速に広まり、新たなフードチェーンを構築する大きな力の一つになろうとしている。グローバルなフードチェーンを最初に主導した国家、その後に台頭した多国籍企業、それに次ぐ新たな営力である。それは国家を越えた価値によりフードチェーンを制御する試みということもできるし、闇雲な食料資源の開発競争に対しての問題提起ということもできる。フェアトレードやエシカルトレードなどの動きはその代表的なものである。あるいは、スローフードやショートフードサプライチェーン、フードマイレージなどとの運動の背景にも同様の問題意識を認めることができる。これらの動きは「新しい問題領域」といわれるもので、企業が主導した食料資源の過度の開発が環境破壊を引き起こしたり、生産者の経済的な地位を不当に低く陥れるものであったりという課題に対して、今日的で有効な対抗策とみることもできる。だが、はたして本当にそうだろうか。

4．安定した食料資源の確保のために

　食料資源の確保に関わっては、人類の長い歴史の中でいかにして飢えさせない

量を確保するのかが一貫した問題となってきた。この量の確保の問題が時としてし烈な食料や食料資源の争奪戦を展開してきた。しかし、前節で示したように、量的な側面に加えて質的な側面、いわゆる「新しい問題領域」にかかわる動きが見られるようになっているのが今日の食料問題である。本章の最後にこれらの動向、可能性と限界を踏まえつつ食料資源確保についてのまとめと展望を行いたい。

(1) 食料資源の量的側面

　第1は食料資源の量的な側面についてである。国民が飢えないだけの食料の確保は今日とても重要な課題である。その際に、国内の土地資源や人的資源を使って食料を確保するというのが、従来的には食料資源確保の基本的な手段であった。しかし、近代以降の日本は食料資源の海外依存という方向をたどってきたといえる。とくに高度経済成長期以降の傾向は急で、あまたのフードチェーンが海外と連結され、大量の食料が海外から調達されるようになった一方、農地や農業の担い手は減少し、国内の食料資源は土地の側面からも、人的な側面からも充分な手当がされていないといえる。また、これらの海外に張り巡らされた長大なフードチェーンを稼働させているのが多国籍アグリビジネスに代表されるような民間セクターであり、そこに今日的な問題をみることができた。国家間の資源をめぐる戦争のようなケースは今日一般的ではないものの、資源の争奪戦が無くなったわけではない。利潤の追求、あるいは経済的な合理性を求めて、企業・民間セクターが世界各地で展開する食料資源の獲得競争は激しい。同時に存在するもう一つの問題は、海外に張り巡らされた長大なフードチェーンの全容が見えにくいことであり、見えたとしても国家の枠組みを越えるために権限が及ばないことにある。また、消費者自らもその恩恵を享受する市場経済の中で、経済的な合理性を追求する企業活動に制約を加えることも難しい。

(2) 食料資源の質的側面

　そうした状況下で注目されるようになってきたのが、第2の食料資源の質的な側面である。食料資源確保における経済的な合理性だけではなく、倫理観や公正性、環境への配慮などに対する関心が高まっている。これに関しては多様な取り組みが展開している。国家の枠組みを越えたチェーンを監視し、その暴走を止め

るためにも、フードチェーンをあるべき方向に制御するためにも、こうした取り組みが果たす役割は決して少なくはないであろう。しかし、実態と乖離した理念先行の取り組みでは、食料資源の確保における問題の解決にはならない。例えば、一握りの贅沢品において、倫理的で公正で、環境にも配慮されたフードチェーンが構築されたとしても、それは食料資源確保の本質ではない。大多数が生きていくための基本的な食料の確保において、その仕組みが構築されなければならないのである。国民が生きていくための基本的な食料と贅沢品としての食料という区分をした場合に、資源論の本質は前者にあることを忘れてはならない。生きていく上で必要不可欠の基本的な食料と生存には直接かかわらない贅沢品や嗜好品としての食料の議論は同じではない。

　もう一つ気をつけねばならないのはここで巧妙な議論のすり替えが少なからず行われることである。例えば、「当社の○○には、有機農産物が使われています」とか「フェアトレード商品を使っています」あるいは「売上の一部は環境保護のために使われます」「途上国の教育支援に使われます」などのフレーズはよく聞かれるが、はたして全取扱量の、あるいは総売上のどのくらいの割合がそれらに振り向けられているのかは、公表されていないことが多い。たとえ1％に満たない使用量であっても、大部分の商品が有機栽培や、フェアトレードによっているような誤解を与えかねないのである。この文脈において、有機農産物やフェアトレード、環境保護やエシカルトレードといったいわゆる「新しい問題領域」は、むしろ企業の巧妙な販売戦略であったという側面を指摘することができる。多国籍企業に代表される民間セクターが利益を生むために新しい価値を利用しているという見方に対しても充分に踏まえておいてもらいたいのである[6]。

　むろん、「新しい問題領域」に対する取り組みを否定するわけではない。しかし、環境保全であるとか倫理的で公正な貿易の実現のためにという本来的な目的よりも、それを企業のキャッチフレーズや広告戦略として使うこと、また、本来的な目的よりもそれらの商品を消費することを追い求め、それによって満足を得ようとする消費者[7]を混同してはいけない。加えて、生存のために必須の食料と贅沢品としての食料の議論を混同してはいけない。これらを混同しては今日の食料資源論は成立しない。

(3) 食料資源と国家の役割

　第3点目として国家の役割について触れておきたい。国家レベルでの食料資源を考える際にも、民間セクターの役割が重要で、国家の役割が後退していることは既に示した。確かに、食料資源の開発と食料供給を民間にゆだねることは効率的かも知れない。しかし、国家の役割を再度考えてみたい。例えば、アメリカ合衆国は戦後一貫して食料価格の抑制政策を進めてきた。それは工業的農業によるもので、大規模アグリビジネス、多国籍アグリビジネスが台頭したのもその政策下ということもできる。また、第2次世界大戦までは東アジアの農産物貿易に依存した日本の食料資源獲得が、戦後のアメリカからの安価な食料輸入によって取って代わられ、その後の高度成長期以降の経済成長を支えたのは事実である。今日もなお食料資源の多くをアメリカ合衆国に依存しているなかで、こうした国家の食料政策には評価すべき点も少なくはない。しかし、その一方で途上国をはじめとして、多くの国々がこうした政策を支持していないこともまた事実である。アメリカ合衆国が主導する食料政策の下で、農産物、食料資源を生産し輸出する国々の経済的な状況が改善したわけでもない。民間セクターの役割が大きくなっているとはいえ、なお国家の食料戦略が及ぼす影響は大きい。さらに、近年の食料消費国としての中国の台頭は食料資源の争奪戦がさらに激しくなることを暗示するものでもある。従来的に中国は建国以来独自の計画経済に基づく国家建設を進め、食料の増産にも積極的に取り組んできた。改革開放政策以前の状況については批判的に捉えられることが多いものの、建国以来の食料生産の拡大が大人口を支えてきたことは評価されてよいだろう。しかし、近年の経済成長に伴い急速に食料資源の海外からの調達を強めている。従来的に一定の安定をみていた国際的な食料市場に13億ともいわれる人口が参入してきたのである。そのインパクトは決して少なくはない。このように、多国籍アグリビジネスなど今日の食料資源を考える上で、民間セクターの役割は大きいものの、なお国家の動向は大きな影響力を持っているのである。

　もう一つには、多国籍企業に対抗する力を持つものとしての民主主義国家の役割についても着目したい。既に述べたように、多国籍食品企業や大規模アグリビジネスが食料資源の確保とその分配において大きな役割を果たしている。そうした中で、これらの企業の活動においては不当労働などの非人間的な行為や過度の

環境への負荷などネガティブな側面が指摘されることも少なくない。しかしながら、企業が巨大であればあるほど、フードチェーンが長大かつ複雑であればあるほど、実際にどのようなことが起こっているのかを消費者が把握することは不可能である。マスコミの報道などによってその一端を知ることはできるが、私たちは断片的な情報でしかそれらを知ることはできない。個人の力や能力で巨大なフードチェーンをコントロールする企業に対抗することは限界がある。そうした状況の中でそれら多国籍企業に対抗できる最も有効な存在としての国家、民主主義国家としての役割に注目したい。逆に、多国籍企業による食料資源の乱開発や非人道的なコントロールを監視し、修正させていく力を持つ存在として国家以外に有効な仕組みはあるだろうか。

　以上が、食料資源確保をめぐる現代の課題である。ひるがえって今日のわが国を取りまく状況を考えてみよう。米の確保が食料資源確保の中心となっていた時代は既に過去のものとなっている。私たちの食料の中で米が重要な位置を占めていることは事実であるが、米の供給さえ安定させれば大きな問題は生じないというのは現実的ではない。パン食は私たちの食生活の中では極めて一般的であり、その主要材料の小麦のほとんどは輸入に頼っている。加工食品原料や飼料に使われるトウモロコシや大豆もほぼ全量近くが輸入であり、魚介類の輸入も多い。これらを国内での調達で代替することは簡単ではない。また、コーヒーやバナナなど日常的に口にするものであっても、国内での生産が不可能な食品も少なくない。私たちは既に、食料資源の多くを海外に依存していることを踏まえると、理念的な自給論は現実的ではない。こうした状況下で安定した食料供給を保っていくためには、したたかなフードチェーンの運用戦略が不可欠である。

　その際に、上記（1）（2）（3）に留意して欲しい。長大かつ複雑で全容が見えにくいこと、見えたとしてもそれをコントロールする主体が国家ではないために権限が及ばないというのが今日のフードチェーンの特徴である。はたして、このチェーンを将来にわたって運用し、食料供給を保障できるのか。それが難しいのであれば、権限の及ぶ国内に食料資源を求めるしかない。それは同時に食料資源の質的な確保においても有効な手段ではある。他国の食料資源や多国籍企業によるフードチェーンが介在しないので、国内法でのコントロールができるからである[8]。しかし、既にみたように今日の国内の食料資源に関しては土地資源も人的

資源も決して満足できる状況ではない。同時に決して二者択一を求められているわけでもない。全ての食料資源を海外に依存する必要もなければ、全てを国内で調達する必要もない。両者をバランスよく配することが重要である。その際、留意すべきは基本的な食料と贅沢品についての議論を混同しないことである。高付加価値食品で実現できることと、毎日の食卓に上る大量で廉価の食品で実現できることは全く異なるのである。いずれにしても、自分の食べるもののことは責任を持って自分で決めよう。私たちはこれまでも食料を食べて生きてきたし、これからも食料を食べて生きていかねばならないのであるから。

注

1) 食糧と食料：広く食べ物一般を指す言葉として食料、米や麦などの主食を構成するものを食糧として使い分ける場合もあるが、明確に区別されずに使われる場合、あるいはあえて食糧ではなく食料を使用する場合も少なくない。本章では食料表記を採用したが、本章に議論の中心には主食となる主要食料、いわゆる「食糧」をすえている。ただし、主食となる米や麦以外の「食料」についても排除するものではなく、広く食料一般に通じる枠組みの提示と議論の展開を心がけた。その背景には、今日主食の確保ということが主要問題ではなく、肉や魚、また野菜や果物などの副食物などの確保も食料資源の確保の上で不可欠な要素といえるからである。なお、本章では食料資源を謳っているが、具体的に言及する対象は農産物を主体としている。水産資源や林産資源としての食料も存在するが、これらについては別に章が立てられているため、当該箇所を参照して欲しい。ただし、水産物にしても林産物にしても、本章に示す枠組みは共通するものと考えていただいて差し支えない。
2) 例えば、江戸時代には米が経済活動の中で大きな位置を占め、米相場の安定が重要な経済政策であったこと、飢饉への対策がその後の様々な政策や政治情勢に大きな影響を与えたことなどは興味深い。
3) フードチェーンという観点は国家スケールのみならず、どのスケールにでもあてはめることができる。世帯レベルにおいても、集落レベルにおいても、あるいは地方自治体や国家レベルにおいてもである。どのレベルにおいても域内でどこまで自給できるか、さもなくば域外から調達するということが食料資源獲得の議論の枠組みとなる。こうした観点を用いた検討は多様な可能性を含んでいるが、本論では「現代日本の資源問題」という主旨に鑑み、国家（日本）を前提とした検討を行う。
4) フードシステムという考え方も存在する。フードシステムがフードチェーンと同

義で使われる場合もあるがここでは区別して考えたい。フードシステムとはフードチェーンだけではなく、自然環境や経済状況、農政を含めた様々な国家の政策などチェーンに様々の営力を与える包括的な体系を指す概念であり、国家がフードチェーン全体を権限下に置いていた場合には有効な概念である。しかし、フードチェーンが国家の枠組みを越えている現在、その概念のみでは全容をカバーすることはできない（詳細は荒木, 2007 ; 2012 を参照))。

5) ただし、1 人の人間の食べる食料の量は同じではない。経済的な格差というバイアスがかかると人口の偏在と食料消費の偏在はさらに複雑なパターンを生み出す。地域によって摂取カロリー量が大きく異なることは周知の事実である。例えば、欧米諸国では年間 1 人当たり供給カロリーが 3,500 kcal を超える国も珍しくはないが、アジアの多くの国は 3,000 kcal に満たない。また、アフリカでは 2,000 kcal に満たない国も多く数えられる。このように食料資源の偏倚と食料消費の偏倚を考える上では様々のバイアスを考慮する必要がある。

6) わが国のフェアトレードや有機農業、スローフードあるいは地産地消などに関わる議論において、こうした点が少なからず取り違えられていることは残念なことである。有機農産物やフェアトレードなどの「新しい問題領域」を推進することを単純によしとし、「新しい問題領域」の陰に隠された闇を暴くこと（本来それに取り組むべきであるのに）を時として阻害してしまっている。それではしたたかなアグリビジネスのお先棒を担ぐことになってしまいかねない。

7) コモディティフェティシズムといわれるものである（Cook and Crang, 1996 ; Castree, 2001 ; 荒木, 2007）。もともとはマルクスの「商品の物神崇拝」と訳されるものであるが、今日より広い意味で使われる。フェティシズムはフェティソ（護符）が語源である。例えば、同じ商品（例えばTシャツ）であっても、胸元に有名企業のロゴマークがつくかつかないかで価値は大きく変わる。また、消費者は物理的な意味でのTシャツの機能よりも、ロゴマークのついているものを求めたがる。コモデティフェティシズムはこうした現象を指すものであり、商品に付けられたトレードマークやロゴ、あるいは広告戦略や人気などが商品の価値を決めてしまうことをいう。また、フードファティズムという考え方も、立場は異なるものの類似した現象を取り上げている（カナレック, カウフマン, 1994 : 高橋, 2007）。

8) 輸入農産物・食品の問題として安全性が取り上げられることが少なくないが、安全性よりも、むしろ安全管理ができないことが本質的な問題といえる。国産品でも食品事故、事件は後を絶たず、国産品だからといって安全というわけではない。問題は事故や事件が発生した場合に、国産品なら調査や捜査、それに基づく措置が可能であ

るが、海外産品では国家の調査や捜査の権限が及ばすに不十分な対応しか実施できないことである（荒木，2008）。同時に、為替レートの変動などの影響も回避できる。2011年現在の超円高は、裏返せば海外からの廉価での食料調達が可能ということでもある。円安に振れたときには、食料価格が高騰することも忘れてはいけない。

参考文献

荒木一視（1998）：野菜の地域間流動と都市の階層構造－都市システムとフードシステムの接点－（所収　森川　洋編『都市と地域構造』大明堂：325-355）.

荒木一視（2007）：商品連鎖と地理学－理論的検討－,『人文地理』59：151-171.

荒木一視（2008）：食料自給とフードセキュリティ,『地理』53-7：64-70.

荒木一視（2011）：広域食品流通とフードセキュリティ上の脆弱性,『人文地理』63：130-148.

荒木一視（2012）：フードレジーム論とアジアの東農産物貿易,『エリア山口』41：52-62.

高橋久仁子（2007）：『フードファディズム－メディアに惑わされない食生活－』中央法規出版.

辻村英之（2004）：『コーヒーと南北問題－「キリマンジャロのフードシステム」』日本経済評論社.

カナレック，カウフマン著，高橋久仁子・高橋勇二訳（1994）：『栄養と行動：新たなる展望』アイピーシー. Kanarek, R. and Kaufman, R. (1991): *Nutrition and Behavior: New Perspectives*, Van Nostrand Reinhold.

クライブ・ポンティング著，石　弘之・京都大学環境史研究会訳（1994）：『緑の世界史　上・下』朝日新聞社. Ponting, C. (1993): *A Green History of the World: The Environment and the Collapse of Great Civilizations*, Penguin Books.

チューネン著，近藤康男・熊代幸雄訳（1989）：『孤立国』日本経済評論社.

ハリエット・フリードマン著，渡辺雅男・記田路子訳（2006）：『フード・レジーム　食料の政治経済学』こぶし書房.

Castree, N. (2001): "Commodity fetishism, geographical imaginations and imaginative geographies," *Environment and Planning A* 33: 1519-1525.

Cook, I. and Crang, P. (1996): "The world on a plate", *Journal of Material, Culture* 1: 131-153.

第3章　グローバル化と地域森林管理

1．本章の射程と森林資源の定義

　地球上で人類が生存していく上で森林が欠かせない重要な存在であると、今日ほど明確に認識されたことはなかったのではなかろうか。私たちは、人類の営みが自らの生活する地球環境を悪化させてきたと考えるようになり、こうした状況を改善する上で森林が何らかの役割を果たし得ると期待している。

　日本の森林資源もこうした状況の中にあるといえる。経済のグローバル化や環境問題の地球的規模での広がりへの国際的対応は、日本国内の木材生産や森林整備の政策に対して大きな影響を及ぼしてきた（遠藤，2008）。その結果、世界の森林資源が減少する中で、逆に日本の森林資源は蓄積量を増大させ、現在、そのピークを迎えようとしている。こうした世界の中での位置づけを理解することが、日本の森林資源を理解するうえで重要である。本章では、まず、グローバル化の中での日本の森林資源の位置づけを検討したい。

　他方、森林資源は、国内の社会動静の影響を受けつつ、制度的に枠づけられながら長期的に造成されてきた側面が強い。現代日本の森林資源の状況を理解するためには、その資源の造成過程を踏まえて現段階を理解する必要がある。2009年の政権交代によって、日本の森林・林業政策は大きな転換点に立っている。民主党は、新成長戦略「21の国家戦略プロジェクト」（2010年6月閣議決定）の一つに「森林・林業再生プラン～コンクリート社会から木の社会へ～」（2010）（以下、新政策）を掲げ、すでに実行段階に入っている。新政策は、従来の森林・林業政策とは異なる立脚点に基づいて構築されており、その根幹には森林資源の現状に対する認識の変化が横たわっている。そこで本章では、日本の森林資源の現状を、こうした新政策の立脚点に即して検討することとする。

しかし、森林とは何かを資源の観点から定義するのは、やや複雑である。森林は地域的差異が大きく、また、人類社会の移り変わりとともに人類にとっての森林の意味も変化しており、その機能や用途も多様だからである（Mather, 1990, 熊崎訳, 1992）。

森林は、多年生の植物である樹木群を中心に構成された土地およびその立木等を総称するものといえる（堺, 2004）。森林資源という場合には、狭義にはその立木そのものを指すこともあり、また、土地と結びついて発揮される諸機能を森林資源の機能とみなす場合には、立木がその立地する土地と結びついて構成している生態系全体を指すと考えることもできる。いずれにしても森林資源は生命体である樹木を核とする資源概念である。

仮にここで森林資源を「立木のみ」、「林地とその構成体」とに分けると、次のように整理することができるだろう。まず、「立木のみ」に着目する。森林資源は一年の間に播種と収穫とを繰り返す多くの農耕資源に比べ、長期間かけて資源量を成長・拡大していく性質を持っている。森林の資源量の成長・拡大は農耕資源以上に、太陽光や地力、降雨などの自然力に多くを依存しているが、資源として利用されるためには、農耕資源の収穫過程にあたる採取過程（伐採・搬出）が必要である。天然林の場合には、この採取過程が資源の生産に該当する。人工林の場合には、さらにその前に植林、育林の過程が加わる。すなわち、人工林は育成林ともいわれるように、人間の営力が加わることで、成長や質の向上を促すことが期待される（船越, 1999；藤田, 1995）。こうして立木は収穫されて丸太となり、加工されて各種の素材・原料・燃料となる（図3-1）。ここで発揮される機能は、物質生産機能、とりわけ木材の生産を主とした生産機能ということになろう。

また、立木は土地と結びついて様々な機能を発揮する。土地整備として、森林整備を推進することで、治山治水機能の効果を目指した事業例は枚挙に暇がない。水源を涵養する機能の詳細については、諸説みられるものの、「森のダム」が果たす役割への期待は今日も高まりこそすれ小さくはない（第4章参照）。日本学術会議（2001）ではこうした機能を表3-1のように区分している。

一方、日本の森林計画では、森林を機能別に三つに区分して整備してきた。日本の森林面積の約7割は治山治水機能の発揮が期待される森林（水土保全林）に

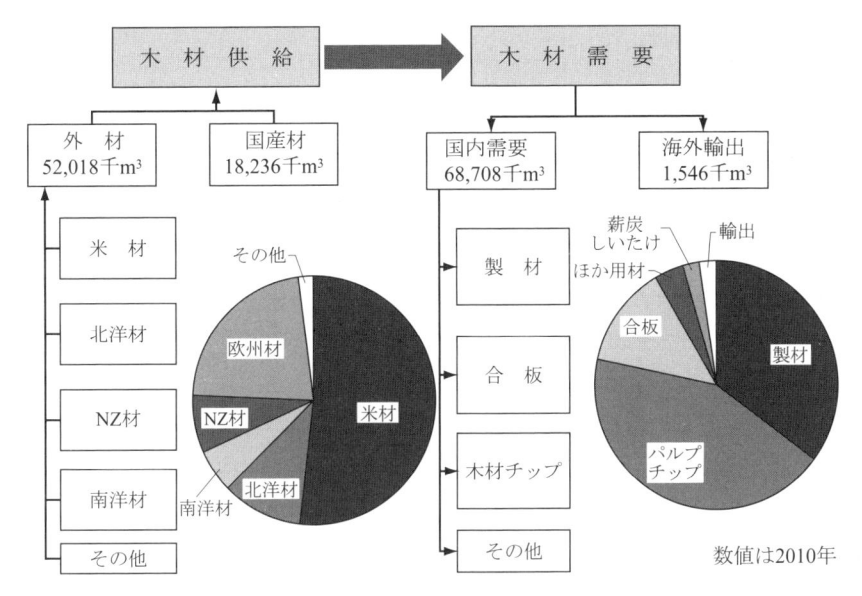

1. 本章の射程と森林資源の定義　49

図3-1　木材需給の概要
資料：『木材需給表』により作成。

表3-1　森林の多面的機能

機能区分	内　容
生物多様性保全機能	遺伝子の保全、生物種の保全、生態系の保全
地球環境保全機能	二酸化炭素の吸収と放出、蒸発散作用による炭素循環・水循環を通した地球規模での自然環境の調節
土砂災害防止機能／土壌保全機能	表層土の移動にかかわる地球環境の構成要素としての機能／とりわけ養分循環を通した生産力の維持
水源涵養機能	洪水の緩和や水質の浄化
快適環境形成機能	大気の浄化や気温の緩和、都市での騒音防止やアメニティの維持
保健・レクリエーション機能	人々の肉体的、精神的向上
文化機能	かつての森の民・日本人の特性に関わる精神的、文化的、知的向上

日本学術会議（2001）により作成。

区分されている。ほかに、木材などの生産が期待される「資源の循環利用林」は約2割、天然林や広葉樹の保全が目指される「森林と人との共生林」は約1割となっている（後述、表3-4参照）。

　大気の浄化、CO_2の吸収効果については、地球温暖化の議論の高まりとともにその果たす役割への期待は国際的に共通の認識となっているといえよう。同様に、生物多様性保全の観点からも、森林が果たしてきた役割とその維持が目指されている。他方で、景観を構成する森林の役割や人々の健康増進に果たす役割は、レジャー・スポーツや観光資源として森林の機能とみなされており、地域の暮らしや産業の基盤となっていることも少なくない（第8章参照）。

　本章では、日本の森林資源について、その問題局面から考察する。森林に関する資源問題は、森林がこのように資源として多様な機能を持っているために複雑であるが、本章では、現代日本における森林資源問題の構図を次の図3-2のように整理して考察することとする。日本の森林資源管理主体は、これまで中小規模の林家を中心とし、森林組合などによる地域的なまとまりをもったものとして想定されてきたが（**地域森林管理**）（志賀、2000、p.2-3）、グローバル化の進展などの状況変化が著しく、林政も転換期を迎える中で地域森林管理にも従来とは異

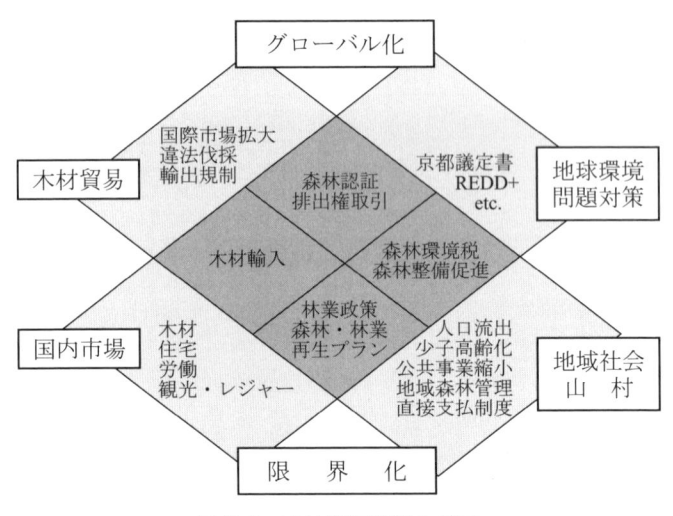

図3-2　森林資源問題の構図

なる対応が求められている。本章では、主としてその状況変化と、政策の転換について検討し、日本の森林資源管理の問題状況を考察する。

2．森林をめぐる二つのグローバル化

(1) U字型仮説と木材貿易

　地球上の森林面積は約40億ha（4,033,060千ha）である（FAO, 2010）。これは陸地の3分の1、地表全体の約1割に相当する。森林面積は農耕の開始以来、減少し続けてきたと考えられ、現在もその傾向は続いている。森林は、立木が過剰に利用される圧力と、他の土地利用に転用される土地利用上の競合の圧力とにさらされてきたからである。

　今日の過剰利用圧力には、途上国における燃料としての利用や、あらたな新興工業国における木材需要の増大による森林伐採などがあり、その影響は木材貿易によって国外にも波及し違法伐採を引き起こすことさえある。また、土地転用圧力には、農地や都市的土地利用への転用があげられる。そのほか、大規模な山火事の発生や、松くい虫など害虫の影響による森林の荒廃も拡大しており、これらと地球規模での気候変動との関係にも関心が寄せられている。

　過剰利用圧力の一つである木材需要の拡大は、その国・地域の経済・社会の発展と深い関わりがあると考えられている。森林は早い段階から軍艦や都市建設のために国境を越えて取引される商品であったが、工業化の進展によって経済が発展していく国で木材消費量が増大するため、丸太・木材貿易が活発化する傾向がみられる（**経済のグローバル化**）。日本も高度成長期以降、東南アジアを中心とした国々からの丸太輸入を拡大し、結果として熱帯林を破壊したと厳しく批判された経験がある（黒田・フランソワ・ネクトゥー, 1989）。インドネシアやマレーシアなどの東南アジアの国々は、国内産業育成の観点からも丸太輸出に対する関税措置により、制限する政策をとってきた。アメリカやカナダでは、生態系保全の観点から、丸太での輸出に対する強い規制を行ってきた。近年はロシアが、丸太の輸出制限を強めているが、違法伐採というよりも未熟な国内木材産業の振興のためだとみられている（(財)地球・人間・環境フォーラム, 2008, p.134）。

　世界全体でみると森林資源量の減少は緩慢になってきている。東アジアやヨー

ロッパ、北アメリカでは人工造林による継続的な森林面積の拡大がみられ、北アフリカや南・東南アジアでは減少率が小さくなっている。後述するように、韓国や中国では工業化とともに木材需要が増大し、同時に国内の森林資源拡充政策として人工造林が行われてきた結果、国内の森林資源量を急速に増大させてきた。こうした各国の政策や国際援助によって世界的に人工造林が進められてきているが、しかし、それ以上に森林減少の影響が大きいのが現状である（図3-3）。

　こうした森林の趨勢を、経済成長とともに森林資源量が減少傾向を示した後に、ふたたび増加に転じ、安定していく「変遷」として理解するU字型仮説が知られている（Mather, 1990, 熊崎訳, 1992）（図3-4）。国家やその地方レベルでの「変遷」現象は、単に立木としての森林資源の枯渇のためだけではなく、土地と結びついた森林資源の機能が喪失する、あるいは弱体化することに対する懸念のために、伐採規制や造林・再造林を促す政策によって具体化する。しかし、経済の発展段階が工業化に至る以前においては、森林資源の保全よりも経済発展

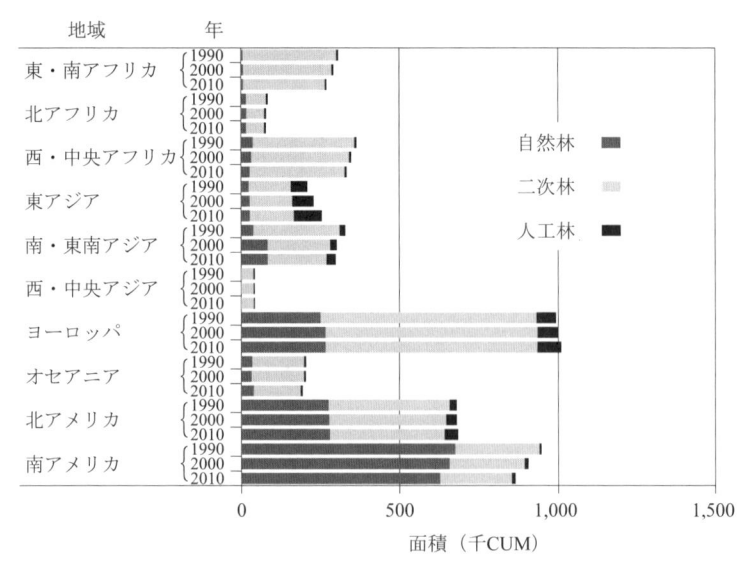

図3-3　世界中地域別にみた森林特性別面積の趨勢
　　　注：カリブ地域と中央アメリカを除く。
　　　資料：『Global Forest Assesment 2010』により作成。

2．森林をめぐる二つのグローバル化　53

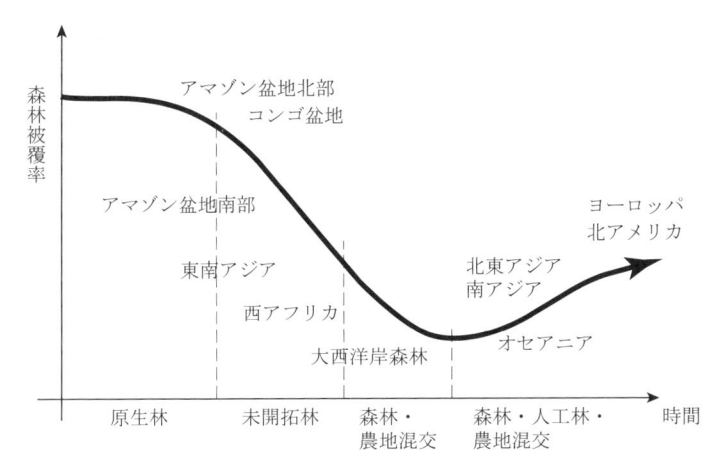

図 3-4　森林変遷曲線 (Forest Transition Curve)
資料：Hans Gregersen, Hosny El Lakany *et al.*（2011）.

が優先されるため、一般に森林資源は減少傾向を示すとする。

　U字型仮説によれば、日本は世界史的にみて最も早い段階で「変遷」を経験したと位置づけられている。吉野林業に代表される育成林地域が、17世紀には成立したと捉えられているからである。ただし、今日の日本の森林資源の蓄積については、第2次世界大戦期に資源量の減少を経験したのちに行われた人工造林を考慮すべきであろう（Fujita, 1993）。

　近年、先のメイサーの議論をベースにしたいくつかの研究が行われている。「森林減少の終焉は近い？」とする見解を示したP. E. Kauppi *et al.*（2006）では、GDPがUS＄4,600を超える国では、森林資源は安定または拡大局面にあり、インドと中国における森林増加については、政府の政策の重要性を指摘している。同様に、森林面積の増加してきた中国、インド、ベトナム、チリ、韓国の事例を検証したH. Gregersen *et al.*（2011）は、土地資源のテニュアー制度（保有および利用）を変更し、地元住民に森林管理に取り組むインセンティブを持たせることが重要であり、そのために地域コミュニティや先住民グループに権限委譲を進める国が、持続可能な森林管理に向かっていると指摘している。

　そこで次に、森林資源の「変遷」を踏まえていくつかの国々を取り上げながら日本の位置づけを検討したい。表3-2～3-4は、1990年以降の世界の森林・林業

の動向を把握するために、林野増加面積、林野減少面積の上位5カ国と森林資源動向の安定している5カ国（日本と後述する近年の森林・林業政策において参照されている国々）についての諸指標を示したものである。

表3-2は森林の盛衰に関する指標を示した。林野面積が減少している国々には、アフリカやアジアの国々が挙がっている。これらの国々では、概ね燃料利用の割合が高い点で共通しているが（表3-3）、森林消失の原因はそれぞれ異なっている。タンザニアやナイジェリアにおける減少は、主として人口増加と貧困が森林の燃料利用に結びついてもたらされている。タンザニアでは、キリマンジャロのコーヒー栽培の衰退による森林地域の経済基盤の弱体化が住民の貧困化による森林の過剰な燃料利用の要因の一つとされている。ミャンマーでは、国内における政治的対立による活動資金確保のため、中国の木材市場に向けた違法伐採を加速させているとの報告もなされている[1]。インドネシアでは、1980年代初頭から、丸太輸出に対する関税措置が行われたが、その後も日本や韓国向けの合板輸出は継続しており、マレーシア向けの違法伐採の存在も指摘されている。また、パーム油のプランテーション経営が1990年代以降の激しい山火事の頻発と関係しているともいわれ、森林減少の大きな要因となっている。山火事は、オーストラリアやロシア、ブラジルやコロンビアなどのアマゾン地域でも大きな被害をもたらしている。一方、林野面積の増加は、中国やベトナム、インドのような経済成長の著しい国々やアメリカ合衆国、スペインで顕著である。

こうした森林資源の利用状況を概観したのが表3-3である。すでに林野面積が安定している「その他」のヨーロッパの国々では、製材などに用いられる産業用丸太だけではなく、燃料としての利用も増加傾向にあることが注目される。ただし、その比率は、はるかに産業用丸太利用が大きい。後述する新政策との関係において、川下部門でもとりわけ木質バイオマス利用の拡大が強調される要因となっているのだろう。

生産額についてみると、アメリカ合衆国を筆頭に、インド、ブラジルが次いでいる。その内訳は、アメリカ合衆国やブラジルでは産業用丸太、インドでは木質燃料の割合が大きい。これらに続くヨーロッパの国々では、産業用丸太生産が主であり、アメリカ合衆国のパターンである。日本もこのパターンに該当するといえる。

表 3-2 林野面積の動向

	国名	林野面積 (1,000 ha)			林野率(%)	年変化率 (1,000 ha/年, %)				人工林面積 (1,000 ha)		
		1990年	2000年	2010年		1990-2000年		1990-2010年		1990年	2000年	2010年
	世界	4,168,399	4,085,168	4,033,060	31	-8,323	-0.20	-6,767	-3.25	-	-	-
森林面積増加国	中国	157,141	177,000	206,861	22	1,986	1.20	2,486	31.64	41,950	54,394	77,157
	アメリカ合衆国	296,335	300,195	304,022	33	386	0.13	384	2.59	17,938	22,560	25,363
	インド	63,939	65,390	68,434	23	145	0.22	225	7.03	5,716	7,167	10,211
	ベトナム	9,363	11,725	13,797	44	236	2.28	222	47.36	967	2,050	3,512
	スペイン	13,818	16,988	18,173	36	317	2.09	218	31.52	2,038	2,505	2,680
森林面積減少国	ミャンマー	39,218	34,868	31,773	48	-435	-1.17	-372	-18.98	394	696	988
	タンザニア	41,495	37,462	33,428	38	-403	-1.02	-403	-19.44	150	200	240
	ナイジェリア	17,234	13,137	9,041	10	-410	-2.68	-410	-47.54	251	316	382
	インドネシア	118,545	99,409	94,432	52	-1,814	-1.75	-1,206	-20.34	-	3,672	3,549
	ブラジル	574,839	545,943	519,522	62	-2,890	-0.51	-2,766	-9.62	4,984	5,176	7,418
その他	ドイツ	10,741	11,076	11,076	32	34	0.31	17	3.12	5,121	5,283	5,283
	オーストリア	3,776	3,838	3,887	47	6	0.16	6	2.94	-	-	-
	フィンランド	21,889	22,459	22,157	73	57	0.26	13	1.22	4,393	4,956	5,904
	韓国	6,370	6,288	6,222	63	-8	-0.13	-7	-2.32	-	1,738	1,823
	日本	24,950	24,876	24,979	69	-7	-0.03	1	0.12	10,287	10,331	10,326

資料：FAOにより作成。

56　第3章　グローバル化と地域森林管理

表3-3　森林資源の利用

	国名	産業用丸太 (m³) 1990年	産業用丸太 2005年	増加率(%)	木質燃料 1990年	木質燃料 2005年	増加率(%)	木質燃料/産業丸太 1990年	木質燃料/産業丸太 2005年	貨幣換算値(100万US$) 産業丸太	木質燃料	林産物NWFP	計	対GDP(2005年)比(%) 産業丸太	木質燃料	林産物NWFP	計	生産額/人 万US$	対人口比 素材生産(‰)
森林面積増加国	中国	64,814	63,882	-1	63,600	63,676	0	0.98	1.00	4,140	-	4,735	-	0.78	-	0.89	-	0.74	0.92
	アメリカ合衆国	499,193	481,006	-4	97,725	51,101	-91	0.20	0.11	22,599	312	1,327	24,238	1.83	0.03	0.11	1.96	15.15	0.54
	インド	35,055	45,957	24	213,169	260,752	18	6.08	2.67	6,253	7,095	133	13,481	2.67	3.03	0.06	5.76	0.22	5.62
	ベトナム	3,446	2,703	-27	26,534	26,240	-1	7.70	9.71	473	116	n.s.	589	2.66	0.65	-	3.31	0.25	2.88
	スペイン	14,794	15,827	7	2,947	1,760	-67	0.20	0.11	915	29	514	1,459	0.77	0.02	0.43	1.23	4.71	0.71
森林面積減少国	ミャンマー	3,397	3,880	12	35,687	39,180	9	10.51	10.10	765	812	-	-	-	6.04	-	-	7.90	0.08
	タンザニア	2,294	2,661	14	21,552	24,970	14	9.39	9.38	12	217	9	237	0.33	1.84	0.25	6.60	5.80	0.08
	ナイジェリア	9,321	10,831	14	59,095	70,427	16	6.34	6.50	124	456	-	-	0.50	-	-	-	-	0.08
	インドネシア	25,485	14,428	-77	144,680	86,396	-67	5.68	5.99	-	-	-	-	-	-	-	-	-	-
	ブラジル	115,254	117,048	2	162,348	122,573	-32	1.41	1.05	2,559	1,259	279	4,097	1.62	0.80	0.18	2.59	3.79	0.59
その他	ドイツ	37,043	58,788	37	7,646	16,548	54	0.21	0.28	2,589	238	563	3,390	1.03	0.09	0.22	1.35	6.92	0.59
	オーストリア	11,535	15,488	26	3,002	4,414	32	0.26	0.28	1,233	297	144	1,674	4.39	1.06	0.51	5.96	9.30	2.19
	フィンランド	43,840	55,152	21	3,371	5,933	43	0.08	0.11	2,632	88	133	2,853	16.47	0.55	0.83	17.85	12.40	4.38
	韓国	1,204	2,278	47	402	293	-37	0.33	0.13	334	43	1,859	2,237	0.33	0.04	1.81	2.18	9.32	0.50
	日本	30,765	17,803	-73	365	160	-128	0.01	0.01	1,998	-	202	-	0.52	-	0.05	-	4.68	0.37

資料：FAOにより作成。

次に、国民経済における林業生産の位置を GDP に占める林業生産額の割合によって示した。スペインの 1.23％からフィンランドの 17.85％まで様々であるが、日本の場合は約 0.6％に過ぎない。同様に雇用の面から、総人口に占める素材生産労働者数の割合をみると、アフリカの燃料利用が主である国々の水準（約 0.008‰）やインドネシアとそれ以外の国々との間の差は大きいが、ブラジルやオーストラリア、ドイツ、韓国がほぼ同水準にある。日本はその間の水準に位置し、産業用丸太生産が主である国としては、国内産業における地位が例外的に低い水準といえる。労働生産性の面では、スペインと同水準であるが、アメリカ合衆国やカナダ、フィンランドの 4 分の 1 から 3 分の 1 の水準、ドイツやオーストラリア、韓国に比べてもはるかに低い水準に留まっている。

以上のように、先進国においては、産業用丸太の生産を主とする林業が一定の地位を占める傾向があるといえる。日本も産業用丸太生産を主とする林業生産が行われてきたが、森林資源量の豊富さに比して、国民経済における林業の位置づけは極めて小さいといえよう。

次に、森林に関わる制度についてみたのが表 3-4 である。所有形態別にみると、植民地支配を受けた後に第 2 次世界大戦後に独立したアフリカの国々やインドネシア、ミャンマーで、国公有林面積の割合が大きい。また、旧社会主義国であったロシアでもすべての森林が国公有となっているが、インドや中国では私有が主である。そのほかカナダやオーストラリア、ブラジルでも国公有林の割合が大きい。私有林の割合が大きいのは、概してヨーロッパの国々やアメリカ合衆国であるが、韓国や日本も同様の傾向を示す。また、多くの国で森林の機能区分の制度を導入しており、世界的にみると木材を主とする「生産」機能に含まれるものが多い。次いで「多目的利用」に含まれるものが多いが、北米の場合は、概ね木材生産と林産物の生産とみなすことができる。日本の場合は、生産機能に区分された森林の割合が極めて小さく、水土保全の割合が極めて大きい点に特徴がみられる。

次に産業用針葉樹丸太と林産物の貿易状況について、FAO に基づいて概観してみよう。産業用針葉樹丸太の輸出国上位 3 国（体積による）は、ロシア（18,304 千 m^3）、ニュージーランド（8,768 千 m^3）、アメリカ合衆国（7,408 千 m^3）であり、この 3 国で総交易量の過半数（約 53％）を占める。なかでもロシアが約 28％

表 3-4　森林の所有形態と機能区分

(%)

国名	所有形態 国公有	所有形態 私有	所有形態 その他	私有形態 個人	私有形態 企業・機関	私有形態 地域共同体あるいは部族集団	機能区分 生産	機能区分 水土保全	機能区分 生物多様性保持	機能区分 社会的サービス	機能区分 多目的利用	機能区分 なしまたは不明
森林面積増加 中国	68	32	0	-	-	-	41	29	4	2	24	0
アメリカ合衆国	43	57	0	69	31	0	30	0	25	0	46	0
インド	86	14	0	-	-	-	25	16	29	0	30	0
ベトナム	72	24	4	-	-	-	47	37	16	0	0	0
スペイン	29	66	5	97	0	3	20	20	12	2	46	0
森林面積減少 ミャンマー	100	n.s.	0	0	0	100	62	4	7	0	27	0
タンザニア	100	n.s.	0	-	-	-	71	0	6	0	24	0
ナイジェリア	100	0	0	-	-	-	29	0	28	0	0	43
インドネシア	91	9	0	-	-	-	53	24	16	0	0	7
ブラジル	81	19	0	-	-	-	7	8	9	23	4	49
その他 ドイツ	53	44	4	-	-	0	0	0	26	0	74	0
オーストリア	19	81	0	68	20	12	60	37	3	1	0	0
フィンランド	32	68	0	84	16	0	87	0	9	n.s.	4	0
韓国	31	69	0	-	-	-	77	5	1	9	7	0
日本	41	59	0	98	-	-	17	70	0	13	0	0

資料：FAOにより作成。

を占め、輸出国のなかでも際立って大きな位置を占める。ロシアやニュージーランドの場合は中国、アメリカ合衆国の場合はカナダが主要な輸出先として大きな割合を占めている。輸入国は、中国（20,424千m³）、オーストリア（6,928千m³）、ドイツ（6,832千m³）、韓国（4,728千m³）、日本（3,600千m³）となっている。日本は、ロシアとカナダ、アメリカ合衆国を主要な輸入元としている。林産物の主要な輸出国はアメリカ合衆国（19,920百US$）、ドイツ（19,712百US$）、カナダ（16,512百US$）であり、北米自由貿易協定（NAFTA）加盟国家やEU内での貿易が大きな割合を占める。ドイツやスウェーデン、オーストリア、フィンランドなどのEU国家間での相互貿易の割合も非常に大きい点は、注意しておく必要がある。日本は、林産物においても中国、アメリカ合衆国、ドイツに次ぐ主要な輸入国であり、特徴的である。

　戦中に資源の減少を経験したのちに国内の森林資源の充実を図ってきた日本の経験は、しばしば先駆的な成功例の一つとして取り上げられる。ただし、アジア諸国をはじめとする海外からの輸入に支えられた資源蓄積の評価には、慎重にならざるを得ないであろう。先のP. E. Kauppi et.al（2006）は、商業伐採と貿易が森林資源の蓄積の増加に果たす役割を評価し、森林資源の増大と世界経済の拡大との相互関係に楽観的な展望を示している一方、島本（2009）は、森林の持続可能性には、むしろ一定の関税措置が有効であると主張している。自由貿易の促進を目的とするWTOにおいてさえも、木材の貿易自由化は持続可能な森林経営に貢献するか、持続可能な森林経営を貿易対象にすべきかで意見の対立がみられるという（荒谷，2004）。

　ところで林産物の生産に関する統計では、しばしば生産量と供給量との間の差異が問題になることがある。その要因の一つとしては、違法伐採によるものと解釈される（（財）地球・人間・環境フォーラム，2008, p.1-5）。Seneca Creek Associates and Wood Resources International（2004）によると、違法伐採による製材品の多くはその国内で消費されているが、グローバルな木製品取引の5～10％は、違法性が疑われる丸太から製造されている。また、違法伐採が行われている国のみではなく、違法伐採された丸太やそれによる製品を輸入している疑いのある国・地域についても検証しており、中国やEU（15）とともに日本が取り上げられている。そこでは、主としてロシアから輸入されている針葉樹丸太

の 15%、広葉樹丸太の 20%、広葉樹製材やプライウッドでは 30%以上が、違法伐採によるものと推定されている。世界で起きている違法伐採を促す主要なアクターの一方として、日本の木材市場が問題視されているのである。

こうした状況に、日本政府もインドネシアと共同で「アジアの森林パートナーシップ（AFP）」（2002～）などの取り組みを開始しており、グレンイーグルズ・サミット（G8）で表明された「日本政府の気候変動イニシアティブ」（2007）に基づくグリーン購入法（2006）などによって国内消費の問題にも対応を図ってきている。

(2) 森林認証と政府の取り組み

2001 年に制定されたグリーン購入法は、政府機関などが環境への負荷ができるだけ小さい製品を率先して購入することを定めた法律であり、2006 年に違法伐採を考慮した内容に改正されている。すなわち、木材については、林野庁が定めたガイドラインに準拠した「合法性」が証明されたものであり、「持続性」に配慮して購入することとしている。具体的には、①森林認証の活用、②業界団体の認定事業者による証明、③事業者独自の取り組みによる証明などが示されている。

森林認証には FSC（事務局：ドイツ）や PEFC（事務局：スイス）、SGEC（緑の循環認証会議）（事務局：日本）が挙げられている。FSC と PEFC は国際的な森林認証制度であり、持続可能な森林経営に基づいて生産された林産物を認証し、市場に流通させることを目指している。逆にいえば、違法な伐採や取引による林産物を世界市場から締め出すことを通じ、森林経営の適正化を促すことが期待される制度であるといえる。

FSC は、1990 年代はじめに世界の NGO などが集まり、1993 年に設立された組織であり、PEFC は 1999 年に、ヨーロッパ 11 カ国[2]の森林認証制度の相互承認プログラムとして発足し、その後、カナダやチリ（2004 年）をはじめ、ヨーロッパ以外の国々も参加する認証制度となった。今日、世界中で、FSC は 150,693,303 ha、PEFC は、238,398,348 ha の森林を認証している。

日本は PEFC には未加盟である。しかし、PEFC-CoC 認証（加工・流通過程管理の認証）を受ける団体は 212 に上る（2012 年 3 月 31 日現在）。FSC については、2000 年 2 月に速水林業が認証されたのを皮切りに、35 カ所、392,989 ha

の森林が認証されており、CoC 認証団体も 1,200 を超えている（2012 年 5 月 10 日現在）。

　SGEC はこうした国際的な森林認証制度の動向を受け、日本の森林経営に即して（社）日本林業協会など関係団体が中心となり 2003 年に設立された NGO 組織である。2012 年 4 月 30 日現在で、森林認証面積 888,564.78 ha，CoC 認定団体は 379 団体となっている。いずれ SGEC も PEFC などの国際的な相互認証に取り組むことが期待されるが、現状では、日本国内独自の認証制度にとどまっている。

　こうした民間機関の国際的な動向への対応の取り組みの一方、政府間でも森林管理をめぐる様々な取り組みが行われ、日本政府も一定の役割を果たしてきた。1997 年の COP 3（国連気候変動枠組み条約第 3 回締約国会議）で採択された京都議定書にみられる京都メカニズムの吸収源の設定は、地球環境の変動に対する森林の役割への期待を国際的枠組みの下で実現する枠組みとして、日本政府がイニシアティブをとって盛り込んだものであった。しかし、日本政府は、2011 年の COP 17 でカナダ、ロシアとともに 2013 年以降の議定延長期間への参加を見送った。アメリカ合衆国や中国などの主要な温室効果ガス排出国が参加していないことを主要な理由としているが、温室効果ガス削減目標の達成は 2012 年の約束期間の終了を目前に、自国の森林整備目標の達成[3]さえも困難な状況にあったとみられる。しかし、日本政府が世界の森林資源の動向に対して期待される役割は依然として小さくない。例えば、途上国における森林減少や森林劣化を温室効果ガスの削減と結び付ける REDD+ をポスト京都議定書の国際的な枠組みの中で位置づけ、具体化に向けたイニシアティブを発揮していくことは今後の課題の一つであろう。地球環境問題への国際的な対応の下に、森林資源は重要な位置を占めているのである（**環境問題のグローバル化**）。

3．森林管理をめぐる二つの限界状況

(1) 新政策の立脚点

　過剰利用や土地転用によって世界の森林資源が減少傾向にあるのに対し、現在の日本国内の森林資源量は維持あるいは拡大局面にある。森林面積は長期にわたって安定しており、蓄積量は増加傾向にある（図 3-5）。にも拘らず、日本の

森林資源は問題状況にあるといわれる。それは、外材との価格差により国産材の価格競争力が低かったこと、山村の経済基盤の疲弊により、林業の担い手を欠いたことなどによる過少利用状況と捉えられてきたからである。すなわち、資源は造成されてきたが、それを利用するための市場条件、労働力や組織の条件が整っていないために利用が行われず、資源管理が行われ得なかったと考えられてきた。

ところが、2009年に誕生した民主党政権は、「新成長戦略」の一つとして森林・林業再生プランを位置づけ、これまでの林業政策よりも森林林業の問題状況に大きく踏み込んだ改革案を示した。具体的には、10年後（2020年）の木材自給率50％以上を目指し、路網整備や集約化、フォレスター制度の創設といった施策を実施することである。これまでの日本林業の抱えていた問題点を点検した上で、新たに体系的な政策が立案された点で注目される。とりわけ重要なのは、従来の政策の立脚点を批判し、大きく異なった立場から立案されていることである。そこで、民主党政権の国家戦略室で新政策の策定を主導した梶山恵司氏の著作（梶山，2011）から新政策の考え方を次のように整理してみた。

①日本の林業政策は、林業は（産業として）成立しないため公共事業として環境を名目に森林整備を進めるという考えが支配的だった。

　しかし、広大な森林を公共事業で維持管理し続けることは不可能であり、木材生産によって自律的に間伐が進むメカニズムを構築することが、「持続的な森林経営」（梶山，2011，p.278））の前提である。

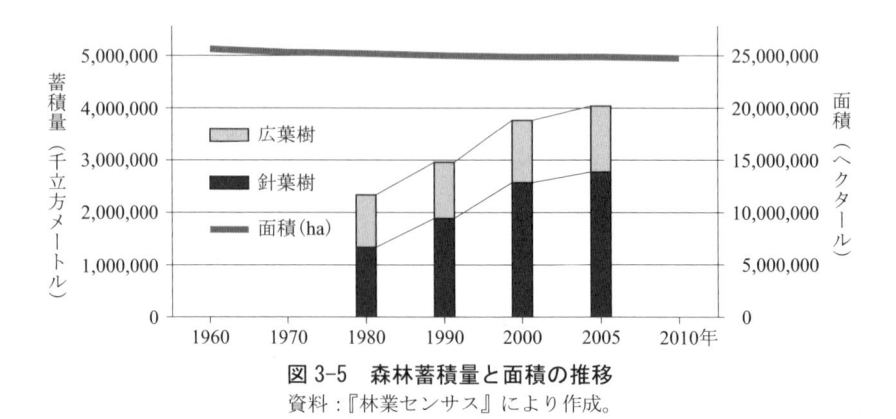

図 3-5　森林蓄積量と面積の推移
資料：『林業センサス』により作成。

②ただし、日本の森林資源はこれまで造成途上にあって、森林資源量（蓄積量）は木材需要に対応していなかった。

現在は成熟段階に達しつつあり、蓄積量の増大は需要量に対応している。今後は長伐期施業体系の下で、効率的な利用間伐を行っていくことが重要であり、可能である。

③これまでの日本の森林経営は、材価水準が高い時期の意識のままで、効率的、科学的ではなかった。にも拘らず、問題を木材価格問題に転嫁して、経営改善を怠っていた。

高次なマネジメントによって日本林業は再生可能であり、従来の各種の組織の機能・役割を見直す必要がある。またそれを担う管理技術をもった人材を育成していく必要がある。

④効率的な施業を行うための林内路網整備に問題があり、機械も適切に導入されているとはいえない。

高密度作業道の整備とドイツモデルの機械の導入に基づく利用間伐を中心とした長伐期施業体系など、ヨーロッパの森林経営をモデルに効率化を図ることがカギとなる。あらたな技術に対応した人材育成も必要である。

⑤林業は、本来資源立地型産業であり、疲弊した国土の周辺地域の経済振興策となり得る。林業クラスターの形成によって多様な雇用が創出される。

ここでは主に、②③および⑤について検討したい。

(2) 市場の限界

図3-5のように、日本の森林資源は年々蓄積量を増加させている。蓄積量に応じた資源の適正な利用（伐採）は、森林管理の持続にとって必要であるという認識は、従来からの林野庁の基本的立場である[4]。ところが、新政策では、従来の森林施業のモデルである短伐期施業では、効率的な経営も森林の多面的機能も実現できないとし、長伐期施業体系へと経営方式のモデルを変更することによって、両方の機能を高次なレベルで実現できるとした。すなわち、④のような技術を導入し、③のようなマネジメントを実現することである。そして、そのための森林の資源的基礎は形成されたばかりだとする。森林資源が成熟しつつあることから、利用間伐を伴う長伐期施業による効率的経営が可能な条件が生まれたとするの

である。いわば、日本林業のこれまでの不振を資源の蓄積の段階に求め、木材価格、とりわけ外材との価格差を問題視する従来の視点を批判しているといえる[5]。

　山元からの観点でいえば、少なくとも1990年代半ばまでは、外材との価格差によって木材価格が低く据え置かれたことが森林経営を圧迫したといえるのではないか。そして、1990年代半ば以降は、材価の低迷と伐出賃金の上昇とがあいまって、いよいよ所有者の森林経営は限界状況に達したとみるべきであろう（藤田，2010）。こうした中で、中国の木材需要の増大やロシアの木材輸出関税措置の強化が[6]合板用針葉樹材を中心に国産材利用への関心を高めることとなった。

　また、阪神淡路大震災（1995年1月）以降、日本の住宅用木材市場は大きな質的転換を経験してきた。すなわち、住宅用建材の需要が急速に変化したのである。その背景には、和風建築需要そのものの減少や在来工法における真壁工法から大壁工法への転換があり[7]、建築用材需要の中心はグリン材から乾燥材あるいは集成材へと変わってきた[8]。価格競争力に劣る国内林業生産者の中には、和風住宅市場での高付加価値な木材需要向けの生産を目指してきたものも少なくない。しかし、このことは、その市場が急速に縮小してきたことを意味している。

　グローバルな市場変動やこれまでになかった災害へのあらたな対応が急ピッチで進められる中で、その歪の多くを、数十年スパンで営まれる育林経営の山元立木価格に転嫁することには、そもそも無理があるのではなかろうか。市場動向の急速な変化への対応の多くを、変化への対応が困難な部門に課してきたといえないか（**素材市場の限界**）。

　こうした中で、市場価値を減退させた立木地の所有に対する意識が急速に失われ、人口移動や相続によって森林管理に齟齬をきたす状況が危惧されている。いわゆる不在村所有の問題である（図3-6）。近年は、東京財団を中心に、外国資本への森林所有権の移転が問題だと喧伝されている（平野ほか，2010）。農林水産省と国土交通省の調査によると、2006〜2010年に621ha／40件、2011年にはさらに165.8ha／14件の所有権移転が確認された。そのうち大規模な森林所有権移転の問題は、北海道の一部で発生しているとみられる（表3-5）。こうした現象が、今後他地域にも広がっていくのか、また水源利用を含めた広範な問題

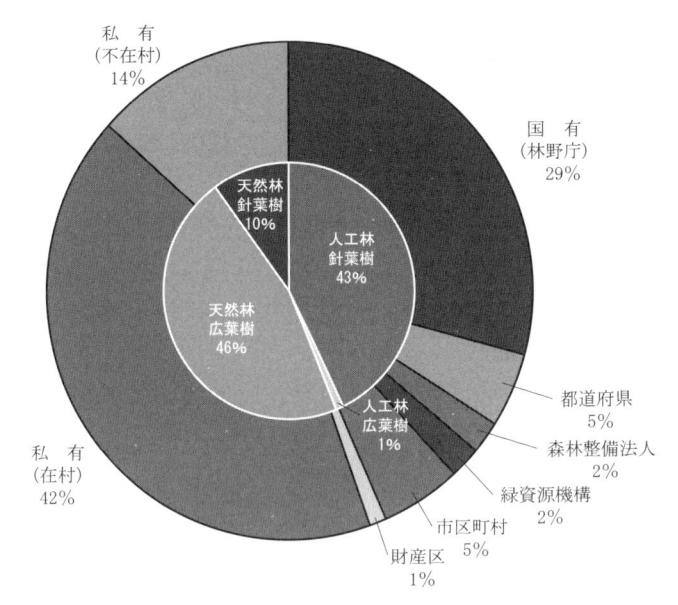

3．森林管理をめぐる二つの限界状況　65

図 3-6　日本の森林資源構成
資料：『林業センサス 2005』により作成。

に発展していくのかどうかは明らかではない。しかし、国境で区切るのか、行政界で区切るのかの違いはあるが、これらは不在村所有の深化ともいえ、少なくとも地域森林管理の面では類似問題の深刻化の原因となると考えられる（**土地市場の限界**）。

さらに、新政策では、森林施業計画制度の在り方を見直し、新たに森林経営計画制度を設置した（以下、新制度）。大きな変更点の一つは、森林所有者ではなく、計画を立案し、実行する主体に対して支援金が支払われることとなったことである[9]。そのために施業を実施する事業者に期待される役割には、次のような変化が表れている。

まず、地域の森林所有者をまとめる組織力である。森林経営計画においては、従来は 30 ha 以上の団地化が求められていたのに対し、100 ha 以上を集約しなければならなくなった。地域の所有者の了解を得ながら、オーガナイズしていく力量がさらに強く求められるようになっている。また、収益性を確保するための現場技術の向上が求められる。新制度の下では、支援の対象となるのは間伐

表 3-5　外資*による森林取得状況（2006 〜 2011 年）

道府県	市町村	2006-2010年 個人 ha	件	法人 ha	件	計 ha	2011年 個人 ha	件	法人 ha	件	計** ha
北海道	蘭越町	5	1	64	3	69					
	留寿都村			20	2	20	0.4	1			0.4
	黒松内町	4	1			4					
	倶知安町	60	3	119	10	179	0.2		13.9	4	14.1
	ニセコ町	18	6	9	5	27	4	2	11.4	1	15.4
	赤井川村	0.5	1			0.5					
	砂川市			292	1	292					
	幌加内町	10	1			10					
	清水町	3	1			3					
	標津町	0.4	1			0.4					
	伊達市								81	1	81
	京極町						5				5
山形県	米沢市	10	1			10					
神奈川県	箱根町			0.6	1	0.6	0.3	1	0.6	1	0.9
長野県	軽井沢町			3	1	3					
兵庫県	神戸市			2	1	2					
群馬県	嬬恋村							1	44	1	44
沖縄県	今帰仁村						5	1			5
海外居住資本計		111	16	510	24	621	14.9	6	151	8	165.8
国内在住外資企業				N.D.							57
計											222.8

注＊：ここでの「外資」とは、居住地が海外にある外国法人または外国人。
　＊＊：農林水産省と国土交通省による調査に、都道府県による報告（2011.5-2012.3）を含めた。
資料：林野庁HP資料による。ただし、2011年は、2012年5月11日発表。

材を利用するために搬出を行う利用間伐とし、これまでは補助対象だった、林内に間伐材を放棄しておく切捨て間伐は、原則として支援の対象としないこととした。そのため効率的に利用間伐を実施する技術力が求められ、耐久性のある林業専用道路などによる高い路網密度を実現し、適切な林業機械を導入することによって可能な生産・経営方式がモデルとして示された。また、公的資金は計画を実行する事業者に対して予め支援金として支払われることとなった。こうした経営には、これまでとは異なる、コストと収益とを適切にマネジメン

トすることが必要である。森林所有者にいかに収益を還元できるかという事業者の力量が、これまで以上に問われることになった。

　しかし、こうしたマネジメント能力を持った経営者や高い現場技術者を早急に育成することは可能なのであろうか。もし可能だとすれば、それは従来の技術とそれほど違わないということなのだろうか。この点について判断するだけの材料と力量が筆者自身にないが、もし差異が小さいとすれば、これまでの「緑の雇用」事業[10]の成果と課題を検討することから得られる示唆が意味をもつだろう。

　ただし、1990年代半ば以降の林業不振の要因が、外材価格ではなく、伐採費用と木材価格との関係にあると考えるならば、新制度の目指す施業方式が伐採費用の軽減を通じた問題解決に結びつくかどうかは疑問である。むしろ新しい機械の導入、より高度な技術が求められる技術者に対する労働費などは、コスト増大要素となろう（**労働力市場の限界**）。

　機械化による省力化はコスト削減要素となろう。集約化が課される計画森林の規模増大は機械化とあいまって、規模の経済を発揮させよう。しかしその効果は、従来の制度下でも発揮され得たものだろう。それが困難であった要因が解決されていないことが問題なのではないか。また、後に述べるように地域の雇用機会を、結果として縮小するのではないか。

(3) 地域の限界

　効率的な資源利用による日本林業の再生を謳う新政策も、従来の林業政策と同様に、地域による森林管理機能に依存している。しかし、多くの森林所有者の生活の場である山村は、「限界集落」論が指摘しているような地域存続の困難に直面しており、「沈黙の林」が生まれている（大野，2008）。先にみた不在村所有の問題の多くは、こうした地域問題の深化によって起きているとみられる。すなわち、それは単に所有権が地域外へ移転することが問題であるというよりも、地域外への住民世帯の移転によって、従来前提とされていた地域の土地・資源管理機能の持続が危惧されることが問題なのである。

　地域社会で培われてきた社会関係の遺産によって、問題はまだむしろ顕在化していない面も大きい。移転した住民世帯と現住者との関係は続いていることも少なくないからである。しかし、世代交代が進むことによって、問題は急速に表面

化してきている。相続された世帯と森林の所在する地域との関係性が希薄になると、地域の森林管理意識が失われることにつながるからである。逆にいえば、海外への所有権移転は、その所有者の所在が明らかであり、地域との関係性が保たれていれば問題とはいえないだろう。森林所有者と地域で森林管理を行う主体との関係性が保たれていることが重要なのである。

　所有者と利用者との関係を調整することは、森林組合に期待されてきた機能の一つであり、その機能が果たされていない地域で、森林組合の役割に疑問が投げかけられているのだろう。そのポイントは、森林所有者の組織として、地域マネジメントに果たす役割・機能が確立されているかどうか、またその位置づけが明確であるかどうかにあると思われる。森林組合の役割を一律に捉えるべきではないが、それぞれの地域森林管理の文脈で森林組合の役割を理解し、再定置すること、すなわち、森林管理を通じた地域マネジメントに果たす役割を見直し、強化する必要がある[11]。

　それとは別に、新政策においては森林経営におけるマネジメントの役割を重視している。現場技術者に求められる新たな技術の方向も示されている。国産材比率が高まれば、本来資源立地型産業である林産業は、素材供給地である山村への近接立地を志向するはずであり、住宅だけではなく、バイオマスなどのエネルギーの循環と分散化（第6章参照）の潮流と関連した需要が喚起されれば、新しい林業クラスターが形成される可能性も開かれる[12]。こうしたシナリオが実現すれば、地域には多様な雇用が創出されるはずである。森林を活かす方策を示すことができれば、広範な地域の活力をよみがえらせる契機となろう……。

　このように新政策が描く地域の将来像は、これまでとは異なる、イノベーションに満ちた新しい山村像である。過疎や高齢化といった現在の問題局面からではなく、可能性としての未来から地域の方向性を示している。しかし、それは本当にどの地域にも開かれた可能性であるか、またその将来像は地域に望まれているといえるのだろうか。新政策は一つの選択肢を与えているかもしれないが、成功を収めるのはやはり限られた地域でしかないのかもしれない。

　しかし、人口減少社会では広域的な森林管理の仕組みが求められている。新政策が示す効率化された施業方式は、機械化と森林情報の整備により省力化を促すだろう。そうであれば、それは雇用を拡大し地域を振興するというよりも、縮小

する社会における資源管理に貢献する点に、より広範な意義を見出すべきであろう。

　新政策では、ゾーニングの問題を取り上げ、生産を目指す森林とそうではない森林とを区別するとしている。生産との関わりを重視して「林業」を捉える立場では、生産的ではない森林の切り離しが必要かもしれないが、森林の果たす多面的機能と山村での生活という観点からは、非生産的な森林をも活かす地域森林管理のあり方にも、新しい方策が求められる。その場合、森林管理の地域のあり方を、従来の市町村や都道府県という行政域を前提としない枠組みで考えてみることが必要だろう。例えば、水土保全機能からは、河川流域を基盤にした地域的枠組みの中で、非生産的な森林の管理をも積極的に位置づけることが可能だろう（第4章参照）。

4．新政策と森林資源管理の未来

　これまでに述べたような疑問点があるものの、新政策はすでに動き始めた。日本林業がドイツやオーストリアのようになるのか、いずれにしても果てしない道に向けたあらたな歩みを始めたように感じられる。森林資源のあり方に、森林所有者や林業事業者らだけでなく、広く国民の関心を集めることが重要だろう。2020年の自給率50％以上達成という数値目標も、分かりやすく考えるための方便ともいえる。今後の見直し、改善の際に政策内容を点検、軌道修正していくことも期待できる。

　ただ、それでも新政策がそうした短期的目標設定をしていることと、従来想定されていた短伐期の施業を長伐期に変更することとの間には整合性があるように感じられない。数値目標は短期的なものなのに、長伐期施業の下で主伐を迎えるのはそれよりさらに10年以上先と見込まれるという、齟齬を抱えているのではないか。そもそもなぜ長伐期施業が必要なのだろう。

　中期的にみれば、日本の森林資源がいずれ直面する大きな問題は、再造林が行われてこなかったために若齢級の森林面積が極めて少ない、「森林少子化」ともいうべき状況から生じると考えられる。このままだと20年後に供給可能量は激減するだろう。現行の短伐期施業を継続すれば、国内からの素材供給が近い将

来、困窮することは目に見えているからである。長伐期施業導入の真の意義は、利用間伐を継続的に行い得る現場の体制を構築することにあるのではないだろうか。すでに伐期にある林分を長伐期の施業体系にすることで温存し、利用間伐というかたちで少しずつ活かしていくことで、平準化には至らない林齢構成の問題を先送りし、数十年分の林分の不足をもまかなうことができる可能性が生まれる。木材貿易に対する規制が強まる中で、海外からの輸入に依存した国内への供給体制の脆弱性は高まっており、国内供給体制の持続を優先する観点からも意味がある。

　そのほか、新政策は多くの論点を含むが、本稿ではまだまだ検討できなかった点が多い。最も大きな点の一つは、バイオマスなど新たな需要を創出することや、低質材市場への進出など、川下志向性の強い森林経営を鼓舞している点である。この点は今日の日本林業の展開を考える上で重要な観点であると筆者も考える。従来、困難であった事業に対し、新政策が新たに展望を切り拓く端緒となることが期待される。

　森林を集約化し計画を立てることの困難は、これまでの施業計画における団地化においても存在していたが、経営計画であればより大規模、広範に可能である理由も把握できなかった。このことのために、計画制度に含まれない森林がむしろ増加するかもしれない。それは新政策の意図するところではないだろう。岡田のいうアドバイザリーボード（後藤ほか，2012）がどのようなものとして機能するかが、山元からの視点では重要なカギを握っているように思えてならない。

　それにしても従来の森林・林業について、かなり全体的な点検・批判に基づいて随所に新制度を織り込んだ新政策は、相互の関連性の強い、体系的な新たな林業生産の提案となっている。それだけに、どこかのピースが欠けると、全体が崩れるような脆弱性を抱えているようにも思われる。例えば、林道がうまくいかないと、機械化や人材育成にも影響が及んでしまうのだろう。それぞれのピースが、従来、困難な課題とされてきたことの克服を企図しているだけに困難が予想される。地域の経験の中にこそ、困難を打開する可能性を拓く鍵が隠されているだろう。新政策は一律的であるという批判を乗り越えて、地域の状況に即した運用が図られることが望まれる。

　さて、新政策のその先に、日本の森林資源はどう描かれ得るのか。現段階では

長期的な展望をあまりうまく描写できそうもない。しかし、森林資源の所有問題に対して、従来の私有制を前提としない、何らかのより強い施策が求められるようになるのではなかろうか。それは市場原理の限界とグローバル化した資源管理の要請との両面からの対応が、より強く求められると予想するからである。将来、かりに新政策に近い管理・生産様式の下にある私的所有制の下にある経済的機能の強い森林資源のあり方が確立されたとしても、これまでの公的所有やそれに準ずる所有制の下に、公共的管理制度の下におかれた広大な森林を包摂する本格的な制度を構築することは必要だろう。

注

1) AFPBB News, 2007年10月16日 09:11, 発信地：弄島/中国（http://www.afpbb.com/article/environment-science-it/environment/2298440/2245086）.
2) オーストリア、ベルギー、チェコ、フランス、フィンランド、アイルランド、ノルウェー、ポルトガル、スペイン、スウェーデン、スイスの11カ国。
3) 330万haの間伐の実施。
4) 約20年前の林業白書（1993年）でも、伐採量が成長量の範囲内であることから、日本の森林では持続可能な経営が行われてきたとしている。
5) 資源的観点から、従来の林業政策には限界があったと免罪符を与えている側面もあるということもできよう。
6) 中国の木材輸入量は、産業用丸太で4,828 m^3（1998年）から29,570 m^3（2009年）に増大した。ロシアは、国内の木材加工業の育成を目的に、エゾマツやアカマツなどの産業用丸太の輸出関税を2.4%（2007年）から25%（2008年）に引き上げ、さらには2010年に80%まで引き上げることを予告していた。現在までのところ、実施は先送りされているが、世界の木材市場に与えた影響は大きい。
7) 真壁工法は、従来の柱が壁の表に現れる工法であるが、逆に壁の背後に柱が隠れる構造が大壁工法である。和風建築では木目の美しさが材価の差異を生みだし、例えば無節のものほど重宝されてきたが、大壁工法では木目は壁に隠れて意味をなさない。
8) 震災以降、住宅の耐震性能の向上などを目的とした一連の建築基準法の改正が行われ、住宅用建材に関して、強度などの木材性能を示すことが義務づけられるようになった。JAS規格品である集成材はこうした動向への対応が容易であるが、従来の製材品は性能がまちまちであり、JAS工場にするための破壊試験機などの設備投資が必要となる。

9) 従来の森林施業計画の場合にも受委託計画による施行者が計画主体となり得ることが盛り込まれていたが、今回の改正では、名称を変更し、施行者が主体となることが期待されるように全面的に展開したと捉えるべきであろう。
10) 定着率が高くないことが指摘され、とりわけ期待されたIターンと呼ばれる都市生活経験者が林業者として期待されながら、十分に定着し得なかった。その理由は、新規就労者の側のみではなく、受け入れる林業者の側にも存在したであろう。人員削減の際に地域出身者ではなく、Iターンの新規就労者を解雇した事例など、新たな技術者を新規に就労させるだけの許容量が、森林組合を含む従来からの事業体側に十分に備わっているかどうかは疑わしい。
11) 森林情報の精緻化はその一環と考えられるが、より多様な側面に目を向ける必要がある。
12) 経済地理学分野の研究はこうした部分で大いに貢献できると思われる。

参考文献

荒谷明日兒（2004）：木材貿易と森林認証制度，（所収 堺 正紘編『森林政策学』日本林業調査会：264）．

遠藤日雄（2008）：現代森林政策学が目指すもの，（所収 遠藤日雄編『現代森林政策学』日本林業調査会：1-7）．

大野 晃（2008）：『限界集落と地域再生』高知新聞社．

梶山恵司（2011）：『日本林業はよみがえる－森林再生ビジネスモデルを描く－』日本経済新聞出版社．

黒田洋一，フランソワ・ネクトゥー（1989）：『熱帯林破壊と日本の木材貿易』，築地書館．

後藤國利・岡田秀二・赤堀楠雄・遠藤日雄・安田 孝・香山由人・菊池俊一郎（2012）：『「森林林業再生プラン」で林業はこう変わる』全国林業改良普及協会．

堺 正紘編（2004）：『森林政策学』日本林業調査会：17．

志賀和人（2000）：森林管理問題の分析視点と制度，政策展開，（所収 志賀和人・成田雅美編『現代日本の森林管理問題－地域森林管理と自治体・森林組合－』全国森林組合連合会：2-3）．

島谷美保子（2009）：『森林の持続可能性と国際貿易』岩波書店．

（財）地球・人間・環境フォーラム（2008）：『平成19年度 違法伐採による環境影響調査業務報告書』：1-5．

日本学術会議（2001）：地球環境・人間生活に関わる農業及び森林の多面的な機能の評価について（農林水産省諮問に対する答申）．

平野秀樹・安田喜憲（2010）:『奪われる日本の森―外資が水資源を狙っている』新潮社.
藤田佳久（1995）:『日本・育成林業地域形成論』古今書院.
藤田佳久編（2011）:『山村政策の展開と山村の変容』原書房.
船越昭治（1999）: 林業展開構造論，（所収　船越昭治編『森林・林業・山村問題研究入門』地球社：2-8）.
Fujita, Y. (1993): "Modern development of afforestation in Japan: process and results", In A.S.Mather eds. *Afforestation-Policies, Planning and Progress*, London and Frorida:Belhaven, 181-191.
Gregersen, H., Lakany, H. E., Bailey, L., White, A. (2011): *The Greener Side of REDD+ – Lessons for REDD+ from Countries where Forest Area Is Increasing –*, Washington DC: Rights and Resources Initiative.
Kauppi, P. E., Ausubel, J. H., Fang, J., Mather, A. S., Sedjo, R. A. and Waggoner, P. E. (2006): "Returning forests analyzed with the forest identity", *Proceedings of National Academy of Sciences of the United States of America*, vol. 103. no. 46: 17574-17579.
Mather, A. S. (1990): *Global Forest Resources*, Pinter Publisher, London. メイサー，A. S. 著，熊崎　実訳（1992）:『世界の森林資源』築地書館.
Seneca Creek Associates and Wood Resources International (2004): *"Illegal" Logging and Global Wood Markets: The Competitive Impacts on the U.S.Wood Products Industry*, American Forest and Association.

第4章　わが国の水資源政策と水資源問題

1．環境の中の水資源

(1) 資源とは何か
①資源の定義
　私たちは自らの生産活動において無から有を生み出すことはできない。工業製品や農産物には必ず自然界に原材料が存在する。資源論は自然界に存在する原材料を利用し、加工して製品にする一連の過程を対象とし、そこで発生する問題を明らかにし、より合理的な利用方法を検討する研究分野である。地球上で多くの資源は偏在している。その点で地域性や空間的制約を分析視角に置く地理学との親和性は高い。

　ここで簡単に資源の定義をしておきたい。資源は第1に「自然界に存在するもの」である。資源の定義には人間や人間の有する技術を含む考え方があるが、ここではそうした考えは採用しない。その理由は、人間や技術までも資源に含めると、資源の特徴が無限定化されてしまうからである。次に資源は「人間社会にとって有用なもの」である。どれだけ自然界に存在しようと、人間社会にとって有用でなければ資源として認識されない。最後に資源は「経済的価値を持つもの」である。例えば空気は自然界に存在し、人間社会にとって有用であるが、あまりにも大量かつ普遍的に存在するため、経済的価値を持たない。もちろん、将来的に大気圏内の空気が著しく汚染され、きれいな空気の獲得に経済的費用が発生する場合、空気は資源と呼ばれることになる。

　このような事態は決して滑稽ではなく、例えば、本章で対象とする水がまさにこうした事態を引き起こしている。わが国では古くから「水と安全はただ」と言われてきた。しかし、少し考えてみれば、私たちが水を使用する場合、水道にし

ろ、工業用水道にしろ、対価として料金を支払っていることに気づくであろう。

こうした「自然環境の商品化」とも呼ぶべき過程を経て、私たちは自らの欲する資源を獲得している。その点で資源は明らかに経済的概念であり、その価値は市場が決めている。

② どのようなものが市場で交換されるか

ではどのようなものが市場で交換され、資源になるのか。ひとことで言えば、人々が欲しているのになかなか手に入らないもの、いわゆる希少財が市場で交換される。その際、人間にとって有用であるかどうかは二次的な理由になってしまう。例えば、金やダイヤモンドはこの地球上において大変希少なものである。もちろん、金やダイヤモンドはそれぞれ人間社会にとって有用な働きを示し、それが評価されて市場で取引されてきたのも事実であろう。しかし現在、これらの商品の果たす役割はその機能を著しく上回る希少性においてより発揮していると言えよう。

一方、私たちが生きていくために不可欠なものはもともと自然界に豊富に存在するものがほとんどである。例えば食料や衣類は私たちの生活において必需品と言ってよい。こうした生活必需品は人間社会にとって非常に有用であるのにも拘らず、または有用であるがゆえに、大量に存在しかつ比較的安価に獲得することのできる商品となっている。

③ 水の商品化

水は食料や衣類と同様、人間にとって不可欠でかつ使い道の多いものであるが、わが国では普遍的に存在し、つい最近まで市場での交換価値を持っていなかった。それが戦後から高度成長期にかけて、水を獲得するためのダム建設等で多額の投資が必要となり、少しずつ商品化されてきた。さらにペットボトル水が普及するにつれて、水、少なくとも飲み水は迷うことなく商品になっていった。

現在、私たちの利用する水道の料金は $10 m^3$ 当たり 1,451 円（2008 年）である（図4-1）。3人家族の場合、1カ月平均 $20 m^3$ 程度の水を使用することから、1カ月の料金は3,000円前後になる。近年、ダム開発等により、料金が著しく高くなっている地域があり、そうした地域では水道料金は決して無視できない額になっている。しかしながら、1,451 円 $/10 m^3$ を 1 l 当たりに換算すると 0.15 円になり、全国的には極端に安価な商品でしかない。

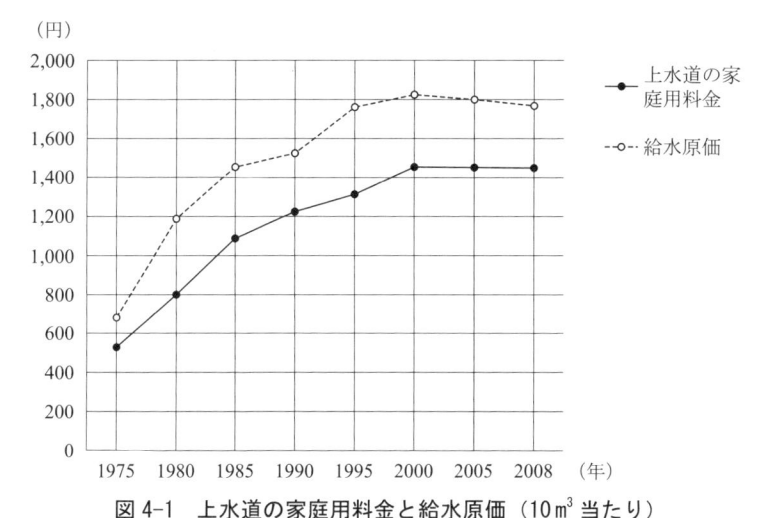

図 4-1　上水道の家庭用料金と給水原価（10 m³ 当たり）
資料：国土交通省水管理・国土保全局水資源部編（2011）より作成。

　ここで近年急激な需要増加をもたらしたペットボトル水と水道水の比較をしてみよう。ペットボトル水の価格は商品によって異なるものの、ここでは 1 l 当たり 150 円とする。この場合、上述した水道水の約 1,000 倍の価格となり、どこから見ても立派な商品である。このペットボトル水を容積 150 l の風呂に使用すると、1 回の入浴に要する費用は 22,500 円となり、とても落ち着いてお湯につかる状況にない。ペットボトル水は飲用を目的としているからこそ成り立つ商品であり、水道水への不安感がこうした状況を促している。

　ただこうした不安感には地域差がある。図 4-2 は同じく水道水への不安感を示す浄水器の地域別使用状況（2009 年）を見たものである。東京都、南関東地域を中心とする首都圏での浄水器普及率の高さは水道水への不安感の強さをよく表している。九州地域の普及率の高さも気になるところである。一方、大阪府では「以前使っていた」割合は高いが、現在「使っている」割合は全国平均を下回っている。大阪府では水道浄化の高度処理が功を奏したのであろうか。それとも飲み水として水道を使うことを止めたのであろうか。

④市場評価の問題点

　水がこのような形で商品化されていくことは、水をより有効に使う、無駄使いをしない点で望ましい。しかし、水には人々が生きていく上での生活必需品

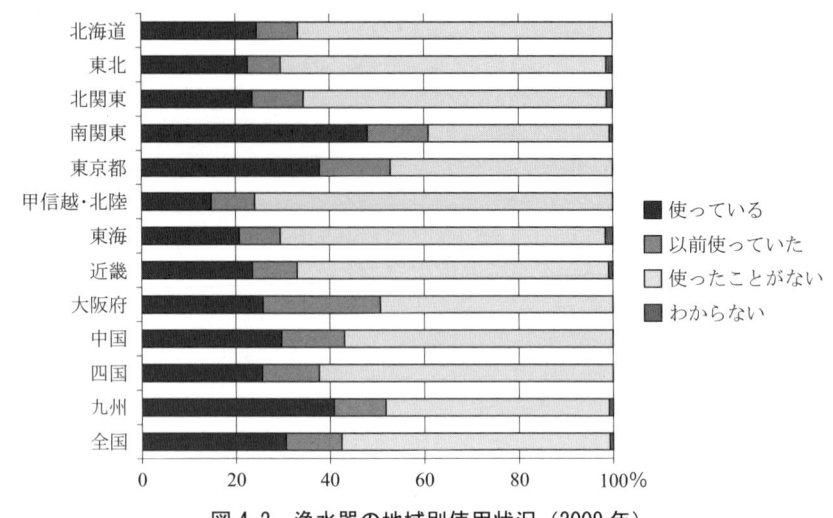

78　第4章　わが国の水資源政策と水資源問題

図 4-2　浄水器の地域別使用状況（2009 年）
資料：国土交通省水管理・国土保全局水資源部編（2011）より作成。

という性格があり、だからこそ水道用水は給水原価を下回る価格で供給されてきた（図 4-1）。従って民営化の議論に安易に乗ることには問題が多く、市場の限界を見据えた検討が必要である。

　しかし、一方で生活必需品という性格が私たちの水利用の全てに適用されるわけではない点にも注意を要する。水の使い方を丁寧に見ていくと、水でしか対応できない用途の割合はそんなに大きくない。水による対応が望ましい場合でも、現在の水質水準を要求する使い方はわずかである。それらの点を考えると、私たちが行っている水利用を全て生活必需品として捉え、その価格を安価にしなければならない理由はない。

（2）水資源の特徴
①水は多目的に利用可能な資源である

　私たちはあらゆる場面で水を使用している。そしてその内容を見ると様々な使い方があることに気づく。水道水の場合、人間の生理的欲求としての飲み水が第 1 の目的であるが、使用量はせいぜい 2～3 l/日・人である。炊事まで含めると家庭用水使用量の 23％になる。そしてそれ以上に汚れを流す目的として使われ

る洗濯（16％）、トイレ（28％）、汚れを流す目的に加えて、水が液体であることと保温効果を利用して人間の体を暖めるために使用される風呂（24％）等、水の多面的な機能を用いた使われ方が圧倒的である（2006年度東京都水道局調べ（国土交通省水管理・国土保全局水資源部編，2011））。

工業用水の用途も実に多様で、製品の一部として使用される原料用水、汚れを流す洗浄用水、冷やすための冷却用水等がある。しかし、この中で水でなければ用をなさない部分は小さく、水が使用される理由は、やはり水が安価な資源であることによる。

②水は安価な資源で浪費的に利用されやすい

しかし、水が安価であることは世界のどこでも言えるわけではない。当然のことながら、乾燥地域では水は何よりも貴重な資源として認識されている。一方、わが国で水使用に対してコスト的な発想を持つようになったのは最近のことであり、それはわが国が水資源に恵まれていることを示している。

わが国の一般家庭の上下水道料金が家計支出に占める割合は 1.7％である（総務省HP）。下水道の普及に伴い、家庭支出に占める割合は増加しているが、水道部門の割合は過去30年間ほとんど変わっていない。上下水道あわせた料金は電気料金よりも安く、ガス料金とほぼ同じである。

その結果、水は浪費的に利用されやすい。この点で水資源をダム・河口堰等供給側の視点からだけでなく、水需要管理といった消費側の視点から捉えていく必要性が発生する。

2．河川管理と水害

(1) 川と流域と水害

①日本の水収支

わが国には年平均 1,690 mm の降水があり、これに国土面積をかけると年平均降水総量は 6,400 億 m^3 になる（図 4-3）。一方、年平均蒸発散量は 609 mm、国土面積をかけると 2,300 億 m^3 になり、降水量の約 3 分の 1 は蒸発して空に戻る。残された量に国土面積をかけたものが水資源賦存量と呼ばれ、理論上、人間が最大限利用可能な量である。わが国の水資源賦存量は 4,100 億 m^3、渇水年は 2,700

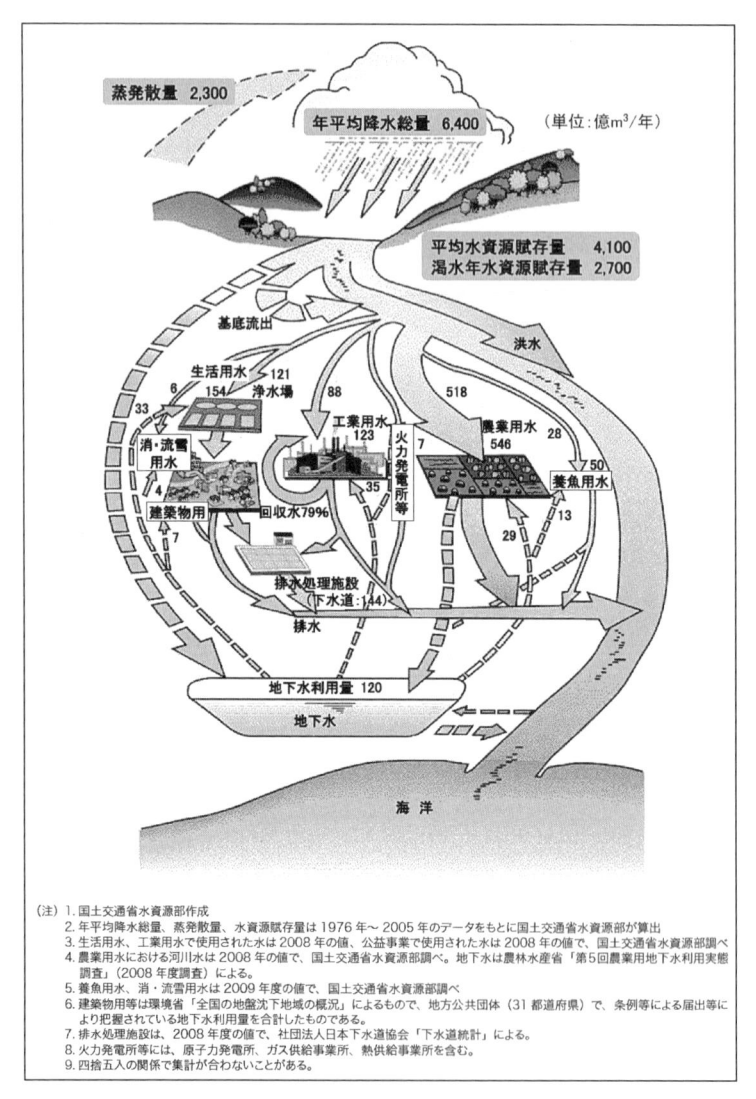

80　第4章　わが国の水資源政策と水資源問題

図4-3　わが国の水収支
資料：国土交通省水管理・国土保全局水資源部編（2011）より引用。

億m³である（国土交通省水管理・国土保全局水資源部編，2011）。

　水資源賦存量はあくまでも最大利用可能量であり、実際はこのうちの3分の2が洪水として短期間に海へ流れ出てしまう。残された3分の1が地下水になり、

一定期間を経て河川に戻ってくる。これを基底流出と呼ぶ。日常風景で見られる晴天時の河川流水がこれである。ダム等水源施設が造られるまで、私たちはこの水を使って水田灌漑を行う一方、生活用水に利用してきた。現在、ダム建設が進み、短期間に流出する河川水を一時的に貯留して利用することが可能になっているが、農業部門を中心に水利用の多くは今も基底流出に依存している。わが国の年間水利用量（2008 年）は農業用水 546 億 m^3、生活用水 155 億 m^3、工業用水 123 億 m^3、計 824 億 m^3 で[1]、水資源賦存量の約 20％を占める。

②流域と水問題

乾燥地でない限り、降った雨や雪はやがて河川に出て海へ到達する。しかも、降水直後の洪水が非常に大きいのがわが国河川の特徴である。一方、わが国河川の渇水流量は流域面積に比べると大きく、その結果、流域を越えた水利用は限定的である。このように治水、利水両面で流域の持つ意味は大きい。

河川利用を巡る世界的問題としては、黄河やコロラド川、さらにはナイル川、ガンジス川等における、流域の水利用激化に伴う河川流水の海までの未到達や流量減少による塩分濃度の急上昇等が挙げられる（村上, 2003；福嶌, 2008）。黄河やコロラド川は流域面積の多くが乾燥地域であるため、年間流出量はわが国主要河川と比べて大きく違わない（伊藤, 2005）。それに対して流域面積は広大であることから、わが国河川の水資源利用・管理システムよりも精緻なシステム形成を図らないと、問題が深刻化する。

水質面で問題が深刻なのは発展途上国である。中国では工業の発展、都市への人口集中に対して下水処理施設の整備が著しく遅れており、全国土的に水質汚染が問題化している（井村, 2007）。経済成長期、下水道整備は後になりやすい傾向があるが、下水道未整備に伴う河川・湖沼の水質汚染は良質の水資源を失わせる最大の原因である。

(2) 水害を防ぐ

水害の発生要因には自然的要因と社会的要因が存在する。自然的要因は大雨であり、わが国ではもっぱら台風と梅雨によってもたらされる。一方、社会的要因は治水技術や治水対策の政策優先順位等である。自然的要因の大雨が降れば水害リスクは高まるが、社会的要因である治水技術の水準が上昇し、かつ治水対策の

政策優先順位がより高く設定されていれば、水害にはなりにくい。

　江戸時代から明治時代中頃までわが国に洪水を完全に制御できる技術はなく、水害は避けられなかった。治水対策はどのように洪水の力を受け止め、社会への影響を弱めることができるかに向けられていた。治水技術の限界が大きく、人々は洪積台地や自然堤防上に住んで洪水を回避しようとした。低湿地に住む場合は水屋等の避難場所を設け、逃げる手段として天井に舟をつるした。もちろん、これらの対策によって完全に水害を回避することは不可能であり、毎年多くの被害を発生させていたのも事実である。

　明治時代後期になると治水対策は格段に進歩する。洪水をできるだけ早く海へ流出させるために河川の川幅が広げられ、直線化され、堤防が強化され、ダムが建設された。これらの対策によって、現在、日常的には水害被害を避けることが可能になっている。

(3) 水害はなくならない

　しかしながら、水害はなくなっていない。図4-4は1990年から2009年にかけてのわが国の水害被害額を見たものであり、被害額は全体として2,000億円から1兆円程度である。被害額が2兆円を超えた2004年は7月に新潟・福島豪雨と福井豪雨が生じた年である。

　水害のなくならない理由として第1に挙げられるのは、治水計画の限界である。今日に至る治水対策の進展により、水害の回数は減っている。しかし、大雨や洪水が自然現象である限り、治水計画を越えた洪水を防ぐことはできない。河川の治水計画は河川の重要度によって治水安全度が異なっており、最も重要度の高い河川は一級河川に指定され、100年から200年に1回程度発生する洪水を防ぐための治水計画が立てられている。一級河川は全国に109水系あり、国が管理している。以下、二級河川、準用河川、普通河川とランキングされ、重要度に応じた治水対策が行われている。

　このように河川の治水計画の整備目標は無限に大きな洪水を対象にしているわけではない。また目標に対して現状の整備状況が追いついておらず、追いつく見通しもない。堤防はいつか切れ、その時の水害は計画上想定外として対策が立てられていないため、堤防が切れると人的被害を伴う甚大な被害を発生さ

2．河川管理と水害　83

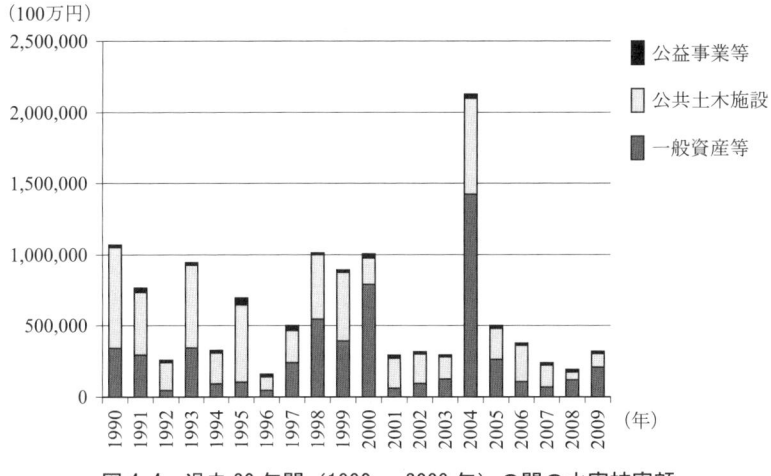

図4-4　過去20年間（1990〜2009年）の間の水害被害額
　　注：2000年価格に補正。
　　資料：国土交通省『水害統計調査』各年版より作成。

せてしまう。

　水害のなくならない2番目の理由は、無秩序な都市化に伴う水田の減少、低湿地への市街地進出である。戦後、高度成長期になると人の住む場所は大きく変化し、低湿地へ拡大した。皮肉にもダム等による治水安全度の上昇がそうした移動を促進した。

　しかし、そうした地域は治水計画の限界を越えると、堤防が切れて洪水が浸入する。かつて低湿地は水田利用によって被害を抑えていたが、市街地化は被害を発生させるだけでなく、水田の遊水地機能も失われることによって水害を拡大させてしまった。

　水害のなくならない3番目の理由は、流域全域にわたる土地利用の変化である。河川上流域は高度成長期以降、ゴルフ場、スキー場等リゾート開発が大きく進んだ。流域内の森林は林業の不振、山村の過疎化による森林管理の粗放化が進んでいる。中流域から下流域に広がる水田でも、農業の不振、衰退が指摘されている。水田灌漑を管轄する土地改良区も組合員が高齢化し、今後の維持管理に不安を残している。

3. ダム・河口堰による水資源開発と水利用

(1) 農業用水と河川水利秩序
①農業用水の大量水使用
　わが国の歴史を通じて最も大量の水を使ってきたのは農業用水である。高度成長期以降の都市用水使用量の大幅増加にも拘らず、今も年間水使用量の3分の2は農業用水が占めている。しかも農業用水使用は稲作灌漑期（4月～9月）にほぼ限られるため、この間、わが国の水利用は農業用水が都市用水の約4倍で推移する。
　農業用水は主に水田で使用される。稲は大量の水を消費する作物で、安定した収穫を得るために水管理は欠かせない。わが国には1年を通じて降水があるものの、稲作期間を通じて必要水量を天水だけで賄うことはできない。そのため、稲作栽培では人工的に水を補給する必要があり、長い歴史を通じて現在のような精緻な灌漑方式が確立した。

②河川水利秩序と流量管理
　わが国では比較的最近まで稲作中心の国づくりが行われてきた。全ての経済活動の中で稲作が最も重要な活動で、最も重視されたのが水の獲得であった。しかし水は絶えず不足気味で、また少しの余裕ができるとそれを根拠に水田の拡張が行われた。稲作水源は近隣の河川自流水（基底流出）で、農民は水源河川に最大の関心を寄せ、新規水利用事業に対して断固として反対した。
　こうした農業用水の権利を明確化したのが、わが国の河川水利秩序の根幹をなす古田優先原理である。先行利用の優先を基本とする古田優先原理は、流水という特徴を有する水資源において一定の合理性を有する配分原理で、現行河川法でも、新規水利用の許可申請において著しく公益性が高い場合を除き、関係河川使用者全ての同意がない限り、新規水利用は許可されない。
　ではどのような状態が既存水利用者の水利用を優先させることになるのか。河川には年間を通じて取水可能な河川流量が存在する[2]。この流量を既存水利用者の水として認め、基準点流量とする。新規水利用者は河川自流水が基準点流量を下回った時、自流水取水並びにダム貯留を停止すれば、原理的には既存水利用者の水利用を妨げないことになる。一方、新規水利用者は自らの需要に欠ける部分の補てんのために、自流水が基準点流量を上回る時、上回る部分から取水すると

同時にダム貯留を行い、自流水取水が需要に欠ける時にダム貯留水を補給して年間取水を確保する。このようにわが国の河川水利秩序は今も農業用水を中心とした既存水利用者の権利を十分認めていることを特徴とする。

現行河川水利秩序の最大の問題点は河川自流水利用者に水の有効利用を義務付けるルールがないことである。水利権許可において水利用者は合理的な水利用を義務付けられているが、監督官庁の国交省は水利用内容に踏み込んだ監督を行っていない。そのため、新規水利用希望者が現れた時、既存水利用者の水利用内容が問われることなく、ダム・河口堰建設を求める構造が固定化されてきた。

(2) 高度成長と都市用水需要の拡大
①都市用水需要の拡大と地盤沈下

近代水道の基準となる水道水に塩素を投入する等の衛生管理が行われるようになるのは明治時代になってからである。横浜市水道が1887（明治20）年に近代水道としての第一歩を踏み出し、その後大都市や開港場を中心に水道は整備されていく（日本水道協会1967）。しかし、全国的に水道用水需要が増加して水道整備が進められるのは戦後、高度成長期である（図4-5）。工業用水も産業化の過程で急激な需要増加を来たしていくが、とくに水需要が増加するのは、水道用水同様高度成長期を迎えてのことであった（図4-6）。

当初、都市用水水源は一部の大都市を除くと、その多くは地下水であった。しかし、都市への急激な人口集中と工業集積による都市用水需要の急増は、早々と地下水の水源としての限界を露呈させ、深刻な地盤沈下を発生させた。戦前から著しい地盤沈下を発生させた東京都区部、戦中に地盤沈下が深刻化した大阪市に加えて、戦後、全国各地で地下水過剰揚水に伴う地盤沈下が発生し、当該地域に深刻な影響を与えた（図4-7）。

これに対して、地下水過剰揚水を抑制し、河川を主水源とする水道・工業用水道事業の発足が急務となった。地盤沈下対策としては工業用水法（1956年）、工業用水道事業法（1958年）、建築物用地下水の採取の規制に関する法律（1962年）が制定され、都市用水の河川進出を進めるために国土総合開発法（1950年）、愛知用水公団法（1955年）、特定多目的ダム法（1957年）、水資源開発促進法（1961年）、水資源開発公団法（1961年）が制定された。

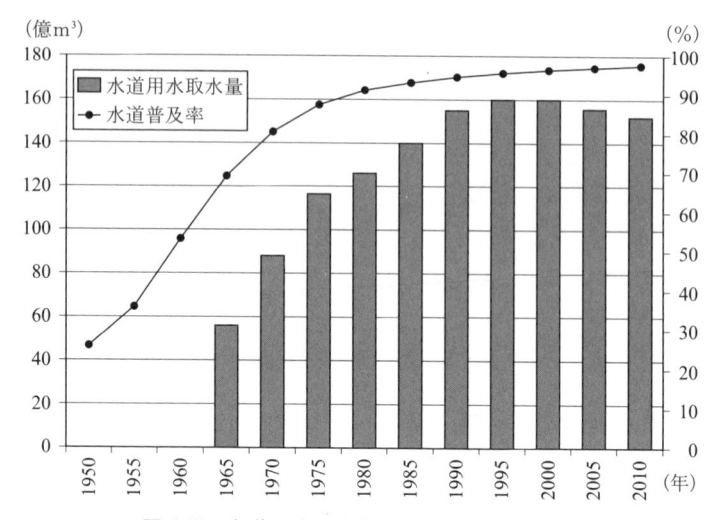

86　第4章　わが国の水資源政策と水資源問題

図4-5　水道用水取水量と水道普及率の推移

注：2010年の水道用水取水量は2008年の値。

資料：厚生労働省ホームページ（2012年）（http://www.mhlw.go.jp/topics/bukyoku/kenkou/suido/database/kihon/suii.html）並びに国土交通省水管理・国土保全局水資源部編（2011）より作成。

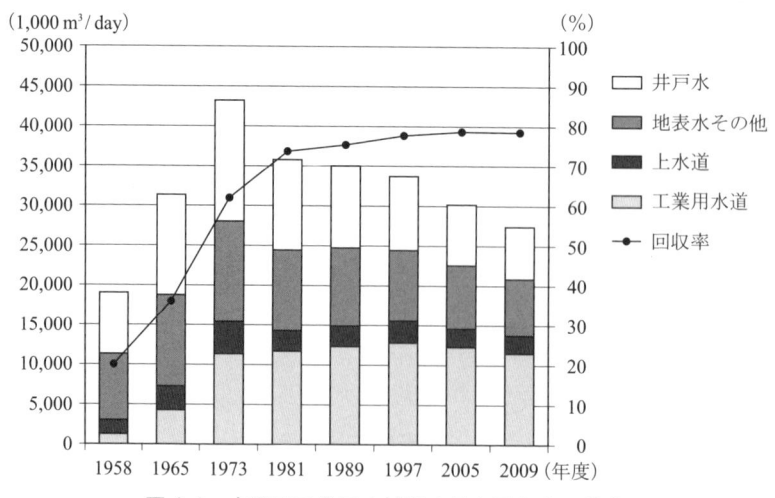

図4-6　水源別工業用水補給水量と回収率の推移

資料：『工業統計表　用地用水編』各年度版より作成。1958年度の数値は水利科学研究所編（1962）より引用。

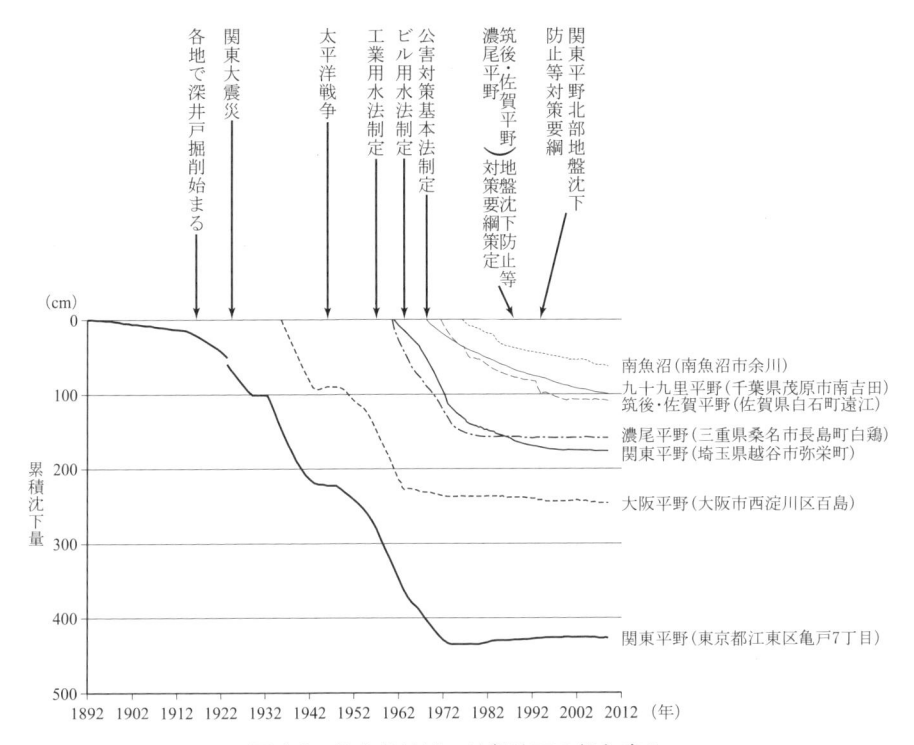

3．ダム・河口堰による水資源開発と水利用　87

図4-7　代表的地域の地盤沈下の経年変化
資料：国土交通省水管理・国土保全局水資源部編（2011）より引用。

②水道用水需要の増加

　高度成長期に入り、都市用水需要は急増した。水道用水ではわが国の人口増加に加えて、大都市を除いてほとんど未整備であった水道事業の開始・普及、さらには都市的生活様式の普及に伴う1人当たり水使用量の増加が加わり、需要を著しく拡大させた（図4-5）。水道普及率は戦後直後の1950年、26.2％に過ぎなかったが、1960年53.4％、1970年80.7％と急上昇した。その後も1980年91.5％、1990年94.7％、2000年96.6％と上昇を続け、2010年には97.5％に達している。

③工業用水需要の増加

　工業用水は全体の使用量、補給水量とも高度成長期に急増した。水源別補給水量の推移を見ると（図4-6）、1958年から1973年にかけて全ての水源が補給水

量を増加させている。一方、高度成長期を通じての水源では、工業用水道の増加量、増加率が最も著しい。これは上述の地盤沈下対策としての位置づけによるものであろう。しかし、本来削減対象である地下水（井戸水）が補給水量を増加させ、1973年時点で未だ最大水源であった点に着目すると、この時期は利用可能な全ての水源がフルに使われ、地下水から工業用水道への水源転換は必ずしも十分でなかったと思われる。

工業用水補給水量が1973年をピークとするのに対して、工業用水全体の使用量がピークを迎えるのは1997年頃である。これが可能となったのは回収率の急激な上昇による。1958年20.1%に過ぎなかった回収率はその後、1973年62.0%、1989年75.7%と上昇を続け、2009年には78.8%に達している。このような回収水利用の一般化が補給水量の減少を招き、地下水揚水量は1973年から2009年に60%近くの減少を来たした。

④ダム・河口堰開発の進展

高度成長期に入り、都市用水は従来の地下水源を保持したまま河川へ本格的に進出する。しかし、河川で取水可能な水はそのほとんどを農業用水が占有していた。従って、都市用水が新たに河川取水するためには、ダム・河口堰等の水源施設を造るか、農業用水から水を移譲してもらうしかなかった。

ダム等水資源開発施設によって開発された都市用水水資源量を見ると、2010年度までに水道用水122.4億m^3、工業用水60億m^3、都市用水全体で182.3億m^{3}に及ぶ。2008年の水道用水（生活用水）使用量のうちの河川依存量が122億m^3、工業用水88億m^3、都市用水全体で210億m^{3}であり、水道用水の河川依存量に対する開発水量の割合は100%、工業用水は3分の2、都市用水全体では90%近くに及ぶ[3]。

これほどの水資源開発が進められたのは、高度成長期を通じて大都市、さらには地方において都市用水需要が急増したことによる。とくに東京、大阪、名古屋、福岡大都市圏では都府県境をまたがる流域を有する利根川、淀川、木曽川、筑後川の水資源開発が求められた。こうした状況に応えるために1961年、水資源開発促進法が制定された。

水資源開発促進法は広域的な水資源対策の必要がある場合、水系を水資源開発水系（以下、指定水系という）に指定し、当該地域（以下、フルプラン地域とい

う）の水資源開発基本計画（以下、フルプランという）を定め、ダム・河口堰等の水資源開発施設を建設することを定めていた。今日までに利根川、荒川、豊川、木曽川、淀川、吉野川、筑後川の 7 水系が指定水系に指定され、六つのフルプランが策定されている[4]。全フルプラン地域の人口及び製造品出荷額等が全国に占める割合はそれぞれ 51.3%、46.1% と高く、フルプランがわが国の経済成長を大きく支えてきたことがわかる。

　農業用水部門からの水移譲という、もう一つの河川水確保策（農業用水再編対策事業）は、ダム建設の遅れが懸念された一時期、促進の動きが見られたが、第一次オイルショック後の都市用水需要安定化によって勢いを失い、大きな成果を見るに至らなかった。

　このようにわが国の水資源開発は都市用水の水需要増加を根拠としつつも、農業用水の水利用内容を問うことなく、ダム・河口堰が水需要増加のほとんどを担っていった。

(3) 都市用水需要の減少と水利用現況
①都市用水需要の減少

　高度成長が終わると都市用水需要は安定化する。とくに工業用水補給水量は急激な減少を来たし（図 4-6）、水道用水も安定から減少傾向に転じた（図 4-5）。水道普及率は 2010 年 97.5% に達し、わが国の人口も 2004 年にピークを迎えた。家庭内の水利用では家電製品に節水型機器が普及し、需要減少が止まらない。大都市では大口水消費者が地下水への水源転換を進めている。将来的に水道使用量がさらに減少することは必至である。

　工業用水補給水量の減少は第一次オイルショックを契機とする。その最大要因は回収率の上昇である。省エネ、省資源が一般化し、少しの水を何度も使う生産工程が一般化した。加えてわが国の産業構造では用水型工業が成熟し、非用水型の自動車・電子機器部門がリーディング産業になっている。工場の海外移転はさらに進み、工業用水需要はさらに減少するであろう。

　工業用水補給水量の水源別構成は 2009 年現在、工業用水道（42.5%）が最大水源で、その他淡水（河川水その他）26.9%、地下水 23.9%、上水道 6.7% である。工業用水道が最大水源になるのは 1980 年頃であり、その後も 21 世紀

に入るまで取水量は増加したが、現在は減少している。

②地域別水利用状況

図4-8は2008年現在の都道府県別用途別水使用量を見たものである。東京、神奈川、静岡、大阪を除く道府県で農業用水使用量が水道用水使用量、工業用水使用量（補給水量）を上回っている。各地域で農業用水を無視した地域の水利用を考えることができないことがわかる。農業用水使用量の多い地域は北海道、東北、北関東等米作りの盛んな地域である。

工業用水使用量（補給水量）は北海道と静岡、愛知、山口、兵庫、千葉県等で多い。工業生産の盛んな地域でかつ用水型工業の立地する地域である。一方、水道用水使用量は人口に比例し、関東、関西、東海地域と北海道、福岡県等で多い。

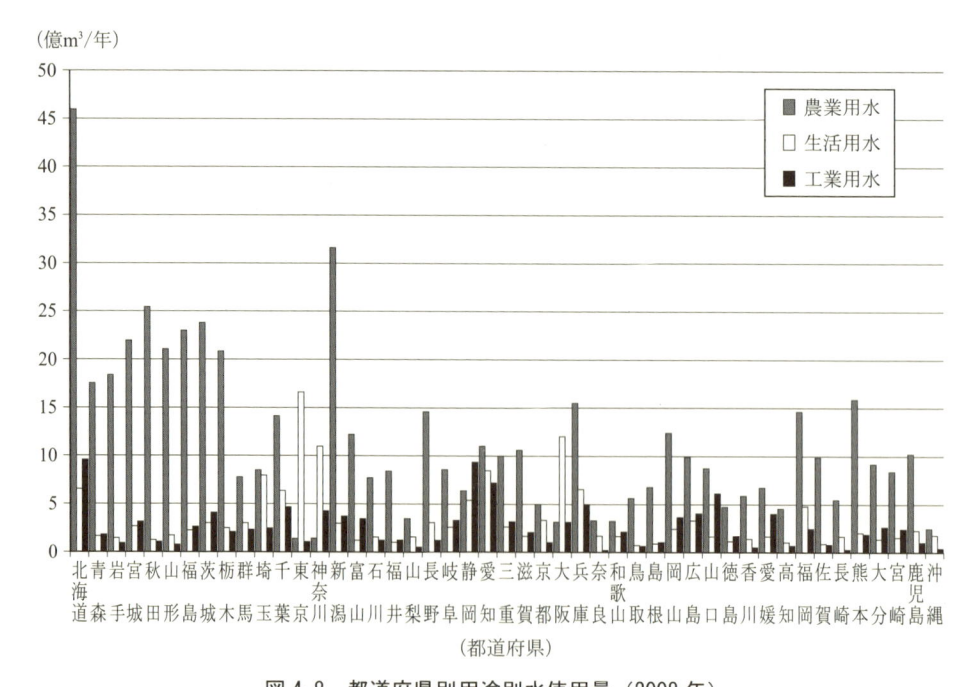

図4-8 都道府県別用途別水使用量（2008年）
資料：国土交通省水管理・国土保全局水資源部編（2011）より作成。

4．ダム・河口堰計画の中止へ向けた動き

(1) 止まり始めたダム・河口堰
①環境保護運動の高まり

　ダム・河口堰は長期にわたって私たちの生活・生産を支えてきた。しかし、個々の計画ではほぼ例外なく反対運動が発生し、中には松原・下筌ダムや苫田ダムのように、その時代を象徴する社会問題になったものもある（松下，1982；森滝，2003）。

　こうしたダム・河口堰問題が全国的な広がりを持つのは、1980年代末に出現した長良川河口堰反対運動による（伊藤・在間・富樫・宮野，2003）。1995年7月、長良川河口堰は運用を開始するが、その後、川辺川ダム、徳山ダム、細川内ダム、八ッ場ダム、吉野川可動堰等、次々と巨大公共事業反対運動が現れる。そして細川内ダム計画は中止され、吉野川可動堰計画は休止され、川辺川ダム計画は現政権によって計画中止手続きが進められている。

②自民党政権の対応

　長良川河口堰反対運動に大きな危機感を覚えた国交省（当時、建設省）は、河口堰運用開始と同時に自ら公共事業の見直しに乗り出し、ダム等事業審議委員会を設置した。また、1997年8月には建設・計画中のダム事業から18事業の中止・休止を決定、約70事業を基礎調査だけを行う足踏み事業に指定した。さらに1998年度から新規事業と事業採択後一定時点で継続中事業に対して、事業の継続、見直し、中止を決定するシステムを導入した。政府も1997年12月に橋本龍太郎首相（当時）が公共事業再評価システムの導入を発表した。その後も公共事業見直しの三党合意、小泉純一郎首相（当時）の構造改革が続き、2009年4月1日時点で114のダムが中止されている（図4-9）。しかし、この間に見直されたダム計画を見ると、中止された計画のほとんどが小規模か事業の進んでいないものばかりで、地域住民との間で激しい対立を繰り返してきた巨大ダム計画はそのまま生き残っている。

③地方の動き

　ダム・河口堰問題で注目されるのは、地方自治体首長によるダム・河口堰計画の見直しを求める動きである。2008年9月の蒲島郁夫熊本県知事の川辺川ダ

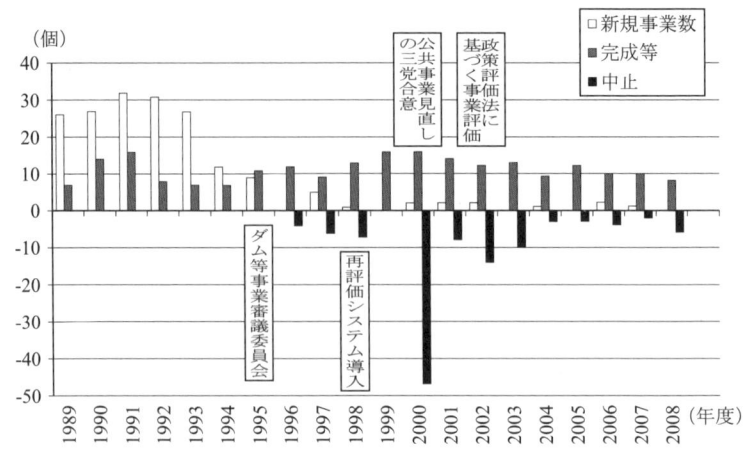

図4-9 近年のダム建設・完成・中止数の推移
注：新規事業数は、新規実施計画調査、新規建設の合計（実施計画調査から建設への移行等の変更は含まない）。
資料：今後の治水対策のあり方に関する有識者会議（2009）より作成。

ム計画中止表明、11月大阪府知事等4知事による大戸川ダム計画の中止表明、2009年4月河村たかし名古屋市長による木曽川水系連絡導水路計画からの撤退表明、2011年2月に当選した大村秀章愛知県知事による長良川河口堰運用見直しマニフェストは、本人らの意図は別にしてダム・河口堰を河川計画の手段に用いること自体を問題化するに至っている。

④民主党政権の対応

2009年9月に成立した民主党政権は、マニフェストに基づいて八ッ場ダムと川辺川ダムの建設中止を表明した。ここに至ってわが国の歴史上はじめて中央政府自らが本格的な脱ダムの動きを開始したと言える。前原誠司国交相（当時）は同年12月にできるだけダムに頼らない治水への政策転換を進めるための検討の場として「今後の治水対策のあり方に関する有識者会議」（以下、治水対策有識者会議という）を発足させた。治水対策有識者会議は2010年9月「今後の治水対策のあり方について　中間とりまとめ」を提出し、現在、個別計画の検証作業が進められている（今後の治水対策のあり方に関する有識者会議，2010）。

八ッ場ダム、川辺川ダムというダム・河口堰問題の象徴的な計画に対して、政

権発足と同時に中止を表明し、その後、各種手続きを採用してダム・河口堰問題に取り組む民主党政権の姿勢は、脱ダム・河口堰に関して自民党政権に比べて少なからず前進していると言えよう。しかし、その後のダム・河口堰政策の不安定さを見ると、現在行われている対応の先に適切な河川政策が導き出されるとは思えない。

(2) 造り続けられるダム・河口堰
①走り出したら止まらない公共事業の慣性

ダム・河口堰を唯一の策としてきた水資源計画は、高度成長時代の社会状況（給水人口の増加、1人当たり水使用量の増加、工業用水需要の増加）を前提とするものであった。従って第1次オイルショック後、これらの前提が失われた時点で計画中止を視野に入れた対応が不可欠であった。しかし、現実は破綻したダム・河口堰計画に新たな目的を付与し、とにかく完成に至らせるという対応が繰り返された。ダム・河口堰計画に拘泥し続ける国交省の姿を見ると、走り出したら止まらない公共事業の慣性の強さを実感させられる。

では、国交省はどのような手段を用いてダム・河口堰計画の延命を図ったのか。まずは水資源計画の計画目標を先延ばしした。次に自治体内での用途間水利転用、計画地域の拡大が行われた。自治体内対策が限界に達すると自治体間水利転用が行われた。そして地域内に転用先がなくなると、国交省管轄の治水容量、不特定容量への振り分けが実施された。万策尽きて初めてダム・河口堰計画の中止に至るが、その場合も中核事業計画を残して周辺計画から中止した。近年は計画中止の前に少雨化を根拠とした既存水源施設の能力不足を主張し、ダム・河口堰建設の根拠の立て直しを図っている（伊藤、2006；2008）。

②認識の相違

国交省がこのようなダム・河口堰延命策を次々と繰り出すに当たり、それを支える理屈がなかったわけではない。治水対策、利水対策それぞれにおいて国交省はダム・河口堰が有効であることを説明するが、ダム反対派との間で最も認識が異なり、意見の対立するのがダム・河口堰の環境影響を巡ってである。

ダム反対派はダム・河口堰の建設によって、ダム・河口堰建設地点の自然環境が破壊され、ダム上流部では堆砂による水害発生のリスクが高まるとともに堆砂

による風砂害が発生する一方、ダム下流部では河床低下と海岸浸食が発生し（伊藤，2005）、さらにダム・河口堰による河川の分断は河川流域－海洋系の生態系破壊を発生させると述べる（宇野木，2005）。

それに対して、国交省は環境を守るためにこそダムが必要だと述べる。環境を守るために造られるダムの代表例は豊川上流の設楽ダム計画である。設楽ダムは有効貯水量 9,200 万 m^3 のうち約 3 分の 2 の 6,000 万 m^3 が流水の正常な機能の維持を目的とする不特定容量である。流水の正常な機能の果たす役割は「川に一定量の水が流れないと、まず川の清潔が維持できません。また、私たちが使っている水道用水や農業用水などが安定して供給できなくなります。また、自然環境や動植物などの生態系に大きな影響を及ぼします。さらに、美しい景観が損なわれたり、河口から海水が上流に流れ込んで塩害をおこしたりする可能性もあります」（国土交通省中部地方整備局設楽ダム工事事務所 HP）と説明する。

ダム反対派はダムという河川を遮る構築物がいかに河川環境を破壊するかについて問題とするのに対し、国交省はダムの環境破壊行為には全く言及せず、ダム建設によって向上する環境保全効果のみを述べている。豊川の場合、川に水が流れない状況を生み出したのは宇連ダム等一連の既存ダム開発である。ダムによって生じた環境破壊を次のダム計画によって補うのであれば、未来永劫ダム建設は肯定されてしまい、根本から矛盾している。

③調整システムの欠如

河川・水管理行政ほど行政部門が細分化され、縦割化している分野も珍しいであろう。例えば水道用水は厚生労働省、工業用水、水力発電は経済産業省、農業用水は農水省、水質・水環境は環境省、水道・工業用水道経営は総務省が管轄官庁であり、それ以外の河川の全体的管理、治水、下水、水利権行政は国交省管轄である。国交省の中でも、治水は河川局、下水道は都市・地域整備局、水資源計画の立案は土地・水資源局に分かれており、2011 年 7 月ようやく水管理・国土保全局に統合された。しかし、これだけの省庁間で様々な調整を行っていくことは極めて困難である。

例えば、渇水対策を考えていく場合、厚生労働省は水道の節水、水道水源としての海水淡水化事業、渇水対策ダムを対策の中心に置き、経済産業省は工業用水道の節水と工業用水水源としての海水淡水化事業に目が行く。それに対して国交

省はダムに不特定容量、渇水対策容量を確保しながら、下水処理水の再利用事業を進めていく。農水省は受け身的ながら農業用水による渇水調整策を提出する。この結果、わが国の渇水対策はほとんど進展を見ないまま、予算のついたところから部分的な対策が行われていくに過ぎない。

　ただ、ここでの問題は決して縦割り行政ではない。仮に河川・水管理行政を全て管轄する水管理省（仮称）ができたとしても、今度は省内に縦割りができるだけであろう。従ってここでの問題は、わが国の行政組織に省庁や部局をまたがった調整システムが欠如していることである。高度成長以来、毎年拡大を続ける政府予算の中で各省庁の事業は他省庁と調整する必要がなかった。水資源が足らなければ予算をつぎ込んでダム・河口堰を造ればよかったのである。既得権者がその権益を守り続けたとしても、豊かな財源を根拠に新規事業を行うことで、既得権者との調整を避けながら政策を実行することができた。

(3) 問題と課題
①「今後の治水対策のあり方」批判

　現在、治水対策有識者会議の下で行われている個別計画の検証作業には、致命的問題が存在する。問題の第1は検討主体についてである。ダム・河口堰計画を再検証すべき最大理由は、これまでの見直しシステムの客観性の欠如であるが、今回の検証作業も同じく客観性が担保されていない。それは今回の検討主体がダム・河口堰計画を推進する国交省地方整備局、都道府県等のままで、ダム・河口堰計画に反対する市民グループが検証システムから排除されていることに起因する。

　次の問題は、ダム計画中止に伴う地域補償策、地域再生策が提示されていないことである。ダム予定地域は長期にわたるダム計画の存続によって地域の自立意識を奪われ、疲弊させられてきた。ダム計画を中止するのならば、これに対する補償が不可欠である。さらにダム中止後の地域再生策の提示も必要であろう。しかし、そのどちらも提示されないまま、ダム予定地域はダム計画の再検討を求められてきた。これでは計画中止を選べない[5]。

　3番目の問題は、国交省が脱ダム・河口堰策を持っていないことである。民主党政権になって3年が過ぎようとする中、民主党の河川政策が進まない最大の理

由がここにある。

最後の問題は民主党政権そのものの不安定さである。政府内の混乱が政策の持続性や信頼性を大きく阻害している。これでは何も決まらないし、行政も従わない。

②省庁栄えて国滅ぶ

2012年度のわが国一般会計の歳入は90.3兆円で、そのうち税収が42.3兆円と全歳入の半分以下、公債金収入が44.2兆円で税収を上回るという、極度にいびつな構造になっている（財務省HP）。一方、歳出（90.3兆円）では、社会保障関係費（26.4兆円）と地方交付税交付金（16.6兆円）を足した額だけで税収を上回っている。公債金は将来世代からの借金であり、社会保障関係費と地方交付税交付金だけで歳入を上回るという事実は、わが国にはダム・河口堰等公共事業へ回すお金がないことを意味する。全ての公共事業を否定するつもりはないが、新規事業のほとんどは即座に止めるべき状況にあることは間違いない。

このような構造は、実はバブル経済のはじけた20年前から予想されていた。しかしながら、政府によって景気浮揚のカンフル剤として公共事業が使われ続け、地方も地域経済の下支えとして公共事業を望んできた。その結果、2012年度末見込みの国及び地方の長期債務残高は約940兆円、対GDP比約200%に達する事態となっている。国・地方の内訳を見ると、地方の残高が約200兆円で最近10年間ほとんど変わらないのに対して、国の残高は約740兆円と圧倒的に大きく、しかも1994年242兆円だったものが2003年493兆円に増加し、さらにここ数年間は毎年約40兆円と、税収と同規模の額が上乗せされている。国の財政規律が完全に破綻し、財政破綻状況に陥っていることがわかる。

しかし、国家財政がこのような状態に陥ってもダム・河口堰計画は止まらない。なぜならば、公共事業実施の根拠となるべき国家財政と政策実施省庁間に何の関係も存在せず、個別省庁は国家財政に関心を持っていないからである。個別省庁の論理からすれば、どれだけ国の借金が増えても自らの持つ権益を縮小させる動機にはならない。なぜならば、国の借金はあくまでも国民の借金であって、個別省庁や官僚の借金ではないからである。

実は同じことが地方自治体と国家財政の間にも言える。公共事業を望む地方自治体の論理からすれば、国の借金は国民全体が負担するものであり、地方は国の

補助金を最大限獲得して事業の完成を目指す方が、少ない負担で大きな利益を得ることができる、となる。地方がダム・河口堰計画の中止を考えるのは、自らの財政収支の視点からのみであり、従ってダム・河口堰計画を中止できるのは首長、議会だけである。一部の地方自治体首長が脱ダム・河口堰の動きを示す最大の根拠がここにある。

このようにダム・河口堰計画の推進は河川政策を歪めるだけでなく、国家の破綻をも導いており、「省庁栄えて国滅び、地方栄えて国滅ぶ」状況を作り出している。

5．今後の河川政策

これまでの河川政策は治水、利水ともダム・河口堰を最大の策とし、計画の前提が変わった時は目的変更をして建設を続行してきた。そこにはダム・河口堰によって失われる環境の価値を組み込む余地はなく、環境保全を目的とするダム建設さえ行われている。そしてダム・河口堰計画に反対する市民の声が適切に届くシステムは未だ形成されていない。

わが国の抱える長期債務残高がいよいよ返済不能水準に達しながら、相変わらずダム・河口堰策が進められてしまうのは、個別省庁の政策決定プロセスや地方自治体のダム・河口堰建設推進メカニズムに財政規律の視点が組み込まれていないためである。利水面で言えば、わが国の水資源政策に市場メカニズムが全く組み込まれておらず、水利権配分制度に再分配システムが制度化されていない。その結果、灌漑面積を縮小させながら水需要を増加させる農業用水水利権がそのまま認められる一方、破綻した水需要予測の下でダム・河口堰建設が進められている。

私たちはわが国を巡る社会、経済環境の大きな変化の中で、将来的に持続可能な河川政策を作成する時期に至っており、そこにはダム・河口堰は存在しない。治水面では堤内地の土地利用規制や切れない堤防強化策等の超過洪水対策の実施が求められており（今本ほか，2010)、利水面では異常渇水対策として河川自流水や農業用水調整策の具体化が必要である。これらの策を可能にするためには、公共事業に財政枠を設け、政府組織内に省庁・部局の壁を越えた政策調整システ

ムを構築することである。それらは決して見栄えのする政策ではないが、わが国のサステナビリティを保証する数少ない手段である。

注
1) これ以外に養魚用水、消雪・流雪用水等の利用がある。
2) ここで言う安定流量は、一般には10年に1回程度現れる渇水年の河川流量を指す。
3) ダム等の中には完成したにも拘らず使用されていないものも多くあるため、河川依存水量の全てがダム等によって供給されているわけではない。
4) 利根川と荒川が2水系で1計画となっている。
5) ダム計画中止に伴う地域補償法案「ダム事業の廃止等に伴う特定地域の振興に関する特別措置法案」が2012年3月13日に閣議決定された。八ッ場ダムを中止するために必要とされた法案が、八ッ場ダムの本体着工を条件に作成されてしまった。

参考文献
伊藤達也（2005）:『水資源開発の論理－その批判的検討－』成文堂：207.
伊藤達也（2006）:『木曽川水系の水資源問題－流域の統合管理を目指して－』成文堂：375.
伊藤達也（2008）:『水資源計画の欺瞞－木曽川水系連絡導水路計画の問題点－』ユニテ：154.
伊藤達也・在間正史・富樫幸一・宮野雄一（2003）:『水資源政策の失敗－長良川河口堰－』成文堂：207.
今本博健＋「週刊SPA！」ダム取材班（2010）:『ダムが国を滅ぼす』扶桑社：327.
井村秀文（2007）:『中国の環境問題 今なにが起きているのか』化学同人：222.
宇野木早苗（2005）:『河川事業は海をどう変えたか』生物研究社：116.
国土交通省中部地方整備局設楽ダム工事事務所（http://www.cbr.mlit.go.jp/shitara/02dam/kihon31.html）（2012年4月22日検索）
国土交通省水管理・国土保全局水資源部編（2011）:『平成23年版 日本の水資源－気候変動に適応するための取組み－』ミツバ綜合印刷：307.
今後の治水対策のあり方に関する有識者会議（2009）:「第1回今後の治水対策のあり方に関する有識者会議資料7－ダム事業の推移等－」（http://www6.river.go.jp/riverhp_viewer/entry/resource/y2009e72efe45a416bd2cf6d1d7ddaf848bdcaef08ab1e/%E8%B3%87%E6%96%99%EF%BC%8D7_%E3%83%80%E3%83%A0%E4%BA%8B%E6%A5%AD%E3%81%AE%E6%8E%A8%E7%A7%BB%E3%80%80%E7%AD%89.pdf）（2012年4

月 24 日検索）

今後の治水対策のあり方に関する有識者会議（2010）：「今後の治水対策のあり方について中間とりまとめ」（http://www.mlit.go.jp/river/shinngikai_blog/tisuinoarikata/220927arikata.pdf）（2012 年 4 月 24 日検索）

財務省：「数字から調べるフレーム（24 予算、24 末見込）」（http://www.zaisei.mof.go.jp/pdf/）（2012 年 4 月 18 日検索）

総務省：「家計調査報告（家計収支編）平成 23 年 10 〜 12 月平均速報」（http://www.e-stat.go.jp/SG1/estat/List.do?lid=000001086340）（2012 年 4 月 1 日検索）。

日本水道協会（1967）：『日本水道史』：769.

福嶌義宏（2008）：『黄河断流－中国巨大河川をめぐる水と環境問題－』昭和堂：187.

松下竜一（1982）：『砦に拠る』講談社文庫：400.

村上雅博（2003）：『水の世紀－貧困と紛争の平和的解決にむけて－』日本経済評論社：215.

森滝健一郎（2003）：『河川水利秩序と水資源開発－「近い水」対「遠い水」－』大明堂：323.

第5章　水産資源の状況と課題

1．水産業の概況

　日本が位置する太平洋北西部海域（太平洋のおおむね東経175度以西、北緯20度以北の海域）は世界最良の漁場で、2008年では2,062万tの漁獲量があり、世界の全漁獲量の22.7％を占めている。ちなみに世界の漁獲量の第2位の海域は太平洋南東部で、世界の漁獲量に占める割合は13.5％である[1]。しかも日本の太平洋側には、暖流の日本海流（黒潮）と寒流の千島海流（親潮）が流れ、東北沖で潮境を形成している。日本海側には暖流の対馬海流が流れ、日本海西部には寒流のリマン海流が流れている。また、日本の周辺海域には好漁場となる日本海の大和堆や武蔵堆、太平洋側の静岡県沖の銭州などがあり、東シナ海には広大な大陸棚が存在している。さらに、日本の沿岸海域には、瀬戸内海や有明海、伊勢・三河湾、東京湾などの浅海や内湾などがあり、陸域の森林などの栄養分を含んだ多くの河川も流入しており、好漁場を形成している。このような好漁場に囲まれた日本では、釣りや延縄、刺し網や底曳網、巻網など、非常に多様な漁具や漁法を用いて、非常に多種類の水産動植物などを漁獲して利用している。またそれは、地域ごと、漁村ごとに特色のある漁業として営まれている。

　このようななかで営まれる日本の水産業は、世界一の魚食民族である国民に魚介類を供給する非常に重要な産業である。

　しかし、1960年頃からの重化学工業優先の高度経済成長政策のもとで東京湾や瀬戸内海などの沿岸漁業に悪影響を与えた沿岸海域の埋立てや汚染の問題、1970年代後半からの200海里時代の到来による遠洋漁業の衰退、1980年代末頃からの沖合漁業におけるマイワシの漁獲減、1985年のプラザ合意後の急激な円高のもとでの安価な水産物の輸入増大、魚価安、若者を中心とした魚離れ、漁業

者の減少と高齢化、高騰してきている燃油価格の問題など、日本の水産業には多くの問題が存在している。

　日本の漁業・養殖業の生産量の推移をみると図 5-1 のようになっており、1950 年代は 500 万 t 台であったものが、1960 年代より急速に増加して、1984 年のピーク時には 1,282 万 t に達し、1980 年代後半は 1,200 万 t の生産量を維持していく。漁業・養殖業の生産量の急速な増加を支えたのは、1960 年代後半から 1970 年代前半にかけては遠洋漁業の発展であり、1970 年代中頃からは沖合漁業の発展、とりわけマイワシの生産量の増大であった。マイワシの生産量は 1975 年頃より増加して、1984 年には 400 万 t に達し、1980 年代末まで 400 万 t 台を維持していた。しかし、その後マイワシの生産量は急速に減少して、1990 年代後半には、わずか数万 t になっている。

　遠洋漁業の生産量は、国際的に 200 海里内の資源は沿岸国のものであるという流れが強まる中で 1970 年代後半より減少して、1994 年に国連海洋法条約が発効して排他的経済水域（EEZ）が設定される 1990 年代には急激に減少した。沿岸漁業も、沿岸海域の埋立てや汚染が進行し、漁業経営体も減少していった 1990 年代からは次第に生産量が減少している。とはいえ、日本の漁業・養殖業の生産量は 2009 年でも 543 万 t であり、1970 年頃の世界第 1 位ではなくなっているも

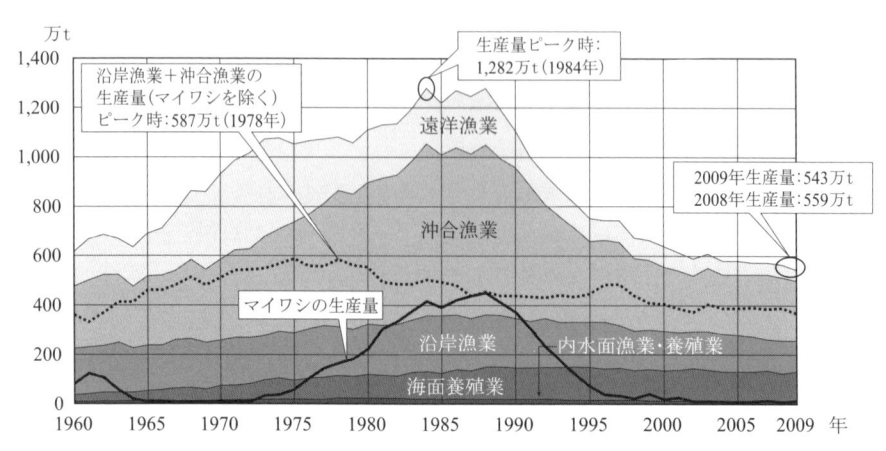

図 5-1　日本の漁業・養殖業生産量の推移
資料：水産庁編『平成 23 年度水産白書』p.21.

図5-2 日本の食用魚介類の自給率等の推移
資料：水産庁編『平成23年度水産白書』p.56.

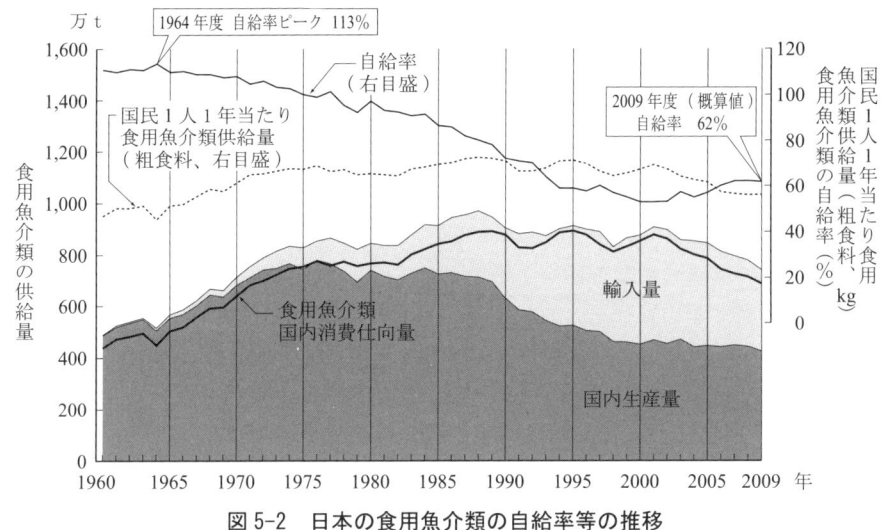

のの、世界第5位である。

　日本では、1970年代初めまで水産物の食料自給率は100％以上であったが、その後水産物の輸入を増加させていき、とりわけ急速な円高のなかで1980年代中頃から水産物の輸入を急増させ、2000年代初めには水産物の食料自給率を53％にまで低下させた。その後、日本国内の水産物の需要減もあり、水産物の食料自給率は2009年度で62％になっている（図5-2）。しかし、増大した世界の漁業生産量も1990年代以降は約9,000万tで停滞しており、中国をはじめ、近年の世界的な水産物需要の高まりのなかで、いわゆる「買い負け」にみられるような状況もおきており、日本が今後とも膨大な量の水産物輸入を継続することは困難である。このため、日本近海の水産資源を保全し、持続可能な漁業生産を行うことが重要な課題となっている。

2．水産資源の特色と経緯

　水産資源とは、海域と内水域を合わせた水域にいる動植物などのうち、人間が利用する水産物である。動植物ではないが、真珠なども水産資源である。水

域にいる動植物などは、人間が利用しない動植物などであっても、食物連鎖などによって水産資源と密接に関連している。また、同一水域に多種類の水産動植物が生存しているうえ、水域は水深があり重層性もある。

　水産資源となる動植物などには、海藻のように岩場などに定着している水産動植物もいるが、魚類、とりわけ回遊性の浮魚は広大な海域を広範囲に移動しており、岩場などに定着している海藻なども、周辺の水が流動しているため、水産資源は広範囲の環境の影響を強く受ける。

　水産資源は、主に自然界にある天然物であり、漁業によって捕獲され、「無主物」である水産資源は、漁獲した者の所有となる。水産資源の大部分は水産動植物で、比較的短期間に再生産するものが多いため、自然界の再生産能力以上の漁獲をしなければ、持続的な再生産が可能である。また、水産養殖業は、水産資源を人工的に育成し、栽培漁業は、水産資源を増やす目的で水産動物の稚魚や稚貝などを放流している。

　水産資源は、同じ水産動植物でも、沿岸地域の食文化などによってその資源的価値には大きな差がある。例えば、イカナゴは、伊勢湾では体長約 3.5 〜 5 cm のコウナゴを食料とし、それより大きいのは飼料となるが、瀬戸内海では主に 10 cm より大きいものが食用とされる。また、コノシロは瀬戸内海では価格の安い大衆魚であるが、東日本ではコハダとして握り寿司のネタになっている。また、同じ水産資源でも、イワシなどのように、大量に漁獲されると、その多くは食用ではなく飼料や肥料になる場合がある。

　さらに、水産資源は、水産業や社会の歴史的な状況によって大きく変化してきた。無動力船の時代には、漁業は沿岸海域が中心で、水産資源もほとんど沿岸海域のものであったが、近代以降資本が蓄積され、漁船の動力化や大型化、冷凍技術などの高度技術化が進展する中で、沖合や遠洋に生息する水産動物なども水産資源となっていった。また、漁船の大型化、高度技術化の進展により、底曳網なども水深の深い海域での操業が可能になり、海面近くの水産動植物などに加え、水深数百 m 以深にいる水産動物も水産資源となってきた。このように水産資源の空間的範囲は拡大してきている。ただ、水深数千 m の深海底の水産動物はいまだに水産資源とはされていない。

　水産資源の空間的拡大に寄与してきたのは主に日本などの先進国の大企業で

あり、沿岸から沖合へ、さらに遠洋へと漁場を拡大することによってそれを推進してきた。日本は、戦前においても北洋などに出漁していたが、戦後マッカーサーライン撤廃後、沿岸から沖合へ、沖合から遠洋へと水産業の拡大路線をとった。しかし、遠洋漁業といっても他国の沿岸海域で操業するのも多い。このような先進国の遠洋漁業に対して発展途上国からの反発が強まっていった。また、アメリカは戦後、石油資源の確保などのため大陸棚の占有を目指していった。その結果、1976年にはアメリカとソ連が200海里を宣言して1970年代後半には200海里時代が到来し、1994年には国連海洋法条約が発効して、排他的経済水域（EEZ）内の水産資源は沿岸国の管理下になったのである。1996年には日本も国連海洋法条約を批准した。天然物の水産資源は本来「無主物」であり、漁獲した者がその所有者となるのであるが、近年では国民共有財産という考え方もでてきている。

　水産資源については、世界的な水産物需要の高まりとともに、漁獲圧力も高まってきており、それに地球温暖化などの問題もあり、世界的にも保全が重要な課題となっている。とりわけ、排他的経済水域（EEZ）において沿岸国が水産資源を保全し、管理していくことが課題となっている。また、公海上などにおいてもマグロや鯨などの資源が問題になっている[2]。

3．水産資源の状況

　周囲を海で囲まれた日本には、国土面積の約12倍にあたる面積447万km^{2}の排他的経済水域（EEZ）がある。その面積は、世界第1位のアメリカ合衆国や第2位のオーストラリア、第3位のインドネシア、第4位のニュージーランド、第5位のカナダについで世界第6位であり、アメリカ合衆国やオーストラリアの面積700万km^{2}台には及ばないものの、第4位のニュージーランドや第5位のカナダとは面積400万km^{2}台で拮抗している。ただ、日本の排他的経済水域（EEZ）には、隣国と共同で利用している日本海西部と東シナ海の日韓暫定水域や、東シナ海の日中暫定措置水域と日中中間水域、それに実質的にはロシアの排他的経済水域（EEZ）となっている北方四島周辺の水域も含まれているのである[3]（図5-3）。

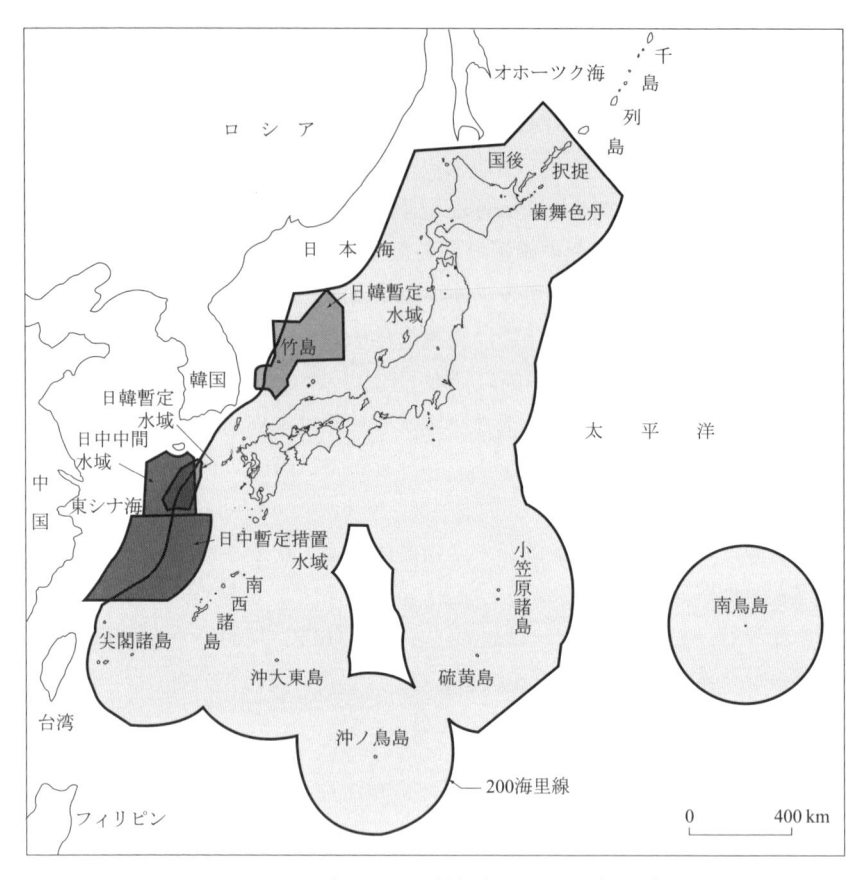

図 5-3　日本の排他的水域（概念図）と日韓暫定水域および日中暫定措置水域、日中中間水域

　日本では約 350 種類もの非常に多種類の水産動植物を食用などに利用しているが、排他的経済水域（EEZ）を中心とした日本周辺水域の水産資源の状況は、主要な 52 魚種・84 系群について、水産庁と水産総合研究センターの中央水産研究所や各海区の水産研究所によって、魚種別魚群別資源評価が行われている。
　それによると、日本周辺水域の水産資源の資源水準の状況は、2010 年度の魚種別魚群別資源評価では、52 魚種・84 系群のうち、「高位」はヤナギムシガレイやイカナゴ等の 11 系群だけで 13.1％であり、「中位」が 46.4％でマアジやサンマなど 39 系群あるものの、40.5％にあたるニシンやマイワシなどの 34 系群が

「低位」の状況である[4]。水産庁の「平成22年度水産施策」では、「低位水準にとどまっている水産資源の回復・管理の推進」が「概説」の後、最初の項目で取り上げられていた[5]。

『平成23年版水産白書』では、「全体としては近年おおむね安定的に推移しているものの、低水準にとどまっているものや資源水準の悪化しているものもみられます」と記しており、2000年から2010年にかけて低い水準にとどまっている系群は、マイワシ太平洋系群、マサバ太平洋系群、スケトウダラ日本海北部系群など17系群で、資源水準が悪化した系群は、マダラ太平洋北部系群、ホッケ道南系群、タチウオ日本海・東シナ海系群など8系群であり、資源水準が悪いのは32.3%である[6]。

1995年以降の日本周辺の水産資源水準の推移をみると、図5-4のようになっており、『平成23年版水産白書』では、「近年の推移をみると、低位の割合がやや減少し、中・高位がやや増加」と記している[7]。

2011年度の魚種別魚群別資源評価では、評価している52魚種84系群（ズワイガニの日本海系群がA海域とB海域に分かれているので合計は85で評価）のうち、「中位」が37系群で43.5%を占めているが、「低位」が33系群で

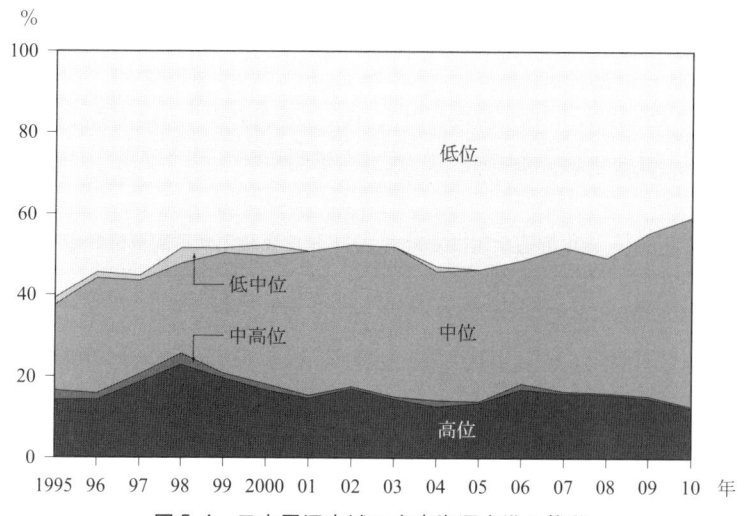

図5-4　日本周辺水域の水産資源水準の推移
資料：水産庁編『平成23年版水産白書』p.21.

38.8％、「高位」が15系群で17.6％となっており、「高位」はマダラやヤナギムシガレイ、ホッコクアカエビなど、「中位」はマアジやサンマ、カタクチイワシなど、「低位」はマイワシ、ニシン、東シナ海底魚類などである[8]。

2011年度の魚種別魚群別資源評価を前年度である2010年度の評価と比べると、「高位」が4.5ポイント増加しており、「中位」が1.9ポイント、「低位」が1.7ポイント、それぞれ減少している。また2011年度の魚種別魚群別資源評価で資源の動向をみると、評価している52魚種84系群では、「増加」が22系群で25.9％、「横ばい」が46系群で54.1％、「減少」が16系群で18.9％、不明が1系群で0.1％である。

以上のことから日本周辺水域の水産資源は、2011年度の魚種別魚群別資源評価では、「低位」は38.8％あるが減少してきており、資源動向でも、「増加」が「減少」を上回っており、「高位」は17.6％でまだ少ないものの、日本周辺水域の水産資源は少しずつであるが改善の兆しがみられている。

2011年度の魚種別魚群別資源評価を海域別にみると、太平洋系群では、18系群中、「高位」が27.8％、「低位」が16.7％で、「高位」が多くなっており、瀬戸内海系群及び伊勢・三河湾系群では、10系群中、「高位」と「低位」がともに20％であるが、日本海系群及び対馬暖流系群では、26系群中、「高位」が15.4％で、「低位」の30.8％の半分であり、東シナ海系群では、16系群中、「高位」は0％で、「低位」が75％を占めており、オホーツク海系群でも、4系群中、「高位」は0％で、「低位」が75％を占めている（表5-1）。この結果から、中国や韓国、ロシアなどと漁業の操業海域が競合している東シナ海やオホーツク海、日本海におい

表5-1　日本周辺水域における2011年度魚種別魚群別資源評価

	高位	中位	低位
日本周辺海域全体	15 (17.6)	37 (43.5)	33 (38.8)
太平洋系群	5 (27.8)	10 (55.6)	3 (16.7)
瀬戸内海系群及び伊勢三河系群	2 (20.0)	6 (60.0)	2 (20.0)
日本海系群及び対馬暖流系群	4 (15.4)	14 (53.8)	8 (30.8)
東シナ海系群	0 (0.0)	4 (25.0)	12 (75.0)
オホーツク海系群	0 (0.0)	1 (25.0)	3 (75.0)

注：数字は系群数、（　）内は割合で％。
出所：水産庁（2012）：『平成23年度魚種別魚群別資源評価』より作成。

て、水産資源をめぐる問題がより深刻であるといえる。

4．水産資源をめぐる問題の概要

　2010年の水産資源の魚種別魚群別資源評価の結果で、52魚種・84系群のうち4割が低位水準にあることについて、『平成23年版水産白書』では「海洋環境の変化による影響のほか、沿岸域の開発等により、産卵・育成の場となる藻場・干潟が減少していること、一部の資源で回復力を上回る漁獲が行われたこと等が要因」[9]としている。

　魚種別魚群別資源評価では、沿岸の水産資源については、瀬戸内海のタイや伊勢・三河湾のシャコなど10系群だけで評価数が少ないにも拘らず、沿岸域の開発等による環境問題をあげている。漁業は海域などの水域において天然物を漁獲するうえ、養殖業も一部で陸上養殖も行われているものの、その大部分は水域において行われているだけに、水域の漁場環境の影響が非常に大きいのである。

　漁場環境の問題として、『平成23年版水産白書』の「海洋環境の変化による影響」としては、地球温暖化に伴う海水温の上昇などがあげられる。また、「沿岸域の開発等により、産卵・育成の場となる藻場・干潟が減少していること」としては、藻場・干潟を完全に消失させる沿岸海域の埋立て問題があり、その他、漁場となる水域の環境の問題としては、工場廃水や船舶などからの油汚染などによる海水の汚染や汚濁、海底ゴミなどの海ゴミの問題、原発からの放射能汚染や温排水問題などがあげられる。さらに、森林破壊や河川のコンクリート護岸化などの沿岸陸域における環境破壊も問題である。

　また、水産資源は、漁業によって水産動植物などを漁獲してこそ価値を生むため、漁業や養殖業を営むための漁業制度や漁業管理、水産資源の管理や、養殖業や栽培漁業のあり方などの問題が重要である。

　水産資源をめぐる漁業制度や漁業管理などの問題として、『平成23年版水産白書』の「一部の資源で回復力を上回る漁獲が行われたこと」とは、漁船漁業におけるいわゆる「乱獲」であり、「不合理漁獲」の問題も指摘されている[10]。このため、1997年から漁獲可能量（TAC）制度などが取り入れられており、最近では、個別割当（IQ）や個別譲渡割当（ITQ）の導入も言われており、問題になってい

る[11]。

　漁業制度については、2011年3月11日の東日本大震災以後、宮城県知事によって提示された宮城県の「特区」問題があり、漁業外との利用調整の問題としては、遊漁や海洋性レクリエーションとの問題などがある。国際的な問題としては、排他的経済水域（EEZ）をめぐる問題と、その基点、基線となる領土問題があり、さらに公海上も含むマグロをめぐる問題や捕鯨問題などがあげられる。

5．漁場環境の問題

(1) 沿岸海域の埋立て問題

　漁場となる水域の環境の問題として、高度経済成長期から問題となっていたのが、臨海工業地帯造成などによる沿岸海域の埋立てである。沿岸海域の埋立ては、1960年代の高度経済成長期以後、東京湾をはじめ、伊勢・三河湾や瀬戸内海などで盛んに行われてきた。

　沿岸海域の埋立てはその適地が浅海であるため、水産資源の宝庫で優良な漁場で、魚介類の産卵や仔稚魚の育成の場などとなる藻場や干潟などを完全に消失させるものであり、埋め立てた海を再生するのはかなり困難であるだけに、水産資源に重大な影響を与えている。沿岸海域の埋め立てにより、全国で干潟は1945年の8.3万haから2007年には4.8万haに減少しており、藻場は1978年の20.8万haから2007年12.5万haに減少している[12]。

　沿岸海域の埋立ては、高度経済成長期には、岡山県倉敷市水島などのように重化学工業の工場用地としての埋立てが多かったが、その後は、都市開発用地や港湾や空港などの交通関連用地、産業廃棄物処分場などの造成を目的として、人工島形式も含めて、東京湾や瀬戸内海、伊勢・三河湾などにおいて行われてきた。

　高度経済成長期に臨海工業地帯などを建設するため沿岸海域で実施された埋立ては、東京湾の江戸前や、伊勢湾の知多半島西北部、三河湾奥部、瀬戸内海の岡山県水島灘などにおいて、支柱式養殖法で行われていた浅海の優良なノリ養殖漁場を消滅させた。

　1990年代以降も、瀬戸内海では、大阪湾で沖合人工島方式による関西空港の建設に伴う埋立てや、周防灘での北九州空港建設に伴う埋立て、岡山県の水島臨

海工業地帯西部の玉島沖人工島建設に伴う埋立てなどが行われている。岡山県の玉島沖人工島建設によって、人工島の西部の海域では、高梁川からの栄養塩の流入が少なくなり、ノリ養殖に壊滅的な打撃を与えた。

　2000年代に入ってからも、伊勢湾では知多半島西岸の常滑沖で、沖合人工島方式による中部国際空港建設のための埋立てが行われ、浅海の優良な漁場が消失させられるとともに、浮き流し式養殖法で行われていた常滑漁協の優良なノリ養殖場を消滅させ、周辺部のノリ養殖にも影響を与えている。ただ、中部国際空港建設の埋立てでは傾斜護岸が採用され、アカモクなどの海藻が生えているが、これまで行われてきた多くの埋立て地を囲う垂直のコンクリート護岸は、海域の浄化能力を損ねている。

(2) 海域の汚染問題

　浅海の埋め立てによる干潟の減少は、海の浄化力を著しく減少させ、海域の汚染を進行させていった。さらに、臨海部の埋立地に立地した重化学工場からの工場廃水や、東京や大阪のような大都市などからの都市排水などは海水を汚染させ、高度経済成長期以後重大な問題となっていった。

　高度経済成長期には、重金属などによる汚染により瀬戸内海などでは、背骨の曲がった魚などが発生して問題になった。一方、都市排水などにより沖合まで富栄養化が進展したことは、竹などの支柱が建てられない水深の深い海域においてもノリ養殖が可能となり、浮き流し式養殖法が1960年代から導入されたこともあり、沖合でのノリ養殖が発展していった。しかし、工場廃水や都市排水などによる海域の過度の汚染は湾奥などの海域環境を悪化させ、岡山県の児島湾においてはノリの品質を低下させ、湾内のノリ養殖を衰退させていった。また、沖合まで富栄養化させるような汚染は、1970年頃から赤潮の発生回数を急増させるとともに、大規模で長期間にわたる赤潮を発生させるようになり、瀬戸内海の播磨灘などでは、大量の養殖ハマチを斃死させ、ハマチ養殖に甚大な被害を及ぼしていった。

　近年でも、東京湾や瀬戸内海、伊勢・三河湾などでは化学的酸素要求量（COD）が3ppmをこえる海域もかなりあり、赤潮もまだ多発している。東京湾や伊勢・三河湾などの閉鎖性の強い内湾においては、赤潮のプランクトンの死骸

が海底に沈み、分解されて貧酸素水塊を発生させており、底魚の漁獲量を減少させ、問題になっている。また、赤潮の原因の植物プランクトンの増加は、栄養塩不足をまねき、沖合などでは、養殖ノリの色落ちがみられ、ノリの品質が低下することも問題になっている。これに対して、海底耕耘などによる栄養塩の補給も試みられているがまだ限定的である。

また、石油化学製品などが海底に沈積した海底ゴミや、海面や海中を漂流する漂流ゴミ、それに海岸漂着ゴミによる海ゴミ問題が、東京湾や瀬戸内海、伊勢・三河湾をはじめ全国的に問題になっている。石油化学製品などの海ゴミが問題となるのは、石油化学工業などが発展した1970年頃からであり、プラスチックなどの石油化学製品やアルミニウムの缶類などは自然には非常に分解しにくいうえ、洪水時などを中心に、陸上からの流入などが続いており、回収しなければ増加し続けるのである。また、東京湾や瀬戸内海、伊勢・三河湾などの湾奥などには海底にはヘドロなども堆積している。

さらに、原発についてはこれまでにも温排水問題があったが、2011年の東日本大震災に伴う福島第1原発事故による放射能汚染は、福島県の沿岸海域を中心に、茨城県沿岸海域などの周辺海域も含めて重大な問題になっている。原発事故発生後問題となった浮魚のコウナゴなどの放射能汚染は改善されてきているものの、半減期の長いセシウムなどは海底に溜まってきており、食物連鎖などを通じて、アイナメや、ヒラメなどの底魚を中心に、基準値の1kg当たり100ベクレルを超える深刻な放射能汚染が続いており、1年が経過しても漁業の操業再開の目途さえたっていなかった。

(3) 地球温暖化の問題

大量の石油や石炭などの化石燃料を使用するエネルギー転換部門や産業部門、それに自動車交通など運輸部門を中心に排出される二酸化炭素などの温室効果ガスの急激な増加に伴い、地球温暖化が1980年代から急速に進んできている。地球温暖化は、地球規模で気温を上昇させただけでなく、海水温も上昇させている。日本周辺海域の海水温は過去100年間で0.7℃から1.7℃程度上昇しており、海水面も上昇している[13]。

地球温暖化によって、サワラなどの暖海性の魚が東北地方の海域でも多く漁獲

されるようになるなど、水産資源となる魚介類の生息環境が大きく変化してきている。瀬戸内海においても、宮崎県で獲れる魚が大分県の瀬戸内海で漁獲されるようになっており、また、ゴンズイや、アサリなどに食害を起こすナルトビエイなども瀬戸内海でみられるようになっている。また、近年の地球温暖化に伴う海水温の上昇により、秋季に海水温が低下しにくく、なかなか20℃を下回らないため、ノリ養殖業では、陸上において人工採苗で種付けをしたノリ網を海に張りこむ時期が、2010年には例年に比べ2週間程度も遅延しており、赤腐れ病などの病気の発生も多くみられる[14]。

地球温暖化に伴う魚種の生息環境の変化は、漁獲対象魚種の変更や、これまで行われていた漁法の変更までをも強いることになるのである。

(4) 河川流域などの沿岸陸域環境の問題

河川流域など沿岸陸域の環境は、内水面漁業に影響を与えるだけでなく、河川が流入する海域環境にも影響を与える。

近代以降行われてきた河川の直線化やコンクリート護岸などによる河川改修、河口堰を含む河川へのダムの建設などは、内水面の水産資源である淡水魚介類の生息環境を悪化させており、内水面漁業に重大な影響を与えてきた。また、魚付き林保安林をはじめとする森林の伐採や荒廃は、流入する海域への栄養分を減少させている。

6．漁業制度や漁業管理などの問題

(1) 漁業管理の問題

1980年代半ば以降の急激な円高による魚介類の輸入の増加と消費者の魚離れなどによる魚価の低迷を補うことなどのため、漁獲努力を高め、過剰漁獲を行う「乱獲」や、未成魚の小型魚も漁獲してしまうことなどの「不合理漁獲」も問題になってきている。ただし、マイワシの資源量の変動は、従来は「乱獲」などが原因とされていたが、気候変動による「レジューム・シフト」がその主要な原因であることが、1980年代に提唱されて定説になってきている[15]。「乱獲」などの問題に対しては資源管理が行われてきている。

1996年には「海洋生物資源の保存及び管理に関する法律」(通称「TAC法」)が制定され、出口での総量規制である漁獲可能量(TAC)制度が、200海里の排他的経済水域(EEZ)内で操業する沖合漁業を中心に1997年から導入された。対象魚種は、サンマ、スケトウダラ、マアジ、マイワシ、サバ類(マサバ及びゴマサバ)、ズワイガニの6魚種であったが、1998年にはスルメイカを加え、現在7魚種で行われている。漁獲可能量(TAC)制度では、大臣許可漁業で、マアジやサバ類、マイワシなどを漁獲する大中型まき網漁業や、ズワイガニなどを漁獲する沖合底曳網漁業などと、知事許可漁業でズワイガニなどを漁獲する小型底曳網漁業などの漁業種類が対象であり、漁獲可能量(TAC)が、日本全体とともに各都道府県に割り当てられている。

また2001年には「海洋生物資源の保存及び管理に関する法律」が改正され、低位水準になっている水産資源を早急に回復させるため、漁獲努力量の総量を管理する漁獲努力量管理(TAE)制度が加えられている。

漁獲可能量(TAC)の設定は、生物学的許容漁獲量(ABC)を可能な限り超えないこととされているが、漁業の経営事情を勘案していて、実際の漁獲可能量(TAC)はかなり高くなっており、実際の採捕量が漁獲可能量(TAC)に達することはほとんどなく半分程度のこともある。ちなみに、2011年の採捕量は、マアジが151千tで漁獲可能量(TAC)220千tの69%であり、マイワシが140千tで漁獲可能量(TAC)209千tの67%であった[16]。

また、2007年の日本経済調査協議会の水産業改革高木委員会や、それを受けての2008年閣議決定の「規制改革推進のための3か年計画」では、漁獲オリンピック方式で過当競争を招くなどの理由から、漁獲可能量(TAC)を漁業者や漁業団体または漁船ごとに配分して分与する方式である個別漁獲割当(IQ)や、分与された該当量を他の漁業者にも譲渡できるように措置する方式である譲渡可能個別漁獲割当(ITQ)を導入するように提言している。

しかし、日本には2008年現在で115,000以上の漁業経営体があり、多種類の魚種を漁獲しているだけに、個別漁獲割当(IQ)や譲渡可能個別漁獲割当(ITQ)の導入は困難であり、現在、個別漁獲割当(IQ)が導入されているのは、ベニズワイガニなどの3種類のみで、漁獲可能量(TAC)制度の対象魚種には導入されていない。とりわけ譲渡可能個別漁獲割当(ITQ)は、漁業が資金力のある一

部の大企業などに集中することに繋がり、多様な水産資源が活用されなくなることなどの問題がある[17]。

(2) 宮城県の「水産業復興特区」問題

2011年の東日本大震災以後、宮城県において県知事が提唱している「水産業復興特区」は、沿岸漁業に民間参入や民間資本導入をしようとする構想であり、宮城県漁協などが反対している。

沿岸漁業においては、戦後の1949年に制定された漁業法により、共同漁業権、定置漁業権、区画漁業権が、地元の漁業協同組合や漁業者などに優先的に与えられてきた。しかし、宮城県知事の「水産業復興特区」構想では、そのうち、定置漁業権や特定区画漁業権を民間に開放し、民間資本を導入しようとしている。

定置漁業権は水深27m以深の沿岸海域で行う大型定置網であり、漁協が第一位の優先順位で免許が得られてきたものである。特定区画漁業権は区画漁業権の一部であり、筬建てや藻類、小割式、カキなどの養殖について入漁権の設定が可能で、現行の漁業法の下でも、企業が漁協の組合員となれば養殖業を営むことは可能である。

これに対して「水産業復興特区」構想は、地元の漁協の承認などもなく民間資本を導入しようとするものであり、同じ海域で営まれる多くの漁業について漁協での調整などもできなくなり、水産資源の保護などが困難になるなど、漁場利用の面において問題がある。また、民間企業は利益があがらないとすぐに撤退する可能性があることなどの問題がある[18]。ちなみに、岩手県では、知事をはじめとして、震災前の漁業権漁業の復旧を目指している。

(3) 養殖業・栽培漁業の発展と問題

水産資源を人工的に増殖する養殖業は、1960年代以降、「とる漁業からつくる漁業へ」の政策により拡大し、ノリ養殖やカキ養殖、ハマチ養殖などが急速に発展していった。養殖業の発展によって、ノリやカキ、ハマチなどの生産量が増大し、水産資源を増加させた。ただ、ノリやワカメ、カキなどの海藻類や貝類などは無給餌養殖で、天然の栄養分で育成されるが、ハマチなどの魚類養殖は給餌養殖で大量の餌を必要とし、その多くがイワシやサバなどの水産資源であるだけに、

高級魚を養殖することによって高付加価値化を実現しているものの、世界の漁獲量が頭打ちになっている水産資源全体を考えるうえでは問題もある。また、発展してきた養殖業も全国各地で導入され、ノリ養殖やハマチ養殖などにおいては過剰生産の状況となり、養殖経営体は減少してきており、魚類養殖では 1990 年頃にはフグ養殖などへの転換がみられたが、それも減少している。

　内水面で行われるウナギ養殖においては、2009 年以降において稚魚であるシラスウナギの漁獲が急減しており、シラスウナギの値段が高騰している。シラスウナギの急減には、乱獲や河川のコンクリート護岸の建設による改修、地球温暖化の影響などが考えられる。

　栽培漁業は、明治時代からサケ・マスの孵化放流事業が行われており、1960 年代から瀬戸内海などにおいてマダイやヒラメなどの種苗放流などが実施されていく。かなりの放流効果が認められるものもあるが、効果が不十分なものも多く、漁場環境の改善などが課題である。

(4) 遊漁などの問題

　1980 年代頃から遊漁や海洋性レクリエーションが発展してくる中で、漁業者と遊漁者などの間で、漁業の操業などをめぐってトラブルが発生しているうえ、釣りの対象となるタイなどの水産資源に漁獲圧力をかけており問題となっている。

　これらの問題に対しては、遊漁者が遊漁船を利用することも多いため、2003 年には「遊漁船業の適正化に関する法律」が改正され、遊漁船業が、届出制から登録制となり、これにより、損害賠償責任保険への加入や遊漁船業務主任者の選任、業務規程の作成・届出が義務づけられるようになっている。また、遊漁関連団体との間で資源の保護や漁場環境の保全等で連携活動を行っている漁協もある。しかし、遊漁者は自分の船を利用することも多いため、まだ問題は多い。

(5) 国際的な水産資源問題

　世界的な水産物の需要拡大と漁獲量の頭打ちの状況は、国や民族などによる食文化の違いもあり、国際的な水産資源問題を発生させている。日本近海においては、領土問題も孕みながら問題となっている排他的経済水域（EEZ）の範囲をめ

ぐる問題があり、外洋の公海も含めて問題となっているのは、マグロや捕鯨の問題などである。

　日本と韓国の間には、竹島をめぐる領有問題などがあるため、日本海西部と東シナ海には1999年の新たな日韓漁業協定によって日韓暫定水域が設けられている。この日韓暫定水域には日韓ともに等量・等隻で相互入漁をしており、2011年の漁期の漁獲割り当ての総量はそれぞれ6万tであるが、韓国漁船が密漁漁具を設置する事件なども発生しており、また廃棄漁具が日本の沖合底曳網漁船の操業に支障を来すだけでなく、ゴーストフィッシングによる水産資源への悪影響が問題になっている[19]。

　また、日本と中国の間には、2000年の新たな日中漁業協定によって東シナ海中央部に日中暫定措置水域が設けられているが、2011年に暫定措置水域において操業する中国漁船の隻数は18,336隻以内、漁獲量の上限の努力目標値は1,711,720tで、日本漁船の800隻以内、漁獲量の上限の努力目標値109,250tより圧倒的に多い[20]。また、相手国の許可なしに操業することができる日中中間水域もある。東シナ海の海底には石油や天然ガスなどの海底資源もあり、1970年代になって中国が主張し始めた尖閣諸島の領有問題などが問題になっている。

　ロシアとの間では、ソ連時代の日ソ漁業協力協定に基づき日ロ漁業合同委員会により、国後、択捉と歯舞色丹周辺海域などでの操業条件などの協議が行われているが、ロシアが実効支配しているだけに、日本側の漁獲割当量などは制限されるとともに、採取料などをロシア側に支払うことなどの問題がある。

　マグロについては、日本近海では、沿岸の一本釣りや沖合のまき網漁船などによって漁獲されるが、日本の遠洋延縄漁船が世界で操業しているうえ、日本が世界最大のマグロ消費国であり、地中海やオーストラリアなどで蓄養されているクロマグロを大量に輸入していることなどから、資源保護への対応が重大な問題になっている。これに対して、日本は、大西洋やインド洋、中部太平洋など、世界のマグロ類の委員会に所属しており、漁獲努力量や漁獲量を低下させている。

　捕鯨については、イギリスやアメリカ、オーストラリアなどの反捕鯨国のため、国際捕鯨委員会（IWC）において、1987年の漁期以降は商業捕鯨が禁止されている。その後行われた南極海でのミンククジラの調査捕鯨に続き、1994年からは国際捕鯨取締条約の特別許可で、北西太平洋においてもミンククジラの

調査捕獲枠100頭が設けられ、その後、ニタリクジラとマッコウクジラ、イワシクジラの調査捕鯨枠も加わり、2010年現在ではミンククジラ220頭をはじめ、計380頭の調査捕獲枠になっている。ただ、ミンククジラだけでも北西太平洋に25,000頭以上生息していると言われているだけに、この捕鯨枠は問題である。また、日本では、IWCの管轄外で、沿岸小型捕鯨業が千葉県の和田浦や宮城県の鮎川、北海道の網走などで行われており、ツチクジラなどを限定的に捕獲していて、2005年からの捕獲枠は66頭である。しかし、沿岸小型捕鯨業ではミンククジラの捕獲は禁止されており問題である[21]。

7. 水産資源の課題

以上、水産資源の状況と問題などを考察してきたが、最後にこれらの水産資源問題の解決への課題を簡単にあげていく。

(1) 漁場環境の課題

水産資源の再生や回復には、漁場環境の問題を解決する必要がある。

そのためには、まず、漁場を完全に消失させる沿岸海域の埋め立てを禁止すること、とりわけ、大規模な埋立てを阻止することが重要である。伊勢湾においては、名古屋港の浚渫土を処分するための大規模な埋め立てが、中部国際空港島を拡大するように計画されているだけに、このような計画をさせないことが必要である。

沿岸海域を中心に、漁場環境の保全や再生をすることも課題である。とりわけ、干潟や藻場の環境保全と再生は重視されなければならない。干潟については、埋立地の地先に人工干潟の造成なども試みられているが、潮流が速い海域が多くむずかしい。近年の不景気が続く中で、埋立地や干拓地には遊休地も多いだけに、諫早湾干拓地の貯水池などに海水を導入することや、埋立地などを傾斜護岸にして干潟を再生することなども考慮すべきであろう。海底耕耘などによる栄養塩の補給も必要である。

また、海底に沈積している海底ゴミをはじめ、海の漂流ゴミや海岸への漂着ゴミなどを回収することも必要である。瀬戸内海の岡山県日生町漁協などでは小型

底曳網漁船による日常的な回収が行われ、大幅に海底ゴミを減らす成果を上げている[22]。ゴーストフィッシングを防ぐためにも排他的経済水域（EEZ）内の漁網などの海底ゴミも回収しなければならない。そのためには、海ゴミの回収処理の体制づくり、さらには製造段階からの発生抑制が求められる。

漁場環境の汚染防止については、工場廃水などによる汚染防止とともに、原発からの放射能汚染の防止が重大な課題である。地震多発地帯で、海水を冷却水に利用するためすべての原発が海岸に立地している日本においては、原発の廃止は必然である。

地球温暖化対策としては、自然再生エネルギーの利用により化石燃料の使用を減らし、温室効果ガスである二酸化炭素の排出量を減少させていかなければならない。

また、河川流域を含めた流域の沿岸陸域環境の保全と再生は、内水面漁業だけでなく、流入する海域の環境にも多大の影響を与えるだけに、海面漁業の漁場環境の保全と再生にとっても重要である。沿岸陸域には、魚付き林などが育成され保護されてきたが、近年では、漁師による河川流域への植樹活動なども行われている。

(2) 漁業制度や漁業管理などの課題

日本では、沿岸海域における釣りなどの自由漁業と共同漁業権や定置漁業権などの漁業権漁業、それに小型底曳網漁業などの知事許可漁業、沖合や遠洋におけるまき網漁業などの大臣許可漁業などがあるが、沿岸海域などでは、水産資源の管理は以前から行われてきた。

沿岸海域の漁業権漁業では、漁業権を管理する地元の漁協などにより、磯根資源を中心に禁猟期などのルールが設定され、再生産可能な水産資源の管理が行われてきた。自由漁業の釣りにしても、撒き餌釣りが禁止されている海域もある。許可漁業では、漁船隻数や漁場の制限、魚種による漁期の規制、漁具漁法の規制などが行われている。知事許可漁業である瀬戸内海の小型底曳網漁業は、沿岸の共同漁業権区域では操業は許可されてなく、ビームを使用する手繰り第2種（「えび漕ぎ」）は操業範囲が規制されているが、漁具に爪や桁があり漁獲能力の高い手繰り第3種（「桁漕ぎ」）は許可される海域や時期がより限られている。

1970年代後半からは資源管理型漁業が推進されており、また、1971年に海洋水産資源開発促進法が、1990年には一部改正されて資源管理協定制度も導入されている。また、2002年からは、休漁などの取組に国・県が財政支援を行うとともに、公的規制をかける資源回復計画も出されている。資源回復計画は、減船や休漁等の漁獲努力量の削減、種苗放流などを推進するため、2010年末で計66計画が実施されている。

資源管理型漁業や資源回復計画は成果を上げていない面も多いが、漁獲時期などを限定している伊勢湾・三河湾のイカナゴ漁や、全面禁猟期を設けて資源回復をさせた秋田県のハタハタ、資源回復計画に基づく規制が実施されている瀬戸内海のサワラなどでは、資源回復の成果をあげている。

伊勢湾・三河湾のイカナゴ漁は、漁獲量が1982年にはわずか699tにまで落ち込んだが、愛知県・三重県が成長データなどを収集して最適解禁日や終漁日を決めることなどにより、大きな年変動はあるものの、2011年の漁獲量は11,519tになっている[23]。瀬戸内海のサワラの漁獲量は、1998年には200tを下回ったが、1998年からの自主休漁や種苗漂流もあり、2002年以後は1,000t台になっている。

2011年度からは、資源管理や漁場改善の取り組みを行っている漁業者に一定の以上の収入の減少が生じた場合、減収の一部を補填する資源管理・漁業所得保障制度が導入されている。

地域に多様な漁業が存立し、非常に多くの漁業経営体が非常に多種類の魚介類などの水産資源を利用している日本では、特定魚種の個別漁獲割当（IQ）、まして譲渡可能個別漁獲割当（ITQ）ではなく、漁協を中心に共同で自主的な漁業の管理を行うとともに、漁業法などにより、漁船の隻数や操業期間などを規制する公的管理を行っていくことが重要である。

養殖業や栽培漁業では、漁場環境の保全や水産資源の有効利用を考慮していくことが求められる。海洋牧場も問題は多いものの、岡山県が1991～2001年度に整備した笠岡市の白石島と高島の間の海峡部で行っている音響馴致の海洋牧場では、増殖対象種のマダイやスズキなど7魚種の漁獲量が整備前の約70tから約130tに増加しており、狭い海域ではあるが水産資源の増加に寄与しているのである[24]。

遊漁や海洋性レクリエーションとのトラブルなどについては、海を熟知して

いる漁業者が中心となってトラブル回避をするとともに、遊漁のように魚介類を「とる」ことだけを目的とするのではなく、水産業・漁村の多面的機能の活用した「海のツーリズム」である体験漁業や観光漁業などにより、体験「する」や「みる」ことによって、水産資源に付加価値をつけ、漁獲圧力を低下させ、水産資源を保全することもすべきである[25]。

　国際的な水産資源問題については、領土問題などについて事実に基づいた主張と継続的な交渉を行うとともに、共同での水産資源の資源管理を行っていくことが必要である。また、食文化の違いの相互認識や、マグロなど特定の魚種に偏らない魚食文化の育成などもしていかなければならない。

注

1) 水産庁編（2011）:『平成23年版水産白書』農林統計出版：18.
2) 日本の水産資源について地理学では、1967年に末尾至行が「水産資源－特にその国際性に至る機構について－」（『経済地理学Ⅱ』大明堂）を、1981年に河野通博が「水産資源」（小杉　毅・小松沢昶編著『現代の資源・エネルギー問題』ミネルヴァ書房）をまとめている。
3) 1) と同書：18.
4) 1) と同書：21.
5) 1) と同書：110.
6)、7) 1) と同書：21.
8) 水産庁（2012）:『平成23年度魚種別魚群別資源評価』（http://abchan.job.affrc.go.jp/digests23/index.html）.
9) 1) と同書：21.
10)「不合理漁獲問題」を「資源先取り競争から起こる個別経営の不合理問題」と説明している。多屋勝男（2006）：現代の資源と漁業の管理，（所収　倉田　亨編著『日本の水産業を考える－復興への道』成山堂書店：94）.
11) 社団法人日本経済調査協議会水産業改革高木委員会（2007）：魚食をまもる水産業の戦略的な抜本改革を急げ（緊急提言）.
12) 1) と同書：30、環境省「自然環境保全基礎調査及び水産庁調べ（2007年）.
13) 気象庁（2011）:『海洋の健康診断表、海面水温の長期変化傾向』（http://www.data.kishou.go.jp/shindan/a_1/a_1.html）.
14) 大分県や愛知県などでの聞き取り調査。

15) 川崎　健（2009）:『イワシと気候変動』岩波書店.
16) 水産庁（2012）:『第1種特定海洋生物資源の採捕量（速報値）』(http://www.jfa.maff.go.jp/j/suisin/s_tac/kanren/pdf/20120531_shiryou_4.pdf#search)．なお、TACについては、小野征一郎（2005）:『TAC制度化の漁業管理』農林統計協会などが詳しい分析をしている。
17) 加瀬和俊（2007）：高木委員会提言の内容と問題点,『日本経済調査協議会水産業改革高木委員会緊急提言に対する考察』JF全漁連漁業制度問題研究会：4-5.
18) 出村雅晴（2011）：宮城県の「復興特区構想」に思う,『調査と情報』25号：10-11、加瀬和俊（2011）：漁業権「開放」は日本漁業をどう変えるか,『世界』822：50‐61
19) 全国底曳網漁業連合会での聞取り調査。
20) 水産庁（2011）:『「第12回日中漁業共同委員会」の結果について』(http://www.jfa.maff.go.jp/j/press/kokusai/111109.html)．なお、日中韓の漁業管理については、片岡千賀之（2002）：日本の新海洋レジームと漁業管理－日中韓のトライアングルの中で－,『地域漁業研究』42巻1号：71-83に詳しい。
21) 水産年鑑編集委員会（2011）:『水産年鑑2011』水産社：103-119.
22) 磯部　作（2009）：漁業者による海底ゴミの回収の状況と課題－瀬戸内海を中心として－,『地域漁業研究』49巻3号：49-65.
23) 8）と同資料及び、愛知県漁業生産研究所からの聞き取り調査。
24) 岡山県水産課資料
25) 磯部　作（2009）：多面的機能を活かした水産業・漁村地域体験の状況と漁業者の社会的貢献（所収　山尾政博・島　秀典編著『日本の漁村・水産業の多面的機能』北斗書房：111-131）．

第6章　エネルギー経済の動態と
　　　　ポスト石油・原発の世紀

1．新たなエネルギー変革の時代

　2011年3月の東日本大震災と福島第1原発事故によって、日本のエネルギー政策は大きな転換点を迎えた。世界的にもスリーマイル原発、チェルノブイリ原発に続く大事故であり、ヨーロッパではこれまでの再生自然エネルギーへのシフトにさらに拍車をかけている。日本政府にとっては、低炭素社会へのエネルギー政策で原子力依存をさらに強める方向に向かっていたことの過ちが明白になったのである。

　脱原子力発電をめぐって激しい論争が続く中ではあるが、エネルギー産業の歴史まで遡ってこのようになった背景を顧みてみたい。薪炭や水力発電、国内石炭から輸入原油への「エネルギー革命」、第1次石油危機後の原子力や輸入石炭・LNGへの転換といった、エネルギー供給の大きな構造変化を経験しているし、最近の需要サイドの動きも検討しなければならない。

　第1次石油危機直前のローマ・クラブ報告では、枯渇していく化石エネルギーの条件が、人口、食料生産、工業化、環境汚染とともにシミュレーションの主要な変数に用いられた。石炭、石油、天然ガスといった化石エネルギー資源は、古生代から3億年以上に及ぶ地球の地質学的な環境の中で形成されていたものだが、人類社会は産業革命以降のわずか2、3世紀足らずの間に、これらの化石エネルギーを枯渇させてしまうかもしれない。この炭素や炭化水素の燃焼によって大量の二酸化炭素が大気中に排出され、温暖化をめぐるメカニズムや排出削減政策をめぐっては議論があるとはいえ、地球の気候を温暖化させることが懸念されている。超長期の展望は不確実性であるが、枯渇性の化石エネルギーの可採年数でみると、100〜200年以上先でのサステナビリティはないのかもしれないので

ある。

　石油の場合は、確認埋蔵量や年生産量、原油価格、採掘技術、オイル・シェールやオイル・サンドなどの資源開発にもよるが、現在のところではガソリンやディーゼル・エンジンを主とした需要が、先進諸国のみならず、途上諸国でも増加している。平均可採年数は約50年弱だが、エネルギーとしての用途は発電などなどから、ガソリン等の有益な需要（noble use）にシフトしていくだろう。石炭と天然ガスの可採年数は石油よりは長く、石炭ではCO_2排出削減などの環境対策が必要で、新たにガス・シェールへの期待が高まっている。

　第2次世界大戦中のウランとプルトニウムの核分裂の連鎖反応の発見から、すぐさま核兵器が開発されて広島・長崎の惨事を招いた。1950年代以降は「原子力の平和利用」として発電事業が始められた。しかし、度重なる事故や、プルトニウム・サイクル技術開発の破綻、低コストのワン・スルーではウラン資源の可採年数は70～80年程度にすぎないという限界があり、さらに半減期がプルトニウムでは2.4万年になるというように高レベル核廃棄物を処理することは不可能で、サステナブルなエネルギー資源ではありえない。

　エネルギー供給の面では、風力発電、太陽光・熱などの再生可能な自然エネルギーへのシフトが世界的に掲げられている。需要の面でも、よりエネルギー節約的な技術の開発、分散的な小規模エネルギーをネットワーク化していく電力のスマート・グリッドの形成、さらにガソリンや電力にできるだけ依存しないコンパクトな都市構造やライフスタイルへの転換などが必要である。石油危機の経験や、ブルントラント委員会の sustainable development の提起、低炭素社会をめざした京都議定書など、1980年代から90年代、さらに2000年代にかけて、グローバルなエネルギー・環境問題は大きな方向転換をしてきたのだが、日本はそれに遅れをとっていて、福島第1原発の大事故を迎えてしまったのである。

　エネルギーをめぐる論争は激しく、かつ多岐にわたっているが、ここではエネルギー経済の資源や技術をめぐる基本的な理解に立ち戻って理解を深め、政治経済的なグローバル・パワーにも冷静で公平な立場に立ち、その上でポスト原発と石油依存の低下をめざすエネルギー政策の将来のあり方を考えていきたい。

2．エネルギー経済の歴史

　エネルギーをめぐる資源、技術、競争や支配は、まさにダイナミックな歴史を辿ってきた。それが現在のエネルギー経済を形成してきた背景であり、これからの転換の枠組みや方向を指し示すものとなるので、経済学の歴史と、経済自体の歴史から現在までを素描してみたい。

　18世紀後半から19世紀の工業化と都市化は、石炭を主役とするエネルギー革命でもあったといって過言ではない（リグリィ，1992）。それ以前は森林、つまりは薪や木炭が暖房用に使われていた。製鉄でも木炭が用いられていたのだが、建築や造船用の木材需要の増加と相まって、17世紀のイングランドでは森林の再生度を超えた枯渇と価格の高騰が問題となるほどだった。石炭を乾留（脱硫）するコークス製鉄の開発（ダービー，18世紀初）は、この森林資源の制約を克服した。このことは同時に、温暖湿潤な気候条件のもとではどの地域でも利用でき、長期的には再生可能であった、つまり立地論的にいえばどこでも入手可能な普遍原料であった木材から、地質学的な条件に依存して局地的に偏在した炭田地帯に、当時の運河や道路の輸送条件の制約の下で、製鉄業の立地の集中化を促した。鉄道網の発達と蒸気機関車の普及によって、輸送面での石炭需要も増えて、産業連関的に累積しながら製鉄や機械工業が発展したのである。

　産業革命を牽引したもう一つの産業である紡績業や織物業でも、水車を動力源とした場合は、流水の得られる地点が立地の上で選択されることがあった。一方、都市部に人口が集中し、工場も集積すると、燃料源とされた石炭の煤煙によって大気汚染が深刻となった。

　産業革命期の貧困の原因について、マルサスは『人口論』（1798）で、幾何級数（等比級数）的に増加する人口と、算術級数（等差級数）的にしか増えない食料生産との不均衡に求めた。マルクスが『資本論』（1867）で批判したように、労働者階級の貧困や失業の原因は、景気循環や資本主義の体制的な矛盾による相対的過剰人口の問題であった。経済発展が進むと人口の出生率は低下し、農業の生産性は上昇していったので、マルサスの予測は誤っていた。一方、ジェヴォンズは『石炭問題』（Jevons，1865）を著して、人口にかわって、石炭の採掘条件の悪化（炭層の深化）と価格上昇、技術変化、太陽光や水力などの自

然の代替エネルギー、人口や社会の発展、国際的な石炭をめぐる競争などを多面的に検討して、イギリス経済の大きな問題となることを論じている。ジェヴォンズは新古典派の限界分析の祖の一人となるが、資源をめぐる基本的な経済的要因を論じているという意味では資源・エネルギー経済論の創始者ともいえる。

マルクスは生産力の発展によって「各人の自由な発展が万人の自由な発展の条件であるコミュニズム」を説いたが、物質的な生産力の発展における資源面での限界は意識していなかったようである。ただし、流水の占有など、自然的な制約を受ける資源をめぐっての地代論的な言及はうかがえる。同じ時代にすでにJ.S.ミル（1848）は、物質的な豊かさの先で成長が停滞しても、精神的な豊かさを求めることはできるとして「定常社会」を説いていた。このミルの予想の方が、ローマ・クラブ報告（1971年）では甦る。

近代的な石油産業の起点は、アメリカでのドレークによる1859年のペンシルバニア油田の掘削である。20世紀に入るとテキサス（1901年）やカリフォルニアでも大油田が発見される。分散していた油田業者に対して、鉄道とパイプラインによる輸送と市場の独占支配を目論んだW.ロックフェラーが率いるスタンダード・オイル・トラスト（1882年）が生まれたが、反トラスト運動にあって、現在でいえばエクソン・モービル、シェブロンなどに分割される（1911年）。20世紀資本主義の「黄金時代」はしばしばフォーディズムと呼ばれるが、自動車産業を中心とした大量生産＝大量販売の体制のみならず、そのエネルギー源である原油からのガソリン製造、さらには郊外化や高速道路網などの整備によって、都市や国土が改編された「石油の世紀」であったといってもよい。

船舶や航空機の燃料も重油やガソリンに依存するようになり、第1次、第2次の世界大戦では戦略的な軍需物資として政治的な介入を招き、戦争にいたる資源戦略の一因ともなった。両大戦間期にはイラクなど中東でさらに大規模な油田が発見される。アメリカとイギリスの大石油企業間での激しい競争戦の帰結は、1928年のアクナキャリー城で結ばれた秘密協定となって、国際的な石油カルテルが形成される。第2次世界大戦後にこの協定はアメリカの証券取引委員会（SEC）で暴露され、アメリカ・ヨーロッパのみならず、アジアを含めた世界市場が「セブン・シスターズ」によって共同支配されていることが明らかとなった（サンプソン，1984）。この国際石油メジャーズは、第2次世界大戦後にサウ

ジアラビアやクウェートで発見された世界最大の油田とその低コストを背景として、戦後復興に向かっていたヨーロッパと日本の石油・エネルギー市場をも支配する。

　イランの国有化事件などを経て、1960年代初めの原油価格（名目）は2$/b（1バーレルは159 l の樽の容量で示される）よりも切り下げられて「1ドル原油」と呼ばれ、IMF体制のもとで世界経済の基軸通貨となったドルの安定した支配の下で、各国のエネルギー供給構造に激変をもたらした。日本でも、電力産業における水力発電から石油火力発電へ（水主火従から火主水従へ）、家庭や産業用の一般のエネルギーでも石炭、木炭から、灯油、重油への「エネルギー革命」が引き起こされた。国内の石炭産業は、戦後復興期の傾斜生産方式における重点産業から打って変わって、スクラップ＆ビルド政策、さらには閉山・撤退政策へと雪崩をうつ。国内の採炭条件が悪く、高コストで事故も多かった炭田の石炭は地下に放棄されたままとなったのである（矢田，1975；島西，2011）。

　中東などの産油諸国は1960年の原油価格低下に対抗して石油輸出国機構（OPEC）を結成し、原油輸出収入を基にした近代化を急いだ。1971年のドル危機などの先進諸国のインフレーションにも対抗して70年代に入ると原油価格が上昇傾向に転じたが、1973年10月の第4次中東戦争においてアラブ石油輸出国機構（OAPEC）はイスラエル寄りの諸国に対する禁輸措置を発表し、同時にOPECは11.65$/bに一挙に4倍の価格引き上げて、先行した油田の国有化政策とともに、価格の決定権を石油メジャーズから一旦は奪った。

　イラン・イラク戦争時の第2次石油危機では、OPECの公示価格をも上回って、世界の原油市場の価格は最高34$/bまで跳ね上がる。先進諸国では、生産性の低下と賃金の上昇、インフレーションと不況が同時に起こって、1960年代の成長時代は終焉し、石油市場は世界経済に決定的な影響を与える「石油の世紀」の後期の軌跡を描く。資本にとって直接、再生産のできない天然資源は、同じく資本による再生産ができない労働力の相対的過剰人口の枯渇とともに、フォーディズムの蓄積体制にとって大きな限界となってくる。

　先進諸国はOECDの国際エネルギー委員会（IEA）のもとで、このOPECの攻勢に対して対抗する。原油価格上昇による消費の減退や石油備蓄、代替エネルギーへの転換、非OPEC産油国のシェアの増加により、原油市場はだぶつき

気味となり、1985年にサウジアラビアが供給調整の役割を放棄して、石油製品価格などから原油価格を算定するネットバック方式に転換したことを契機に、価格は崩落して10＄台に低下した。価格の決定権は石油メジャーズによって垂直統合された流通から、OPECの産油国カルテルへ、さらに産油国から消費市場まで分裂した市場へと変質する。

　世界の石油市場は、2000年代の後半以降、国際金融の過剰な流動性の中で、通貨や株価、他の先物取引商品とも連動した投機的な動きの方に大きく左右されるようになる。WTI（131頁参照）などの先物取引は、本来はリスクを安定化させる機能を持たせるはずのものだが、逆に不安的な国際政治や、途上国の需要、災害（メキシコ湾岸のハリケーン・カトリーナ（2005年）など）、油田や製油所の事故（最近ではメキシコ湾岸でのBPの海底油田事故（2010年））などの情報から、短期的に大きな変動を煽った相場が形成されてしまう（甘利他、2007）。グローバルな投機資金がNYMEX（131頁参照）のWTI市場に流れ込んで、一挙に100＄/b台を突破し、一時は147＄/bにまで達した。その後も中国などでの需要の増加を見込んだ投機筋の読みを背景として100＄/b辺りをめぐって大きく変動している。原油価格の上昇は石油製品の価格に反映されるが、主な製品市場であるガソリン・軽油等で末端の消費者価格が上昇しても、需要の短期的な価格弾力性は弱い。そのため、原油供給自体は比較的安定していても、価格曲線がほぼ垂直に立ち上がってしまうのである。産油国と、流通の支配力はまだ強い石油メジャーは、ここから大きな利益（レント）を得ている。

3．エネルギー経済の基本的性格

(1) 埋蔵量の考え方

　維持可能な範囲であれば長期的には再生利用が可能なはずの森林でも、過剰な利用の結果として枯渇することがある。化石エネルギーのように資源の存在量、つまり賦存量には限界があって、次第に減少して、いずれは成長の制約になるのではないかという恐れをめぐっては、ジェヴォンズも検討したように、資源の量と品質、価格、技術進歩、市場や輸出入などの要因についての経済的な分析の対象となる。

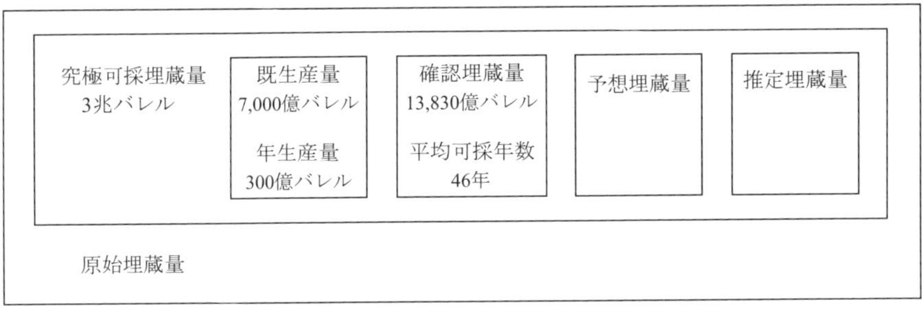

```
┌─────────────────────────────────────────────────────────────────────┐
│ ┌──────────┐ ┌──────────┐ ┌──────────┐ ┌──────────┐ ┌──────────┐    │
│ │究極可採埋蔵量│ │ 既生産量  │ │確認埋蔵量 │ │予想埋蔵量 │ │推定埋蔵量 │    │
│ │ 3兆バレル │ │7,000億バレル│ │13,830億バレル│ │          │ │          │    │
│ │          │ │ 年生産量  │ │平均可採年数│ │          │ │          │    │
│ │          │ │300億バレル│ │  46年    │ │          │ │          │    │
│ └──────────┘ └──────────┘ └──────────┘ └──────────┘ └──────────┘    │
│                                                                     │
│ 原始埋蔵量                                                          │
└─────────────────────────────────────────────────────────────────────┘
```

図 6-1 石油資源の埋蔵量の概念
資料：年生産量と確認埋蔵量は 2010 年（BP 統計）。

資源の賦存量にはいくつかのレベルの用語がある（図 6-1）。地球上に存在するはずの全体量を原始埋蔵量というが、研究者や研究機関によってその推計値にはかなり幅がある。原始埋蔵量のうち、油田の状態や採掘技術にもよるが全てを利用できるわけではなく、地層中から採掘可能なのは 3 割程度と考えられている。

この採掘可能な部分の全体を究極可採埋蔵量という。既に歴史的に生産、消費してきた累積量を 7,000 億 b とする。ある時点における技術的、市場的な条件のもとでみた確認可採埋蔵量が、短中期的にみた資源評価の現実的な基準されており、この確認可採埋蔵量は現在、約 1 兆 3,830 億 b（2010 年，BP 資料）である。これを現時点の年間生産量（300 億 b）で徐したものが今後の平均可採年数（46 年）となる。

年間生産量を一定としたものがこの平均可採年数であるが、消費が毎年、一定の比率で増加（指数関数）している場合には、この期間はさらに短くなるし、需要が低迷や減少するとすれば伸びる。原油では毎年の生産量の累増があるにも拘らず、過去にほぼ一定であったのは一見、妙にみえるかもしれないが、石油メジャーズの探鉱のための調査が、30 年程度先を基準としながら行われていたようである（瀬木，1988）。最近は技術進歩と埋蔵量の見直しによって約 30 年から 50 年近くまで可採年数が引き上げられている。

(2) 原油の種類と価格、市場

油田から生産される原油市場での銘柄と価格は、生産コストと品質面から差別化される。

原油の生産コストは、油田の規模、採掘条件によって規定される（図6-2）。1油田当たりの埋蔵量が非常に大きい中東の油田では3〜5＄/bとされ、北海やアラスカ油田では15〜20＄/bである。原油価格が低迷していた時期には、アメリカ本土の小規模油田は閉鎖されて、石油メジャーズは新規油田の探査よりも、既存油田のM&A（合併や買収）によって原油の確保に努めていた。

原油価格が低落していた1980年代後半から90年代には、新たなエネルギー源や代替エネルギーの開発や技術投資の動きも進まなかった。しかし、既存油田の限界コストの20〜40＄/bをも上回って原油価格が騰貴し始めると、オイル・サンドやオイル・シェールなどの重質な石油資源の他にも、ガス・シェール、石炭液化などが新たに資源として経済的な評価のポテンシャルを持つようになってくる。もちろん、短期的な原油価格市場の変動下でのリスクも伴う。

通常、再生産される工業製品であれば、価格はその産業の一定時点での平均的な生産費と利潤からなるし、規模の経済性や技術進歩によって、市場価格は低下する傾向をたどる。しかし、土地のように有限であり、農業であれば豊度や市場との距離によって土地による生産費や輸送費の差がある場合には、市場の需要を充たす限界地（最劣等地）まで耕作されて、そこでも平均的な生産費

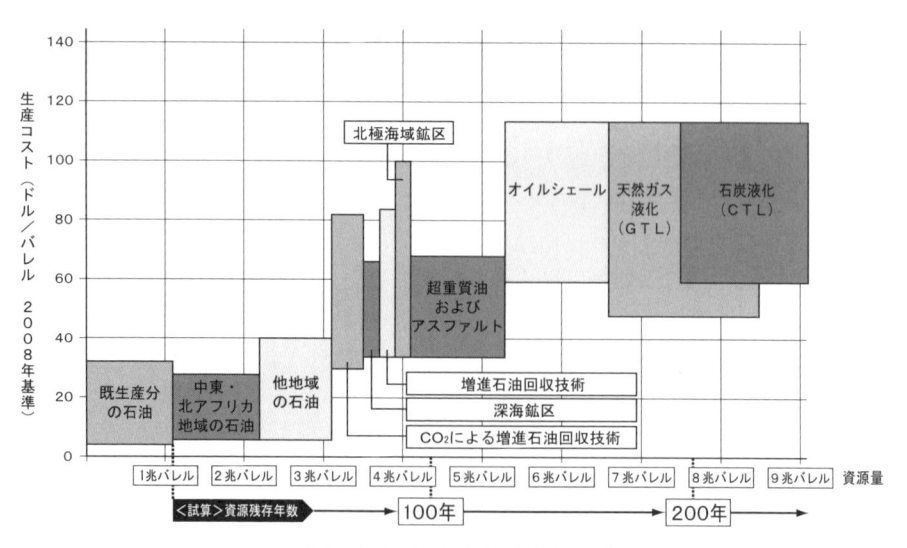

図6-2　石油の資源量と生産コスト
出所：石油連盟『今日の石油産業2011』．

と利潤があがらなければ経営が成り立たないので、相対的に有利な農地には地代（差額地代）が発生する。同じことは、鉱物やエネルギー資源についても該当するので、有利な資源をめぐっては鉱山地代が生じることになる。地代は有利な鉱区の権利を確保した企業にすべてが帰属するわけではなく、国有化されていた油田の場合はまず産油国に、そして流通市場での利益や、消費国での課税なども併せて石油製品の価格は形成されるので、広義の意味でのレント（地代）は非常に大きなものとなっているのである（マサラート，1991）。

油田の分布は、微生物などが分解された油分が地下で地質的に地背斜構造を持つところに集中して形成されるといわれる。中東のように世界的に局所的であり、市場もアメリカ、ヨーロッパ、東アジアなどのように遠隔地にある場合は、油田や積出港から消費地の製油所までの輸送費がかかる。これにはタンカーのコストと保険料（CIF、運賃と保険料等の諸掛込みでの到達地価格）、輸送期間の金利が反映される。さらに日本を例にとると、原油関税、石油石炭税がかかり、石油税はエネルギー政策の税源となっている。

石油製品として最も高く評価されるのはガソリンなので、製油所の常圧蒸留装置でガソリンの得率が高い軽質油（比重が少し軽い）の価格は高く、中質油、さらには重油の得率が相対的に高い重質油は低くなる。二次装置の接触分解装置で重油などをさらに分解し、白油化率（ガソリン、灯油、軽油等）はさらに引き上げられる。NYMEX（ニューヨーク商品取引市場、世界最大の商品・エネルギー先物市場）での投機的な価格引き上げを先導した指標のWTIは、西テキサスの軽質低硫黄原油である。世界の原油市場ではこの他、北海油田のブレント、中東のドバイが代表的な指標銘柄である（甘利他，2007）。

もう一つは、大気汚染防止の視点からで、中東の原油は硫黄分が多いが、インドネシアのミナス原油やリビア油田のように低硫黄（0.1％）原油は、硫黄酸化物の排出が非常に少なく脱硫装置は不要だが価格が高く、高硫黄原油は低くなる。ガソリン、軽油などの製品でも、汚染対策からほとんど硫黄分がゼロ（10 ppm未満）のサルファー・フリー化が進められている。

精製コストをかけた上で、出荷される製品は、ガソリン、灯油、軽油、重油の順に価格が低くなる。自動車ではLPGやメタノール、さらには電気自動車などが台頭してきているが、ほとんどはまだガソリンや軽油が主で、代替性が低いた

めに、高い製品価格でも販売可能である。道路整備(2009年より一応、一般財源化)のためのガソリン税（揮発油税、地方揮発油税、53.8円/l, 2012年)、地方軽油取引税など、価格の半分近くに当たる税率がさらにかけられ、その上さらに消費税が課税されている。燃費の改善や軽・小型自動車化などが進んでいるとはいえ、自動車利用が生活必需品になっていると、需要の価格弾力性はそれほどない。

　灯油は冬季の生活必需品であるし、生協など消費者側からの価格抑制への影響も働いていたことから、ここでも余り高くしにくい。発電やボイラー用の重油は、石炭、天然ガスなどの他のエネルギーと代替性があることから、原油価格すれすれの製品価格にしかなっていない。発電の場合は、他の有効成分が含まれていても、環境対策のために重油よりも硫黄分の少ない原油が生焚きされていたこともある。従って、同時に生産される（結合生産）複数の石油製品でも、市場の性格と代替性の違いによって価格には大きな差が生まれている。日本やヨーロッパでは、粗ガソリンにあたるナフサが、石油化学産業の原料として用いられる。中東や北米では天然ガス（C_2ベース）でプラスチック原料などが生産される点が、競争力や生産可能な製品において異なる。

4．エネルギー革命から、硬直した高需要構造へ

(1) 戦後日本のエネルギー革命

　日本でも江戸時代から明治前半までは薪炭（木材の薪と木炭）が主な熱源であった（図6-3）。たたら製鉄のように、砂鉄を木炭で製錬した場合には、周囲の林材が枯渇するので、30年程度の周期で山地内を移動しながら森林の回復をまって、製鉄を行っていた。森林の荒廃は下流の洪水の被害を及ぼしたし、はげ山になるところもでた。

　明治後期からの日本の産業革命の開始に伴って、九州や北海道などの炭田の開発が進み、工場や発電のエネルギー源は石炭に置き換えられる。さらに当時としては大規模なダム式発電と高圧長距離送電の技術が導入されて、猪苗代湖から東京（1914年）へ、また木曽川の大井ダムから関西方面（1924年）へと送られる。昭和初期に不況下で余剰となった電力は、工業用の低廉なエネルギー源

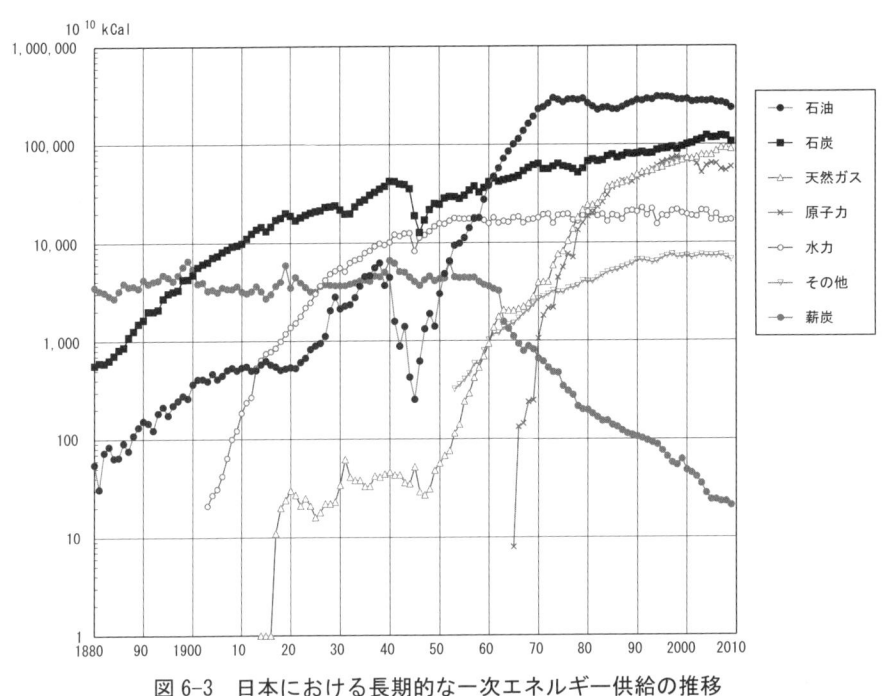

4．エネルギー革命から、硬直した高需要構造へ　133

図6-3　日本における長期的な一次エネルギー供給の推移
資料:『エネルギー・経済統計要覧』日本エネルギー研究所より作成。

として用途が拡大した。

　石油で新潟（品田，1999）や秋田など国内油田開発の他に、輸入が始められて、船舶や航空機、とりわけ軍需物資となる。アメリカなどの禁輸措置からアジア太平洋戦争におけるインドネシアなどの油田侵略へとつながり、空爆の甚大な被害と敗戦によって戦時期のエネルギー体制は崩壊した。

　戦後、植民地資源を失い、復興期には再び国内の石炭、水力発電などが経済復興のために重視されて、石炭、鉄鋼、造船、化学（肥料）に重点を置いた傾斜生産方式が行われた。国内炭田のスクラップ＆ビルドによる合理化、国土総合開発法（1950年）による水系を単位として、水力発電ダムや多目的ダムによる特定地域総合開発計画が高度成長前半にかけて行われる。

　世界的には大規模な中東油田から1＄原油がヨーロッパや日本などアジア市場に供給され、石油メジャーズとの提携企業や、いわゆる民族派の石油元売会社は、

国内では太平洋ベルト地帯における消費地精製主義での製油所の建設を急ピッチで進めた（矢田，1981-2）。新設の重油火力発電所は、大型化と低廉で安定した原油価格のもとで、水力発電や国内炭火力を下回るコストになる見通しから、「水主火従から火主水従へ」「国内石炭から輸入原油へ」の戦後日本の「エネルギー革命」が起こる。それまで一定の水準を維持していた国内の薪炭供給でも安価な灯油などに市場を奪われ、山地林業や里山利用も衰退の一途をたどった。

(2) 石油危機後のエネルギー政策

日本における高度成長期の最終エネルギー消費は、年率10％にもなっていたGDP成長率をさらに上回って、鉱工業生産指数ともペースを合わせて加速度的な増加を示していた（図6-4）。第1次石油危機直後の不況で初めてマイナス成長を経験するが、70年代後半は回復、1978〜9年のイラン革命、イラン・イラク戦争に伴う第2次石油危機と、円高（308円/＄から125円/＄台へ）で再びマイナスとなる。この期間でも低下したといっても4〜5％の程度を維持していたGDP成長率と、低迷する最終エネルギー消費のトレンドは大きく乖離してくる。1987〜91年のバブル景気から再び最終エネルギー消費の増加傾向が再発し、バブル崩壊後の長期不況下では鉱工業生産指数は国内景気や円レートの変動の中でアップダウンを繰り返し、最終エネルギー消費は低迷する。2000年代中盤は一時的に輸出主導の景気回復がみられるが、2008年のアメリカのリーマン・ショック後はいずれの指標も大きく落ち込んだ後に、次には東日本大震災を迎える。

1970年以降の国内エネルギー消費の部門別構成をみると（図6-5）、もともと先進国間を比較しても比率の高かった産業部門では、不況と省エネルギーの徹底によって1981年まで低下し、その後、バブル経済で回復、長期不況下では横ばい傾向となっていた。日本の製造業は海外進出によってグローバル化を進めるとともに、国内の生産体制でもリストラを行いながらも維持してきた。エネルギー多消費部門の鉄鋼、化学、セメントなどの素材産業も過剰設備を集約し、徹底した省エネを進めながら国内生産と、以前よりは減少したとはいえ輸出を維持している。

これに対して、運輸用が80年代初めを除けば2000年前までの増加傾向が強

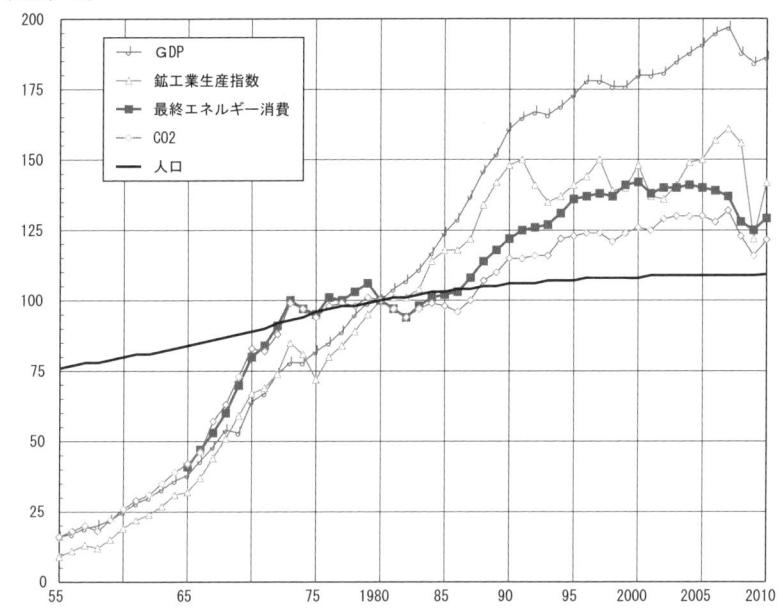

4．エネルギー革命から、硬直した高需要構造へ　135

図 6-4　日本における高度成長期以降の人口、GDP、鉱工業生産指数、最終エネルギー消費、CO_2 排出の推移
資料：図 6-3 に同じ。

く、この間に 2 倍以上となっている。鉄道、バスなどの公共交通から、自家用車、トラックなど、ガソリンと軽油を消費する自動車交通の増加によるものである。それでも 2000 年以降は高止まりのまま横ばいで、リーマン・ショック後は低下している。業務用（ビルなど）でも 70 年代後半は節約されていたが、バブル期以降は増加してきた。さらに家庭用でも増加傾向の一途をたどっている。

人口面では首都圏や東海への再集中が進んでおり、とりわけ首都圏は世界最大の 3,500 万人の人口を擁していた。業務機能や都市のライフスタイルは、夏期の中間をピークとする巨大な冷房需要を発生させており、原発群はそのためのベースロード電源として増設されてきた。地方圏でも、中心市街地を空洞化させながらモータリゼーションを進め、公共交通の衰退とマイカー利用の増加を招いていた。こうした国土構造と産業・生活のあり方が、1980 年代以降の最終エネルギー消費の増加の背景にあったのである。

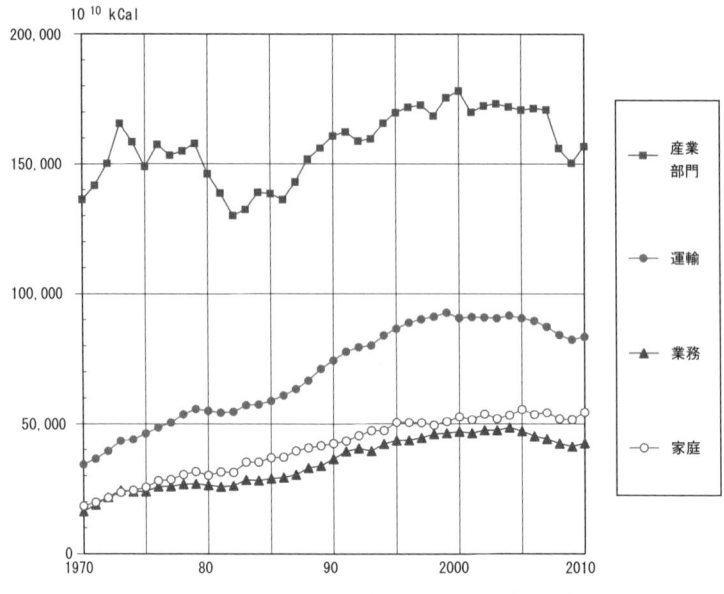

図 6-5　日本における部門別エネルギー消費の推移
資料：図 6-3 に同じ。

　日本において産業部門の省エネはともかく、運輸、業務、家庭のエネルギー消費の需要管理による抑制には消極的で経緯した 1980 〜 2000 年代は「エネルギー政策における失われてしまった 30 年間」ともいえる。2000 年以降も横ばいに止まり、リーマン・ショックによる経済危機でようやく減少に転じた。
　しかし、国内人口の増加率は（図 6-4）、1970 年前後の第 2 次ベビーブームを最後として、特殊出生率の低下もあって低減して、2005 年以降は人口減少社会にシフトしている。CO_2 排出量では、高度成長期には最終エネルギー消費とほぼ同じトレンドを描き、バブル期以降も増加したため、京都議定書における 1990 年基準で 2010 年頃までに 6％削減という日本の数値目標は、こうしたエネルギー消費の状態では不可能だったといえる。
　日本のエネルギー経済について、国際的に比較してみる（表 6-1）。一次エネルギー消費の資源別の構成では、アメリカやドイツなどでは石炭、石油、天然ガスのバランスが比較的とれている。国内の石炭資源を放棄し、天然ガスも少ないとはいえ、日本の輸入石油への依存率の高さは特異である。ドイツでは、急激

表 6-1　日本・アメリカ・ドイツのエネルギー経済の特徴

	1次エネルギー消費比率（%）						1人当たり 1次エネルギー 消費量 （石油換算 t/人）		電力化率 （%）	CO_2排出量 （CO_2 t/人）
	石炭	石油	天然ガス	原子力	水力	可燃・再生	1980年	2008年		
日　　本	23.0	43.1	16.9	13.6	1.3	1.4	2.95	3.88	26.0	9.29
アメリカ	23.9	37.3	23.8	9.5	1.0	3.7	7.94	7.50	21.3	18.60
ド イ ツ	24.2	33.1	22.8	11.6	0.5	7.0	4.56	4.08	19.2	9.36

資料：図6-3に同じ。

に風力や太陽光などの再生可能エネルギーを高めて、脱原発を宣言している。1人当たりの1次エネルギー消費（石油換算 t/人）でも1980年から2008年まで、ドイツでは4.56 t/人から4.08 t/人に-10.5%となったのに対して、日本は2.95 t/人から3.88 t/人へと32%増になっている。

　エネルギーの輸入依存度の高さ、さらには資源・環境をめぐるサステナビリティ政策から、産業構造や都市構造、生活様式の方向転換を図ろうとしてきたヨーロッパ諸国とは異なって、日本の1980年代以降のエネルギー政策、都市政策は硬直化したままで、遅れた別の道をたどってきてしまったのではないだろうか。

5．日本の電力体制の特徴と問題

(1) 電力産業体制の歴史

　日本の電気事業は、まず各地で小規模な火力や水力発電事業が起こされるが（西野，1988）、経営的な吸収・合併を経て、戦前期には大都市を中心とした五電力体制（東京電燈、東邦電力、大同電力、宇治川電気、日本電力）が確立する[1]。これらは民間の株式会社企業であり、供給地域をめぐっても競合する場合があった。高い電気料金や株式の高配当をめぐっては、都市の消費者や自治体との対立も生じていた。しかし、戦時総力戦体制への移行時の国家管理下で、全国的に発電と送電の部門を日本発送電株式会社に統合し（1939年）、配電については九つ

の配電会社に再編した（1941年）。戦後、この日本発送電の「分割民営化」の動きが、戦前の民間会社を経営していた側から強まって、1951年に現在の9電力体制に再度、再編された。この9電力体制（沖縄復帰後は沖縄電力も）による発電・送電・配電の地域独占と電源立地のあり方は、先進諸国の中でもユニークなものである。

　電力産業は発送電部門で規模の経済性が働き、都市などの市場をめぐって競争した場合には、送電施設が輻湊すると社会的な浪費が生じることがあることから、「自然独占」、つまり地域独占が認められる可能性の大きい分野の一つである。地域独占を認める代りに、公益事業として電気料金の認可制度を通じて、総括原価プラス適性報酬の範囲に、価格と利潤が統制された。物価上昇や、原油価格の高騰あるいは低下、円相場の変動の影響などの中で、電気料金は制度的に調整されてきていた。

　日本の電力体制には、さらにいくつかの特徴がある。戦後復興期の電力需要の回復と成長は、まずは三大都市圏において生じていたが、水力発電施設は包蔵水力の豊富な中部山岳などに集中していた。電力再編をめぐる論争点の一つであったが、地域単位に完結する「電源帰属主義」ではなく、「電源潮流主義」によって配電区域を越えて電源施設が再配分されたため、東北電力の管区から東京電力へ、また北陸や中部の水力発電所から関西電力へ、といった体制が現在でも残された。たとえば富山県の黒部川の「黒四ダム」などは関西電力であるし、木曽川水系では、本流筋は関西電力（旧大同電力系）、支流の飛騨川が中部電力（旧東邦電力）となっている。その後、電力会社間での広域融通もできるようになったが、電気事業の普及の歴史の結果、東日本が50Hz、西日本が60Hzと違っており、この融通性を大きく制約している。

　これが産業立地にもたらした帰結は、もともと水力発電が豊富で安価であった東北や北陸などには、電炉や電気化学などの工場が余剰電力を利用して立地していたが、その電源が大都市圏側の電力会社に帰属してしまったため、高度成長に入って電力需要が増加しても、地元にある水力は利用できずに、新設の石油火力に依存することになり、結果的に電力料金の地域的平準化が行われて、立地上でのメリットが失われた[2]。

　この遠隔地への電源立地のその後のもう一つの典型が、原子力発電所である

(山川，2012)。危険を伴うので、原子炉立地審査指針では低人口地帯、人口密集地帯から離れていることが条件であり、さらに地元の反対運動が弱いことや、電力料金に加算された電源開発促進税から特別会計を経て地元自治体への交付金が配分され、立地の促進、あるいは対策として利用されていたのである（清水，2011）。

高度経済成長の1960年代に入ると、前述の1＄原油の市場拡大を受けて、新鋭の50万kWhを超える大型の石油火力発電所群が、太平洋ベルト地帯の中の臨海工業地帯のコンビナートに次々に建設される。ガソリン、灯油、軽油などの石油製品は、各大都市圏の市場に供給された。製油所で同時に生産されるナフサ（粗ガソリン）は石油化学工場へ、重油は発電所などへというかたちのコンビナート・リファイナリーに、石油業法（1962年，2001年廃止）による供給計画の下で常圧蒸留施設の新設能力が優先的に認可されていった。

ところが、中東から輸入されていた原油は高硫黄分の品質（2%）のもので、重油に精製（4%）するとさらに含有硫黄分が高まっており、そのまま燃焼した場合には高濃度の硫黄酸化物（SO_X）を発生させた。住宅地を挟んだり、季節風下で風下に集落があったような四日市では、「四日市ぜん息」の健康被害が発生した。重油からの直接脱硫や、排煙からの間接脱硫の公害防止装置が据え付けられるようになって、ようやくこのSO_Xによる大気汚染対策が講じられたのである[3]。

(2) 石油危機以降の電力事業

第1次石油危機は、輸入原油への依存度を極度に強めていた日本にとっては、深刻な状況を生み出した。一般電気事業者（9電力と沖縄電力）の電源別の年間電力量は、1967年に石油が36.8%となって水力と石炭を上回り、以降、1973年の石油危機の年のピークには76.3%を占めるまでに急上昇していた（図6-6）。これ以降、IEAの石油火力新設の規制の方針もあり、85年に25.1%、2006年には6.3%と主要な役割を終えている。

これに対して原子力発電とLNG火力が石油火力に取って代わる伸びをみせる。原発は98年には40.2%を占めるまでになるが、その後は事故や地震による稼働率の低下、新規立地の困難化のなかで低迷する。これに替わって、長期契約で供

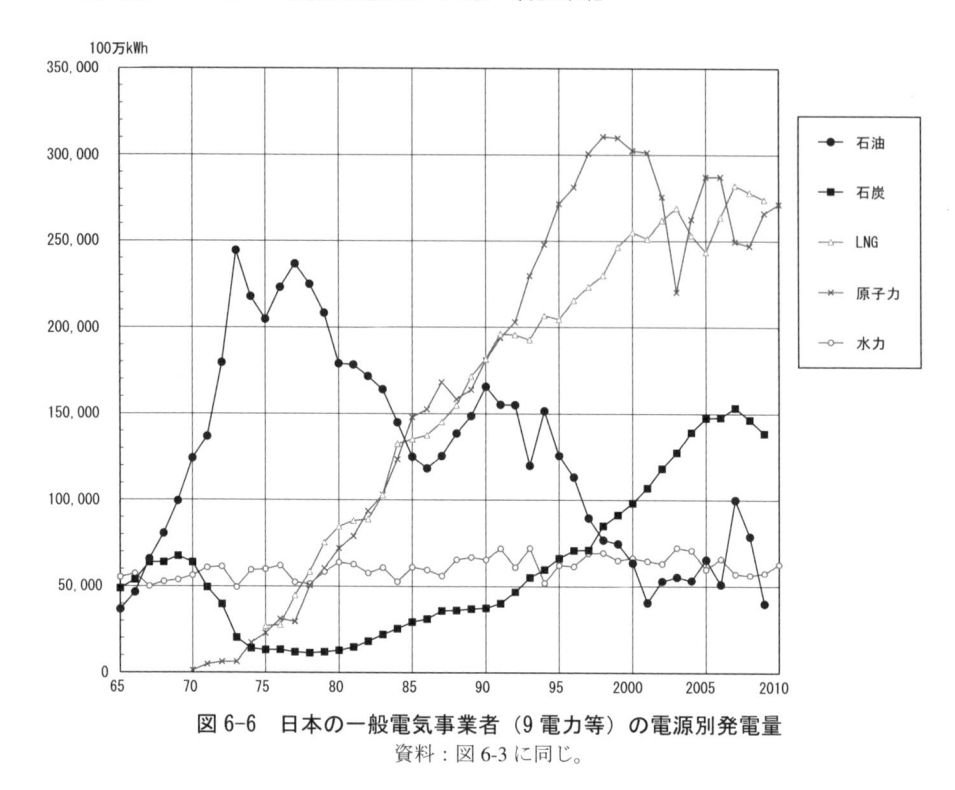

140 第6章 エネルギー経済の実態とポスト石油・原発の世紀

図6-6 日本の一般電気事業者（9電力等）の電源別発電量
資料：図6-3に同じ。

給も安定しており（近年は原油価格に連動）、発電効率の良さ、運転の容易さで上回るLNG火力が2008年には34.4％とトップの座につく。60年代後半の国内炭に替わって、輸入炭を用いた石炭火力も着実に発電量を増やしてきており、08年には18.2％のシェアになっている。

水力発電は1965年の39.3％から、73年には15.5％、08年は7.0％とシェアは小さいものの、発電量は安定している。実は現在、最も発電コストが低いのは戦前から戦後初期に建設されたダム式水力発電である。従って、量的には小さいとはいえ、電力企業は既得の発電用の豊水水利権を手放すことはない。渇水時の水利調整では、都市用水との兼ね合いが生じることもある。

エネルギー供給のフローの中で、石油や石炭、天然ガスはまず1次エネルギー源となっている。電力は、重油や石炭を電気に変換してから輸送、消費されるので、石油・石炭・ガス製品などとともに、2次エネルギーとされる。1次エ

ネルギーに対する2次エネルギーの電力の比率を「電力化率」という。日本では最終エネルギー消費に占めるこの電力化率は約25％で、他の先進諸国は20％前後であるのと比較して高くなっている。産業構造や生活様式の影響もあるが、スイッチを入れてすぐ使える電気製品、深夜電力の割り引き、「オール電化」でのキッチンなどへの普及など、電気需要を喚起してきたことも働いている。

火力と原子力は発生した蒸気でタービンを回して発電するという点は同じであり、変換効率は原発で30％、石油・石炭火力で40％強、最新鋭のLNGのコンバインド発電（ガスタービンと蒸気タービンを組み合わせる）では50％以上の効率となるが、残りは廃熱となって、日本では温排水となって海水に影響を与える。

原子力については、艦船で直接使われるのを別にすれば、電気エネルギーとしてしか用途はない。一次エネルギー供給では約10％、電力でみるとその3分の1を原子力発電によってまかなってきた。ただし、原子力発電所の出力調整は難しいので、原発はベース電源として用いられて、石油・石炭火力や水力発電を季節的、時間的な需要変動に対応させている。さらに原発の夜間電力の余剰電力を利用して、揚水式発電所では下貯水池から上貯水池に汲み上げ、需要が増える昼間に再び落差を利用して発電が行われている。この揚水式発電所も、原発の立地が困難になるとともに建設が中止されている。

電気事業の規制緩和によって、発電部門での独立電気卸売事業（IPP、1995年以降）への参入や、特定規模電気事業者（PPS）の小売部門での特別高圧や大口高圧の需要家への参入・入札（2000年以降）がまだ一部ではあるが進んでいる[4]。コジェネレーション（熱電併供給）やマイクロ水力など、小規模分散的な発電事業も始められ、大型発電所群の集中立地と広域的な垂直統合方式とは別のあり方が生まれている。

(3) 循環型社会に反した原子力発電

広島、長崎への原爆投下の後、戦後は米ソなどの核兵器開発競争が激化した。アメリカは軍事用から民生用への原子力の転用をはかって、原子力の平和利用（Atoms for Peace, 1953年）を宣言する。日本は最初のイギリスのコールダーホー

ル炉（黒鉛型）導入の失敗などの紆余曲折を経て、アメリカから軽水炉の導入に乗り出した。軽水減速・軽水冷却のこの方式には、加圧水型（PWR）と沸騰水型（BWR）の二種類があり、東京電力などはGE～東芝・日立グループから沸騰水型を、関西電力などはウェスチングハウス～三菱電機（前社の原発事業は、現在は東芝の傘下）から加圧水型を導入してきた。

原油価格が高騰したのに対して、原子力発電単体では設備投資額（100万kWh級で3,000億円程度）は大きいが、燃料費（濃縮ウラン）は低いので、稼働率が安定していれば石油火力よりも安価だと電力会社や政府は主張してきた。しかし、原発は事故や災害の頻発によって稼働率はこれまでも低下しており（80％の想定が60％を切る）、夜間電力を利用する揚水式発電との結合生産コストを計算に参入し、原発立地地域への補償費用（電源立地交付金や電力企業からの補助金）、さらに廃炉・廃棄物処理（バックエンド）や大事故時のコストを加えると、安価とはとてもいえない（室田，1996；大島，2010）。

日本はウランはいずれにしても輸入されるが、原子炉でU_{235}のように核分裂の連鎖反応を引き起すものだけではなく、U_{238}をプルトニウム（P_{239}）に転換して、使用済み燃料を再処理することで残存ウランとプルトニウムを抽出し、原子炉で再利用する核燃料リサイクルが確立すれば、「準国産エネルギー」として位置づけることができるとして開発を続けてきた。

高速増殖炉は国際的にも開発が難航して、他の諸国はすべて中止したにも拘らず、日本のみは原型炉の「もんじゅ」の建設まで進めた。「もんじゅ」には1兆円近い開発費が投入されているものの、度重なる事故の結果、稼働するに至っていない。これまでイギリスとフランスに、日本のみが使用済み燃料の再処理を委託して、プルトニウムを引き取ってきた。また、東海村JCOの再処理工場での事故、青森県六ヶ所村での再処理工場の遅れ、さらには最終的な核廃棄物処分の可能性の欠如、と問題の解決の見通しがまったくたってない。国内の原発には、処理できない使用済み燃料が大量に中間貯蔵されたままとなっている。最終処分の見通しがない以上、原子力発電は持続可能な循環型社会にはそぐわないものでしかない（長谷川，2011）。

6. ポスト石油・原子力の時代へ

(1) ソフト・エネルギー・パスとは

　石油危機の直後、エネルギー政策の根本的な転換を提起したものとして、エイモリー・ロビンズ（1979）の「ソフト・エネルギー・パス」がある。ロビンズは、将来もエネルギー需要は増加すること、石油供給は頭打ちになること、エネルギー不足を埋めるためには原子力や石炭の石油代替エネルギーを開発すべきである、といった従来型の発想を「ハード・パス」と呼び、それには、核拡散の恐れ、廃棄物の処理、中央集権的な管理指向などの問題があると批判する。これに対するオールタナティブとして提起されるのが、太陽熱、風力などの再生可能エネルギーを中心におき、需給ギャップに対しては供給増ではなくて、抑制型の需要管理を進めて、環境破壊が少なく、核拡散の危険も少ない、分散管理型の社会を指向する。

　エネルギーの需要予測の手法で過去の成長のトレンドから回帰式を延長するやり方は、GDP成長率とエネルギー消費率の弾力性が石油危機後に低下したことから誤りであったことがわかる（図6-4）。価格が上昇すれば、需要の減少やエネルギー節約的な技術進歩を促すだろう。日本でも第1次石油危機後の企業による徹底した合理化の中で、省エネが進んだ。しかし運輸や業務用・家庭用の需要の伸びや、さらには電力需要の面でも、エネルギー価格、とりわけ石油製品価格の変動を、短期的には必ずしも敏感に反映していない。所得の成長率は高度成長期より低下したとはいえ、物質的に豊かな社会に慣れ親しんでしまい、ガソリンや電気料金の変化への反応が鈍くなっていたといわれてもしかたがないだろう。しかし、東日本大震災と福島第1原発事故の後に、電力需給の逼迫を予測して、徹底した節電が呼びかけられると、2011年の夏には10％以上もの電力のピーク需要の抑制が実現された。価格メカニズムよりは、業務や生活のスタイルの慣行の見直しによって需要抑制は可能だったのである。

(2) サステナビリティとコンパクト・シティ

　「環境と開発に関する世界委員会（ブルントラント委員会）」は"sustainable development"を「将来の世代のニーズを満たす能力を損なうことなく、今日の世代のニーズを満たすような開発」（世代間公平）として提起した。sustainable

とは、資源の枯渇や環境の破壊によって破滅に落ち込むことがないように「支え続けることができる」という意味である。地球上の現在の世代が、枯渇性の化石資源の資源を減少させていき、同時に石炭・石油の消費による CO_2 の排出を通じて地球環境の温暖化の恐れを招くことがないように、という意味ではまさに、エネルギー資源の問題は地球環境問題と直結している。原発のように最終的な処理が不可能な核廃棄物を増やして、将来の世代に超長期的な負の遺産を残すことはこの原則にまったく反する。

　エネルギー資源の枯渇を先延ばしするためだけではなく、CO_2 の排出削減の側面からも石油・石炭の消費抑制は強く求められている。第3回気候変動枠組条約締約国会議における京都議定書（1997年）では、前述のように1990年比で2010年の CO_2 削減を6％とする目標値が定められていたが、図6-4に示したようにこの間、日本の CO_2 排出量は増加している。日本が低炭素化の「切り札」として原子力発電を推進して、太陽光発電利用の補助金を切り下げるなど、再生可能エネルギーの政策から後退してきたのは、明らかに政策転換を誤っていたといえる。民主党政権はようやく、2020年までの25％削減の目標を掲げた（2011年）。

　資源と温暖化問題によるサステナビリティを基本原則として、石油を消費する車社会への依存からの脱却と、都市構造の転換を掲げて"compact city"がヨーロッパでは目指されてきた。"sustainable city"とは、「歩いたり、自転車に乗ったり、効率的な公共交通に適しており、また社会的な交流を促すようなコンパクトさをもった形と大きさ」の都市のあり方である（海道、2001）。経済や社会だけではなく、文化や西洋的なライフスタイル全般にまで視野が広げられる。

(3) エネルギー経済の市場、制度、政策

　近現代のエネルギー資源問題をもう一度振返って、エネルギー経済をめぐる論点を整理してみる。

　第一に、エネルギー部門の経済では、市場経済のメカニズムの中で需給と価格が自動調整的に機能すると考えるのは非現実的だろう。19世紀の石炭の時代から化石資源の枯渇問題が取りざたされたように、成長や需要の増加に対して、自然的、技術的、市場的な制約のもとで、需給の短期的な不均衡や、需要の価格弾力性の欠如、相対的な優位性（レント）、エネルギーの代替性などが絶えず問わ

れてきた。最近の原油市場のように、グローバルな金融市場と連動した投機的な価格形成が行われるようになると、狭義のエネルギー資源市場の問題の枠を越えた不安定性を抱えるようになっている。

こうした市場機能の不安定性や限界と併せて、原油価格の変動にみるように、石油メジャーの独占や、産油国の資源ナショナリズム、先進諸国の石油代替エネルギー政策やグローバルな地球温暖化対策など、各種のプレイヤーが果たしてきた役割についての政治経済学的な視点を欠かすことが出来ない。市場経済に移行して世界最大の産油国となっているロシアや、急激な経済成長の下でエネルギー需要も伸びている中国など、新たな有力国もここに登場している。

一方で、法的な枠組みの下で規制されてきた、石油産業や電力産業における規制緩和は、企業の側での自主的な対応を促すとともに、発電や供給側での市場への参入と競争を招いている。電気料金における総括原価主義のように、コスト上乗せ的な価格形成を容認してきた制度が、原発を含めた過剰な発電能力の保持、地元対策などの補助金のバラマキをもたらしていた。競争と規制のバランスのとれた制度の設計を、それぞれの国での制度・慣行とその見直しのなかで再構築していくことが求められるだろう。

第二に、石油、石炭や水力発電でも、資源の乱掘や放棄、鉱害問題、大気や海洋の汚染、河川水利の紛争など、社会的費用、ないしは外部不経済の問題が様々なかたちで発生してきた。予防や補償の費用[5]、調査や協議、訴訟、対策の実施などをめぐっては膨大な時間とコストを要してきた。企業による費用負担として内部化されるものだけではなく、政府の補償（税金の投入）、住民の生活困難のかたちで残ってきた問題もあろう。一方、住民の運動や政府の規制に対して、企業が適切な環境対策を講じることができれば、結果的に技術進歩や新たな市場の開発に繋がっていく面もある。ここでも社会的費用を、エネルギー産業の存立のあり方のベースに組み入れた上での分析と政策が求められる。

第三に、政府のエネルギー政策がどのような方向をめざすのかという大きな課題がある。これまでの日本は、経済成長とエネルギー需要の増加を当然の前提として、各次のエネルギー需要見通し、電源開発促進計画、原子力政策を講じてきた。ロビンズが批判したように、こうした需要予測の方法は現実とも乖離してきたし、需要抑制管理の視点が欠如してきた。

CO_2 の排出削減を外部変数の前提条件としてようやく、化石エネルギーの消費抑制と再生エネルギーへの転換が不可欠と考えられるようになった。福島第1原発事故以降の企業や家計による大幅な節電による対応の実現が、原発が稼働していなくても電力供給が賄えるという実態を示した。需要の価格弾力性というよりも、消費の慣習性が、危機的な事態を契機として変化したというべきであろう。自然再生エネルギーの固定価格引き取り制度では、短期的には化石エネルギーより高コストであっても、風力、太陽光発電などの設備の普及と技術革新の中で、長期的な費用の低下と、持続可能性に繋がっていく（飯田，2011）。このように市場を補完するオールタナティブな政策形成が、エネルギー産業システムとしては可能性を秘めている。

原発の非常に高いリスクや、地球温暖化問題における低炭素化計画の側面では、不確実性が予想されるとしても予防的な考え方が優先されなければならない。自然再生エネルギーの導入や、需要管理政策、コンパクト・シティ政策においても、その効果については議論はあるだろうが、サステナビリティを原則とするところから出発して、できるところから政策的に先行しながら対策を講じていくべきではないだろうか。

注
1) 水力発電も自然エネルギーの一つとしてあげられることがあるが、ダム建設による環境破壊と、農業用水や木材流送業との対立の歴史も忘れてはならない。電力産業の歴史については、各地方の電力産業史を執筆してきた橘川（2004）が詳しいが、この負の側面が語られていないのは残念である。
2) 富樫（1986）はアルミニウム製錬について電力コストと立地変動の点から分析している。石油・石炭火力に依存していたこの産業は、国内ではほとんど閉鎖されて、国内で唯一、残っている日本軽金属蒲原工場は、富士川の直流式の発電所が確保できたからである。日本発送電への統合の際に、水力発電とアルミニウム製錬を一体的に経営していた場合でも、発電所を統合されて自家発電のメリットを喪失していた工場もある。
3) 小堀（2011）は戦後日本のエネルギー革命について、熱効率論の他に、港湾整備や公害対策の面を含めて多面的に論じている。脱硫装置から回収された硫黄が製品化さ

れたため、今度は国内の硫黄鉱山が閉鎖されることにもつながった。
4) 石油コンビナートでも、遊休用地や設備の活用のために、発電事業に参入するケースが出てきている。四日市でも、特定規模電気事業（PPS）のダイヤモンドパワー（三菱商事系）や、コスモ石油の残渣油を活用した IPP がある（富樫, 2007）。国立大学法人の岐阜大学でも、ダイヤモンドパワーや三峰（みぶ）川電力（伊那市、丸紅系）から入札で購入していた場合がある。
5) 例えば、環境経済学で用いられる仮想評価法（CVM）は、エクソンのアラスカ沖でのタンカー事故（1989 年）による海洋汚染を、経済的にどのように評価するのかという事件がきっかけとなった。

参考文献

甘利重治・山岡博士・河村幹夫（2007）：『石油価格はどう決まるか－石油市場のすべて』時事通信出版社.
飯田哲也（2011）：『エネルギー進化論：「第 4 の革命」が日本を変える』筑摩書房.
植草　益編（1994）：『講座・公的規制と産業① 　電力』NTT 出版.
植草　益編（2004）：『日本の産業システム 1　エネルギー産業の変革』NTT 出版.
大島堅一（2010）：『再生可能エネルギーの政治経済学』東洋経済新報社.
海道清信（2001）：『コンパクトシティ－持続可能な社会の都市像を求めて』学芸出版社.
橘川武郎（2004）：『日本電力業発展のダイナミズム』名古屋大学出版会.
小堀　聡（2011）：『日本のエネルギー革命－資源小国の近現代』名古屋大学出版会.
品田光春（1999）：企業勃興期の新潟県における石油会社の立地と鉱区所有からみた地域間関係,『季刊地理学』: 52-1.
島西智輝（2011）：『日本石炭産業の戦後史－市場構造変化と企業行動』慶應義塾大学出版会.
清水修二（2011）：『原発になお地域の未来を託せるか？ 　福島原発事故　利益誘導システムの破綻と地域再生への道』自治体研究社.
瀬木耿太郎（1988）：『石油を支配する者』岩波新書.
富樫幸一（1986）：戦後日本のアルミニウム製錬工業の立地変動と地域開発政策,『経済地理学年報』30-1 : 52-65.
富樫幸一（2007）：コンビナート企業の戦略と四日市臨海部の再編,（所収　宮本憲一監修，遠藤宏一・岡田知弘・除本理史編著『環境再生のまちづくり－四日市から考える政策提言』ミネルヴァ書房）.

西野寿章（1988）：国家管理以前における電気事業の性格と地域との対応－中部地方を事例として，『人文地理』40-6：24-48.
長谷川公一（2011）：『脱原子力社会の選択　増補版』新曜社.
室田　武（1993）：『電力自由化の経済学』JICC出版局.
矢田俊文（1975）：『日本の石炭産業－その崩壊と資源放棄』新評論.
矢田俊文（1981-2）：石油資源論①～④，『地域』第6～8，10号.
山川充夫（2012）：エネルギー政策の転換と地域経済，『地理』57-1.
吉田文和（2011）:『グリーン・エコノミー－脱原発と温暖化対策の経済学』中央公論新社.
Jevons, W.S. (1865): *The Coal Question – an inquiry concerning the progress of nation, and the probable exhaustion of our coal-mines*, London: Macmillan.
Lovins, A. (1977): *Soft Energy Paths: towards a durable peace*, London: Harpercollins. ロビンズ，A.（1979）『ソフト・エネルギー・パス－永続的平和への道』時事通信社.
Massarrat, M. (1980): *Weltenergieproduktion und Neuordnung der Weltwirtschaft*, Frankfurt/Main: Campus-Verlag. マサラート，M. 著，村岡俊三・佐藤秀夫訳（1985）：『エネルギーの政治経済学』有斐閣.
Mill, J.S. (1848): *Principles of Political Economy*, London: John W. Parker. ミル，J.S. 著，末永茂喜訳（1959-63）：『経済学原理』岩波書店.
Sampson, A. (1975): *The Seven Sisters: The great oil companies & the world they shaped*, New York: Viking Books. サンプソン，A. 著，大原　進・青木榮一訳（1984）：『セブン・シスターズ－不滅の国際石油資本（上・下）』講談社.
Wrigley, E.A. (1988): *Continuity, Chance and Change: the character of the industrial revolution in England*, Cambridge: Cambridge University Press. リグリィ，E.A. 著，近藤正臣訳（1992）：『エネルギーと産業革命－連続性・偶然性・変化』同文館.

第7章　資源問題と廃棄物問題

1．問題の所在

　わが国はかつてジパングと呼ばれたこともあったように、豊富な鉱物資源を産出してきた。しかし戦後の産業構造の変化を伴った経済成長に従い、国内鉱山の大半は閉山となり、現在では鉱物資源のほとんどを輸入に依存する生産構造となっている。

　鉱物資源は一般に枯渇するという特徴を持つゆえ、その安定供給は古くから問題視されてきた。とくに今世紀に入ってからのBRICs諸国に代表される新興国の経済成長は、旺盛な鉱物資源の生産と消費に支えられている。そして現在成長の核となっているこれらの国々の多くが、世界の鉱物資源の生産シェアの多くを占める資源生産国にもなっている。しかし同時に発展途上であるゆえに、資源の濫掘や鉱山開発に伴う環境破壊等、多くの問題を抱えている。

　本章では現代日本における、枯渇性資源の側面を多面に持つ鉱物資源の調達とそのリサイクルを中心に、環境問題とりわけ廃棄物問題との関連づけながら検討を行う。資源の枯渇性という問題に対して、リサイクルをはじめとするいわゆる「3R」が、一つの処方箋としての役割が期待されてきたからである。たとえば、貴金属や鉄スクラップなどは古くから人間の経済社会において再使用（リユース）や再生利用（リサイクル）が行われていた。しかし、バブル崩壊後の1990年代以降は廃棄物問題の対応策として、リサイクルに代表される「3R」政策が登場する。

　ここで便宜上金属性の鉱物資源を、鉄、ベースメタル、貴金属、レアメタルの4種類に分けて議論を進める。まずベースメタルとは、非鉄金属のうち銅、鉛、亜鉛、アルミニウム等を指し、貴金属、レアメタル等と比べると豊富な埋蔵量を

持ち、古くから人間の歴史において多く使用されている金属の総称とする。鉄とこれらベースメタルは産業の物質基盤であると言ってもよい。一方、貴金属とは金・銀等、古くから宝飾用として用いられてきたもののほか、近年では、白金属（PGM）のように自動車排気ガス触媒に欠かせない物質として用いられているものもある。一方、レアメタルは今世紀に入ってから急激にその経済的重要性が認識されるようになった希少金属である。

　回収流通ルートが確立している金、白金、パラジウム、銀などの貴金属は既にその再使用が相当進んでいる。金の場合、年間産出量の約20%は回収金である。金消費量のうち退蔵、装飾用が80%、工業・医療用が20%であると推定されていることから、退蔵・宝飾を除く金は、ほぼ再使用されていることになる（日刊市況通信社，2011，pp.77-78）。このように金の回収は事業として成立する。現存する国内金属鉱山として鹿児島県の菱刈鉱山がある。同鉱山は、昭和50年代にリモートセンシング探査をはじめとする最新鋭の探査技術を駆使しつつ新規開発されたもので、1985年より住友金属鉱山による採鉱が開始された。同鉱山の金鉱石は世界最高水準の高品位である点でも有名である。しかし基本的には日本は国内鉱山資源をほぼすべて放棄し、以上のような貴金属の場合は例外として、鉱物資源の開発と取引は総合商社のコーディネートによる自由貿易体制の下で輸入確保されている（田中，2012）。鉄鉱石に関しては、主としてブラジル、豪州から、銅鉱石はチリ、ペルー等からの輸入に依存し、国内鉱山や臨海精錬所に隣接設置されている既存インフラストラクチュアを改良しながら、高品位鉱物資源の精錬および関連事業を行っている。

　また、プラスチックをはじめとする石油製品も、使用済後は熱エネルギー源としてのサーマルリサイクル（リカバリー）や、鉄鋼業での還元剤として活用されるような事例も出てきた。（PETボトルの場合は、PETボトルの原材料に原料リサイクルするボトル・トゥ・ボトルのリサイクル技術も開発されている。）

　21世紀に入り、環境問題が人類共通の大きな政策課題であることがますます広く認識されるに至り、資源開発にあたっては、汚染の制御と再生可能性資源の開発という問題が改めて注目を浴びつつある。さらに日本では2011年3月に発生した東日本大震災により、原子力発電施設の安全対策や、核廃棄物処理技術がまったく未熟であることが露見した。震災廃棄物の処理・リサイクルに関してだ

けとっても、課題は山積している。

2．持続可能な発展と枯渇性資源・再生可能資源

ところで日本の環境政策は1992年のリオサミット以来、「持続可能な開発（発展）：Sustainable Development」という政策公準のなかで進められている。そしてその中でも、とくに重点的に意識されて推進された政策は2005年前後までは「廃棄物問題」と「地球温暖化問題」の二つであると言ってよい。（2010年が国連の生物多様性年であり、同年10月には名古屋市で国際会議が開催されたこともあり、医薬品資源、食料資源、バイオ兵器等としての側面をも持つ「生物資源」の重要性も徐々にではあるが確実に認識されるようになっている。このような背景もあって従来の『環境白書』に加えて、2001年から『循環型社会白書』が刊行されるようになり、さらに2009年からは『環境白書・循環型白書・生物多様性白書』の合冊が刊行されている。）

ところでこの「持続可能な開発」は1987年国連の「環境と開発に関する世界委員会（通称：ブルントラント委員会）」の報告書で使われてから広く流布し始めた概念である。ここでは「将来世代がそのニーズを充たす能力を損なうことなく、現在世代のニーズをも満たす社会」であると定義されている。この概念が強調しているのは資源の有限性の認識の下、現在地球上で生活する世代内の開発と富の分配（南北問題に代表される同一世代の格差問題）のみならず、現代の世代と将来の世代とが衡平に発展する世代間にわたっての衡平の重要性である。つまり、ここで目指すべきとされている「持続可能な社会」では、将来世代を見通した資源・環境の持続的確保と自然界との共生が求められている。

そのような目指すべき「持続可能な社会」における資源開発の在り方として影響を与えた著作は、オイルショックの時期とほぼ同時に世界的ベストセラーとなったローマ・クラブの『成長の限界』のほか、ジョージェスク＝レーゲンのエントロピー経済学が有名であるが、環境政策上少なからぬ影響を与えたものとして、ハーマン・デーリー（Herman Daly）の3原則が著名である。その3原則を以下列挙すると、①「再生可能な資源」の持続可能な利用の速度は、その供給源の再生速度を超えてはならない、②「再生不可能な資源」の持続可能な利用の速

度は、持続可能なペースで利用する再生可能な資源へ転換する速度を超えてはならない、③「汚染物質」の持続可能な排出速度は、環境がそうした汚染物質を循環し、吸収し、無害化できる速度を超えてはならない、(Daly, 1996, 新田ほか訳, 2005, pp.45-53) というものである。

このような流れの中、とくに地球サミットの1992年がターニングポイントとなり、わが国においても資源制約や環境負荷の少ない新エネルギーの開発および導入が、学際的かつ理論的に模索され始めたと考えられる。ところで2009年に設立された国際再生可能エネルギー機関（IRENA）では、再生可能エネルギーを「再生することが可能な資源から持続可能な方法で生産されるあらゆる形態のエネルギーである」とし、とくに以下のものを列挙している。1. バイオエネルギー、2. 地熱エネルギー、3. 水力電気、4. 海洋エネルギー（とくに潮汐エネルギー、波エネルギーおよび海洋温度差エネルギーを含む）、5. 太陽光エネルギー、6. 風力エネルギー。また日本では「新エネルギー」という用語を用い、再生可能エネルギーをこの範疇に含んで捉える見方もある。日本政府は2008年現在「新エネルギー」として、1. 太陽光発電、2. 太陽熱利用、3. 風力発電、4. 雪氷熱利用、5. バイオマス燃料製造、6. バイオマス発電、7. バイオマス熱利用、8. 塩分濃度差発電、9. 海洋温度差発電、10. 地熱発電のほか、11. 1,000 kWh以下の中小規模水力発電をも含めた11例を挙げている。その結果、化石燃料由来の廃棄物発電、熱利用、燃料製造は省エネルギーの一手法と位置づけられ、現在は新エネルギーの概念から外されている。

世界の再生可能エネルギーは、とくに今世紀に入って毎年十数パーセントの成長率で爆発的に普及している。しかし日本の場合は停滞していると言ってよい。たとえば太陽電池の生産と普及に関しては、日本は21世紀初頭までは世界をリードしていたが、2000年代後半には後発国に次々と追い抜かれている（吉岡, 2011, p.261）。

再生可能エネルギーの開発と普及を考察する上でとくに留意すべき点は、1980年代に入ってからわが国においても公益事業の自由化、規制緩和が徐々に進み始め、その目玉の一つとして電力自由化が登場したことである。まずは1995年の電気事業法改正によって、発電部門への新規参入の拡大、電力小売り販売事業の事実的解禁、料金規制の改善と緩和（料金メニューの設定を許可制から届け出へ

改める等）が実施された。

　再生エネルギー普及方策として主として世界的に採用されているのは、「固定価格買い取り制度」(Feed in Tariff) と「固定枠買い取り制度」(Renewable Portfolio Standard) の二つがあるが、最近まで日本は後者を採用していた。具体的には2002年の「電気事業による新エネルギー等の利用に関する特別措置法（RPS法）」により、再生可能エネルギーの「固定枠制度」が導入された。しかしその効果は微々たるものであった。問題点としては日本の再生可能電力の普及目標である「新エネルギー等電気利用の目標率」が非常に低いこと、目標を満たさなかった場合の罰金額が低いこと（1社当たり100万円以下）、電気事業者に再生可能電力施設の系統接続の義務を課さなかったこと、規制的要因が少なからずあること（例えば風力発電では、発電に適した風波の地域が限定的なうえ、自然公園内の設置が困難であることなど）等が考えられる。

　飯田は2003年から2008年までを再生可能エネルギーの固定枠制のもとでの暗黒時代と称している。1998年ころまでは段階的に削減しつつも太陽光発電の設置価格補助を行っていた通産省も、徐々に新エネルギー開発に関する指導力を失い、むしろ原子力発電によって化石燃料の使用削減を目指そうという風潮や、政治的に後述する「固定価格買い取り制度」を否定するような審議会運営が行われた（飯田，2011，p.527）。この時期の再生可能エネルギー普及運動は、市民運動や政治家の自然エネルギー促進議員連盟等の活動により漸進的に進められたといえよう。

　2006年から2007年にかけて、原油価格を中心に資源価格が再度急騰する現象が起こり、エネルギー源のベストミックスに関する議論に再び社会的関心が集まった。そして民主党政権下の2009年、RPS法に基づいての再生可能エネルギーの導入促進のため、「固定価格買い取り制度」の導入が決定した。その結果、電気事業者は太陽光発電による電気を一定価格で買い取ることが義務づけられた。しかし、経済産業省を中心に進めてきた「新エネルギー」とは、基本的には石油や石炭に代表される化石燃料の代替エネルギーに過ぎず、再生可能エネルギーの開発・普及をとくに推進させるものではなかった（大島，2010；吉岡，2011）。

　総括すれば1990年代から2011年の東日本大震災発生時までの日本の再生エネルギーを含む新エネルギー政策は、小規模発電施設の分散開発よりも、低炭素社

会という用語を使用しつつ、核融合開発プロジェクトや原子力発電施設等を含む巨大発電の集中に傾斜した経済産業省と電力会社が、その導入に消極的であったことからも、停滞の20年をたどってきたと総括できよう。しかし、この震災を契機にリスク分散の意味でもコミュニティ単位での小規模な再生可能エネルギーを使用した電力供給システムが見直されはじめた。しかし再生可能エネルギーは、既存の化石燃料と比べ価格競争力が弱いものが多い。また太陽光発電や風力発電は、概して稼働率が低く、出力が不安定であるという弱点を持っている。(なお、バイオマスや小水力はこの点は幾分有利である。)これらの問題を背景に、需要変動に応じて一定の電力をコンスタントに供給できるような蓄電池開発の重要性が改めて認識されるようになる。これが後述するレアメタル、レアアースを含む鉱物資源問題とも関連する。そしてこの問題には以下詳述する3R政策が関連する。

3．3R 政策の導入と展開

　わが国においては「循環型社会形成推進基本法」が制定された2000年前後が、環境問題の中で、廃棄物問題に対応した様々な取り組みが産学官民で集中的に進められた時期である。その廃棄物・リサイクル政策展開の契機になったのは、1990年の兵庫県警による摘発で顕在化した「豊島事件」(大川, 2001；藤本, 2011) と、すでに1980年代に表面化してはいたが、1990年代に入ってとくに社会問題視されたダイオキシン問題である。前者は瀬戸内海国立公園内の豊島(香川県、小豆島西方)で発生した産業廃棄物の大量不法投棄事件である。地元を拠点とする産業廃棄物中間処理業者が1970年代後半から主として廃自動車由来とみられるシュレッダーダストや製紙スラッジを野焼きし、10年以上にわたって不適正な埋め立て等の最終処分を行ってきた。数次にわたる住民の抗議や形式的な香川県の介入などを経て警察による摘発があり、操業はようやく停止されたが、大量の有害物質を含んだ50万トンを超える産業廃棄物はそのまま放置された。豊島の住民は1993年に香川県、処理業者、排出業者を相手取って産業廃棄物の撤去などを求める公害調停を国に申し立て、最終的には香川県による撤去(2000年6月)と知事の豊島住民への謝罪で事件は収束する。この事件をきっかけに、

全国各地で産業廃棄物の不法投棄事件が発覚し、とくに政府において最終処分場の立地難解消が重大な社会問題と認識されるようになる（畑・杉本編，2009）。

豊島事件を機に同年に通産省主導で制定されたのが「再生資源の利用の促進に関する法」（旧リサイクル法）である。（この法律は2001年に「資源の有効な利用の促進に関する法律」：通称「資源有効利用促進法」へと改正される。2001年の改正法では、旧リサイクル法から規定されていた事業者による製品の回収・再利用の実施等のリサイクルの強化とともに、製品の省資源化・長寿命化等による廃棄物の発生抑制（リデュース）、回収した製品からの部品の再使用（リユース）の推進のため、10業種69品目について、事業者に対する3Rの取り組みを求めている。つまりこの法律は、規制的な特質よりも産業界による自主取り組みを促す法制度という色彩が強い。）

リサイクル法の成立に遅れること1年、厚生省は翌1991年に「廃棄物処理法」を一部改正し、一部廃棄物に対するマニフェスト制度の導入など処理業務委託に関する部分を中心に規制強化に乗り出す。同時に一般廃棄物処理事業の民営化を国レベルで推進させ、まず生活ごみの中でも容積比が大きな容器、包装および家電製品のリサイクルについて1995年に「容器・包装リサイクル法」、1998年に「家電リサイクル法」が制定された。これらの制定の過程で、廃棄物の排出者責任の徹底と同時に導入されたのが、「拡大生産者責任」（Extended Producer Responsibility）の考え方である。

拡大生産者責任はルンド大学（スウェーデン）のトーマス・リンクヴィスト（Lindhqvist, Thomas）らによって提唱されたもので、低環境負荷型製品促進政策の中心概念となっている（Lindhqvist・東條，2006）。日本では、経済協力開発機構（OECD）の『政府のための拡大生産者責任に関するガイダンスマニュアル』における「製品に対する生産者の、全部もしくは一部において、物理的および（もしくは）財政的責任が製品ライフサイクルのうち使用後の段階にまで拡大される環境政策アプローチ」という定義がしばしば紹介されている。その手法としてOECDマニュアルは、①製品回収要求、②経済的手法、③製品のパフォーマンス基準等をあげている。①は不法投棄等の防止を念頭に置いたもので、生産者に使用済製品の回収を求める政策である。②の具体的な方法としてはデポジット・リファンド制度、前払い処分料金、原材料課税、上流における税・補助金

の組み合わせなどがある。③の製品パフォーマンス基準としては、たとえば製品中に含まれる再生資源の割合についての目標設定などが挙げられる（細田・室田編，2003，p.107；植田・山川編，2010，pp.98〜99）。

拡大生産者責任の考え方は、企業の社会的責任（CSR）戦略の導入も手伝って、国際的に事業展開する大企業から徐々に受容されていった。

またここでいう日本におけるダイオキシン問題とは、とくにごみ焼却場由来のダイオキシン類の有害性の懸念が全国レベルで問題視された社会問題全般を指す。1980年代既にこの問題は一部の研究者によって指摘されてきたが、埼玉県所沢市周辺などで焼却施設の周辺土壌等におけるダイオキシン類の高濃度汚染がマスコミを通じて大々的に報道されたこと、90年代に学会等でダイオキシン類の母乳への影響が報告されたことに一般の関心が集まったこと（本郷，1999）、さらに大阪府豊能郡美化センターの近接地において高濃度の土壌汚染が発覚し、ごみ焼却への社会的不信が高まった。そこで厚生省は1990年にダイオキシン類の漸進的削減を定めた「ダイオキシン類発生防止等ガイドライン」を強化し、1997年より法規制に相当する新ガイドラインに変更した。さらに1999年にはダイオキシン類特別措置法が制定され、その結果2003年のダイオキシン類の推計排出量は1997年比で約95%削減されている。しかしこれらの環境改善のために、ごみ焼却施設を中心とする廃棄物中間処理施設への自治体の財政負担はかなりの割合に上り、財政危機に苦しむ公共セクターにとって廃棄物問題は大きな関心ごととなる。

そのような事情を背景に、廃棄物の広域的な広域処理・リサイクルを可能とする、多廃棄物利用型のリサイクル施設の建設と運営を中核とする「エコタウン事業」が1997年度より経済産業省および環境省によって推進された。この事業の先鞭をつけたのは素材産業不況にあえぐ北九州市であったが（永田等，2008；松永，2004）、その後は鉄鋼、鉱山、石油化学コンビナート等基礎産業の企業城下町的地域を中心に全国各地においてエコタウン事業が認定され、地域の環境ベンチャー企業もこれらの地域を拠点に展開する（関，2009）。とくに1990年代に指定されたエコタウン地域は、旧産炭地域、鉱山地域、鉄鋼・化学等の重化学工業コンビナート地域が多かったことが特徴的である。（例：九州でいえば、北九州市、大牟田市、水俣市等。）（図7-1）

図 7-1　日本におけるエコタウン事業の展開
資料：経済産業省ウェブサイトより。(http://www.meti.go.jp/policy/recycle/main/3r_policy/policy/ecotown.html)（2012 年 2 月 29 日閲覧）

　そして経済産業省、環境省（旧厚生省・環境庁）のみならず、国土交通省、農林水産省等も「環境」をキーワードに様々なインフラストラクチュア整備の推進を試みる。（たとえば国土交通省のエコシティ、リサイクルポート、農林水産省のバイオマスタウン等の整備が挙げられる。）また日本経済における構造的な不況を背景に、様々な NPO 法人の活動が活発化したこともこの時期の特徴である。

なお、豊島事件やダイオキシン問題がきっかけとなり、1990年代は増大する廃棄物の広域処理を前提とした規模の経済を想定したごみ固形燃料（RDF）処理事業の再検討が実施された。また、1970年代のオイルショック時に工業技術院が研究開発を進めた大型ごみ処理プラント「スターダスト'80」以来研究が蓄積されていた「熱分解ガス化溶融施設」等が積極的に導入された時期でもある。RDFとは紙ごみやプラスチック類、生ごみを可燃ごみと一緒に破砕したものに、石灰を混合して乾燥、圧縮する等の加工によってチョーク状の形状に成型・固化したものである。これは主として発電施設等の大型ボイラーの燃料として利用されており、自治体による製造・燃料利用が中心となっている。しかし、全国各地のRDF発電施設は、初期段階から様々なトラブルに見舞われた。代表的な例としては2002年から2005年にかけて生じた大牟田エコタウンRDF発電施設の相次ぐトラブルによる運転停止や、貯蔵サイロ等での発火事故および焼却灰処理のコスト高の問題（山本・西澤・増田，2006）、2003年の三重県のRDF発電施設での爆発事故（畑・杉本，2009）、御殿場市・小山町広域行政組合のRDF製造施設の非採算性を訴えた裁判等がある。実際にこれらの技術と処理事業は、一般には、規模の経済を利用する（一定量の廃棄物処理量がなければ当該事業が経済的に推進できなくなるという）大量廃棄システムを前提としたものになっている。とくにRDF発電事業ともなれば、電力というエネルギー源に求められている要素としての「安定供給」という側面を十分に考慮すれば、本来減量というベクトルであるべき「廃棄物」による発電「事業」は、補助的部分的に活用すべきものであり、「推進」すべきものではない。

　ところで、今世紀に入ってから原油価格を中心とする資源価格の高騰を背景に、RDFとは別に主として事業所から分別回収された高品質の（不純物の少ない）廃プラスチックや紙ごみだけを選別して固形燃料としたRPFの利用が進んだ。製紙メーカーやセメント工場では、基本的にはPVC（塩素分を含むプラスチック類）が含まれないRPFを積極的に採用する例も出始め、建築廃材や木屑、繊維くずのRPF化も行われている。

　また製品や都市インフラの整備において環境配慮型設計の重要性が「エコデザイン」の名の下で浸透し始める。その内容も90年代前半は、使用済製品の「リサイクルしやすい設計」（取り外し、部品あるいは素材として再生利用しやすい

設計）に強調点があったのが、2000年代に入ってからは、リピーター顧客の確保という戦略上、製品の使用時のエネルギー効率がよいこと（製品の寿命を延ばすアップグレード性）を武器に、新たなビジネスモデルが登場した。たとえばパソコンやスマートフォンに代表されるように、製品アップグレードにより、当該製品の物理上の製品寿命は伸びても、社会経済上の製品寿命は短くなるという現象が生じ、その結果絶え間のない新製品の開発と改良、そして旧製品の大量リサイクルシステムが依然として作用しているのである。2011年の地デジ放送完全移行による既存アナログテレビの大量廃棄、大量リサイクルも、このようなアイロニカルな社会現象ともいえよう。

この時期の「リサイクル推進キャンペーン」に関しては、武田邦彦（化学工学）が経済的に成り立たないリサイクルを社会的に推進することの問題点を指摘した。これに対して若干の論争が関係する研究者間にも生じたが、当時の環境・安全問題の政策ブレインだった安井　至（材料工学）等は、短期的・長期的な戦略解は別として、フレキシビリティのあるリサイクルシステム、競争力のある産業技術を育成するリサイクルシステムの重要性を指摘し、一定のリサイクルインフラストラクチャーの整備を肯定的に評価している（武田，2000；安井，2003）。

4．循環資源の国際移動

ところで冷戦の崩壊、BRICs諸国の経済成長とともに、経済のグローバル化が着実に進む中、日本は少子高齢化社会、慢性的なデフレ状態に突入した。また、あらゆる生産要素の自由な取引を積極的かつ肯定的に捉える市場感が政策にも反映されるようになり、90年代には廃棄物扱いされていたような循環資源が、リサイクル関連ビジネスの進展も手伝って急激に市場性を帯び始め、とくに中古車をはじめ、古紙・鉄スクラップ等の循環資源の海外への移動が顕著となる。たとえば古紙の輸出が本格化したのは、2001年に中国製紙産業の生産が本格的に開始されたことに伴い、比較的高品質の日本産の古紙が、中国を中心に周辺途上国へと輸出されるようになったことに端を発する。2009年の日本からの古紙輸出量は過去最大の4,914万t程度にまで上昇した（2010年は4,374万t、古紙回収センター調べ）。

(1) 鉄スクラップ

　鉄鋼製品の生産にあたっては、鉄鉱石を還元する製銑というプロセスを経て生産される銑鉄とともに、鉄スクラップが重要な原材料として使用されている。なお日本における 2010 年の鉄源消費の内訳は、銑鉄 8,280 万 t、鉄スクラップ 4,551 万 t であり、製鋼用に限ってみれば、鉄スクラップの使用比率は 32.1％と無視できぬ比率である。なお鉄スクラップは全体の大部分である 85.7％が製鋼用に使用されているが、鋳物用にも 13.2％が、そのほかの窯業・化成用等にも 1.1％が消費されている。

　日本の粗鋼生産量の対世界シェアは 1973 年に 17.1％に達した後、長期的には低落してきている。生産地域は、日米欧露から徐々に世界各地に拡大しており、中国の粗鋼生産量が 1996 年から連続して世界一である。さらにインド、韓国などのアジア地域の台頭が目立つ。もともと世界最大の鉄鉱石、石炭生産国でもあった中国であるが、自国産の石炭、鉄鉱石よりもより高品質の原材料の輸入量が増加していることは注目できよう。総括して言えば 21 世紀にはいって鉄鉱石産出国の主要なマーケットは、日本から中国を中心としたアジア諸国へとシフトしてきている。

　鉄鉱石の生産量は、①中国、②豪州、③ブラジル、④インド、⑤ロシア、⑥ウクライナ、⑦アメリカ合衆国、⑧南アフリカ共和国となっている。注目すべきは 1995 年には上位 7 社で 50％といった寡占市場であった鉄鉱石のマーケットが、2008 年には 3 大資源メジャーと呼ばれるヴァーレ、BHP ビリトン、リオ・ティントの 3 企業による寡占市場に再編成されたことである。一方、鉄鉱石のバイヤーである製鋼メーカーも TOB を中心とした国際的な寡占化が進み、世界第 1 位と第 2 位の合併を基本としたアルセロール・ミタル社が誕生した。日本でも、川崎製鐵と日本鋼管が合併した JFE スチールが誕生したが、さらに 2012 年には日本第 1 位の新日本製鐵と第 3 位の住友金属工業の合併が決定している。同社は生産規模で 1 位のアルセロール・ミタルに次ぐ世界 2 位の巨大メーカーとなる予定である。

　1980 年代中頃の円高不況における設備の休・廃止とその後のバブル景気における需要の高まりなどを経て、とくにプラザ合意から円高不況の 1985 年ごろから、鉄スクラップはそれまでの「絶対的窮乏」の時代からむしろ余剰の時代へと

移っていく。その結果1980年代後半から主として韓国向けに鉄スクラップを輸出するアプローチが始まった。1990年代前半のバブル期には一時的に高値が高値を呼ぶ空前の建築ブームもあって、国内電炉設備の増設が相次いだが、バブル経済の崩壊、さらには1997年のアジア経済危機の到来とともに、1998年から今世紀初めにかけて電炉産業は冬の時代を迎え、鉄スクラップの輸出ビジネスが本格的に検討されるようになる。そしてそれが本格化するのが2001年以降と考えてよい。

ところで、日本からの鉄スクラップの輸出は、中国、韓国、台湾の順に多く、これらの国々で2009年現在全体の約93％を占めている。鉄スクラップの流通は国際市況に大きく左右されやすく、鉄スクラップを取り扱う各商社は、国内の電炉メーカー等に売却するか、輸出するかを、基本的にはその時々の市況に応じる経済原則に基づいて判断している。

図7-2に2009年暦の世界の鉄スクラップの流通フローを記した。ここで見ら

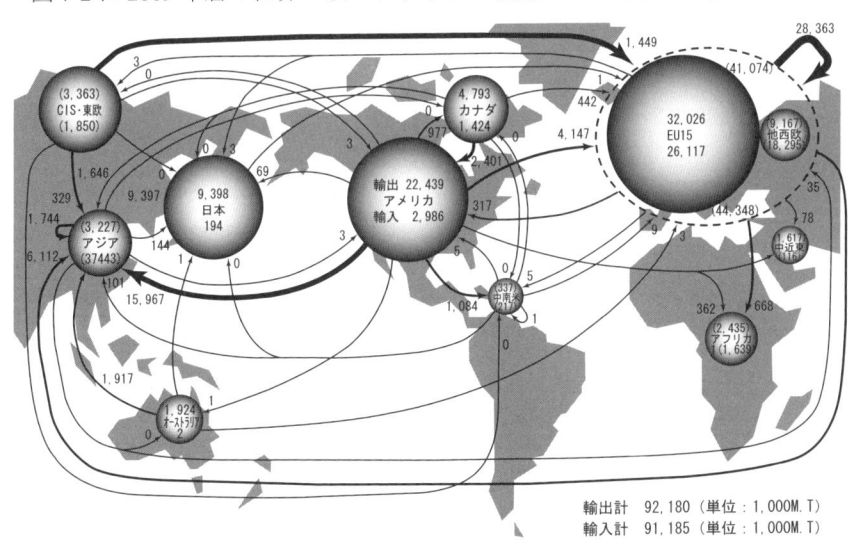

[出所]ISSB『International Steel Statistics』、『Steel Statistical Yearbook』
1) 流通量は判明分のみ（1,000 t未満は除く）。西欧はEU15とその他西欧の計を表示。
2) 円の大きさは輸出量を基準とした。上段：輸出、下段：輸入。
3) （ ）内はWSAデータ

図7-2 世界の鉄スクラップ流通フロー（2009暦年）

資料：日本鉄源協会（2011）：『鉄源年報』22より。日本鉄リサイクル協会のウェブサイトにても閲覧可能（http://www.jisri.or.jp/recycle/recycle01_04_pop.html）（2012年2月29日閲覧）。

れるように日本はアメリカに次ぐ第2位の鉄スクラップ輸出国にまでなっている。

(2) 銅および関連スクラップ

次にベースメタルの代表例として、銅および関連スクラップについて考察する。銅は、高い電気伝導性、熱伝導性のほか、耐食性が強いこと、混合により多様な合金として優れた特性を持ちうること等から、電線、各種電子・電気機器、合金等、貴重な資源として用いられている。

国内銅山は1970年代以降閉山が本格化し、1994年度を最後に国内鉱石を原料とした電気銅の生産は行われていない。2010年現在、電気銅生産の大半は、三菱マテリアル(株)、三井金属鉱業(株)、住友金属鉱山(株)、JX日鉱金属(株)、DOWAメタルマイン(株)、古河金属(株)の大手6社によって寡占的に行われている。日本において2009年度に生産された電気銅の原材料は、海外鉱石が129.8万t、国内スクラップ19.3万tであった。同年の銅鉱石の世界生産量は1,580万tで、可採年数は35年であると言われている、鉱石の生産の内訳はチリが34.1%、以下ペルー8.1%、アメリカ7.6%、インドネシア6.1%、中国6.1%という順番になっている。銅鉱石の資源企業の寡占度は鉄鉱石の場合に比べては小さいがBHPビリトン、アングロ・アメリカ、リオ・ティントの上位3社で27.8%が占められている。

電気銅の需要先は、電線を中心に内需が全体の6割、残りの4割は輸出されている。銅のリサイクルにおいては、電線リサイクルが大きな役割を果たしてきた。歴史的には1960年代半ばまで被覆電線を対象とする電線リサイクル事業は、いわゆる鉄スクラップの原料問屋が扱い、電線・伸銅・非鉄・鋳物・鉱山など各需要先に納入してきた。この時期には電線・ケーブルの剥離機も開発され始めたが、おおかたは夜間から夜明けにかけて河川敷や山中での「野焼き」によって、リサイクル材が「生産」された。しかし、被覆材のPVC樹脂焼却の手法等の環境負荷が問題視されるようになり、消防法も改正され、このような処理方法は次第に姿を消すようになった。そこで被覆電線を粉砕機で裁断する各種のナゲット機が1960年代後半から開発され、1980年代には普及し始めたが、1997年ごろから始まった銅スクラップの中国への輸出増が国内での銅線リサイクルの

停滞をもたらし、ピーク時には 120 数社を超えていたとされるナゲット業者も半数以下にまで減少したといわれる（電線技術総合センター, 2009）。

リサイクル資源としての銅は、被覆電線のみならず配電盤、モーター等の鉄付き非鉄スクラップ類というものがある。これらの加工処理には人件費のかさむ日本では一般に不利とされており、90 年代に入って中国への輸出が急増している。これらは通称「雑品」スクラップと呼ばれており、控えめに見ても年間 180 万 t の銅スクラップがこの形も含めて日本国外へ流出していると考えられている。

電線以外のモーター類のリサイクルを考える上で興味深いのは、家電リサイクル法と自動車リサイクル法の影響である。前者に関して言えば、定められた再商品化率の達成はもちろんのこと、再商品化による事業利益は家電メーカーもしくはこれと委託契約しいているリサイクル業者にとって重要課題である。家電製品協会の家電リサイクル年次報告書によると、銅の再資源化量は 2001 度年には 5,423 t であったのが、2004 年度には 10,028 t に、2009 年度には 19,272 t にまで増加している。これらの回収量の増加は、製造メーカーによる環境配慮型設計のうち、いわゆるリサイクルしやすい設計が少なからず貢献していることは間違いないと言えよう。また自動車リサイクルに関しても、使用済自動車からの 1 台当たり付加価値を一層高めるために、今世紀に入ってからとくに専用のエンジン・非鉄解体機（通称ニブラと呼ばれる自動車解体機）が普及し、それまではそのままシュレッダー処理していた廃車ガラから、解体プロセスにおいて銅線（ワイヤーハーネス）やミックスメタルの回収などが増加した。これらの普及には、解体業者等による創意工夫はもちろんだが、自動車メーカーによる「リサイクルしやすい設計」の進展が、家電リサイクルの場合同様重要なポイントとなっている。たとえばトヨタ自動車は、関連会社内に設立した自動車リサイクル研究所で、2006 年度にはワイヤーハーネスのひきはがしツールのチェーン巻きつけ部を改良し、引き剥がし時にワイヤーハーネスがずれないようにし、その結果従来の引っかけフックによる引き剥がしに対し、解体作業時間を約 41％削減できることを PR している（トヨタ自動車, 2007）。問題は設計・販売するプレーヤー（自動車メーカー等）と、処理・解体するプレーヤー（自動車解体業者等）との間で、適正処理と付加価値を高めるための情報交換がスムーズに行われ、より効率性のある資源回収を進めることができるか否かにある。

なお、前述の豊島で不法投棄された産業廃棄物は、島内の中間処理施設での処理を経て、最終的には直島エコタウン内に設置された三菱マテリアル（株）の銅精錬施設のインフラを用いて処理され、結果として銅を含む有用金属資源の回収事業が行われている。以上の技術改良が示すように、自動車由来の廃棄物であるシュレッダーダストの再資源化施設として、小名濱精練、小坂精練、JX 日鉱等の銅の精錬所が現在果たしている役割は大きい。

5．国際資源循環論と日本の資源環境戦略

循環資源の国際移動、とくに先進国から途上国への流出の増加を背景に、当時の小泉政権下の小池百合子環境大臣は、2004 年の G8 シーアイランドサミットにおいて、資源の有効利用を通じて環境と経済の両立を図る 3R を通じた循環型社会の構築を国際的に推進する「3R イニシアティブ」を提唱した。日本が 3R を切り口とした資源・環境政策のリーダーとして国際社会に名乗り出たのである。しかしその一方で、途上国の地域社会では、先進国から資源として輸入された使用済電子電気機器の処理・リサイクルが、ずさんな環境・安全対策の下で行われているという E-Waste 問題がクローズアップされている。

E-Waste とは、電気電子製品廃棄物の総称で、使用済家電製品やパソコン、携帯電話等を含む（小島，2008）。有害物質の越境移動を規制するバーゼル条約では、鉛蓄電池やブラウン管などが規制対象除外リストに掲げられているが、バーゼル条約対象物の解釈が輸出国と輸入国で異なる場合もあり、E-Waste の不適正な処理がたびたび問題視されている（鶴田，2010）。代表的な例として中国・広東省貴嶼における電子廃棄物リサイクル事業がある。この地域では中国国内のみならず世界中から輸入された電子機器の中にある基板等から、貴金属等を化学反応等で取り出す事業が行われているが、その際に発生する有害物質が原因とされる大気汚染や水質汚濁に対する環境対策はほとんどなされず、処理されない固体廃物の不法投棄も問題となっている。なお、この種の労働を実際に行っているのは「外地人」と呼ばれる 10 万人以上の出稼ぎ労働者である。彼らの主な出身地は、四川、湖南、江西省等の農村地帯であり、ブローカーの仲介により劣悪な労働条件を受容し、低賃金でも働きたい若者が移動している。また一般に「外地人」は、

貴嶼の「地元人」により差別されている。だから「地元人」に対して敵意を持っているケースが多い。逆に「地元人」は「外地人」を信頼せず、例えば商品が盗まれるのではないかと厳しい監視体制を敷いている。しかし、現状は「地元人」と「外地人」は「持ちつ持たれつ」の関係にもある。2010年現在環境対策は徐々に進んではいるものの、資本と物流網を持つ「地元民」と、安い労働力を提供し、汚染労働をいとわない「外地人」の相互依存によって、電子廃棄物解体産業は可能になっているという分析が、報告されている（中澤, 2011；加藤, 2011）。

一方、2010年の中国からのレアアース輸出規制をめぐる問題等が引き金となり、循環資源の適正管理の重要性および国内での再資源化事業の高度化が、これまでとはやや異なったトーンで再評価されている。すなわち1990年代までの循環資源のターゲットは、規模の経済を重視しての大量リサイクルを想定した使用済製品の適正処理であったが、レアメタル・レアアースを含む小型電子機器のリサイクル等に注目が集まるに従い、分散排出されたこれらの使用済製品からの効率的な循環資源の再資源化に焦点が移ってきているのである。

(1) レアメタル・レアアース

レアメタルは日本語で言うと希少金属（あるいは希少元素）と呼ばれ、別名「産業のビタミン」とも称されている。実際、レアメタルは、ハイテク製品に代表されるIT、AVなど電子電気製品、自動車や航空機産業にはじまる先端技術を中心に幅広く使用され、製品の軽量化、省エネ化に必要不可欠な存在になっている。

ところで「レアメタルとは何か？」との正式な定義となると、明確なものはない。現在も半世紀以上も前に刊行された *Rare Metals Handbook* に挙げられている以下の四つがポイントとされている。

①地球上での天然の存在量が極めてまれである場合。
②地球上での存在量は多いが、その金属を抽出するに足るだけの濃縮した経済性のある品位の鉱石が少ない場合。
③地球上での存在量は多いが、化学的・物理的に純粋な金属として抽出することが極めて困難な場合。
④抽出されて金属を利用するだけの用途がなく、特性も明らかでないため未開発

である場合。

なお、元素周期律の第3族の第4周期から第6周期までの元素、すなわちスカンジウム、イットリウム、そしてランタンからルテチウムまでの15元素、合計17種はレアアース（希土類）とも呼ばれている。これらレアアースの工業用利用は20世紀後半に入ってから顕著となり、エレクトロニクス、触媒、永久磁石、セラミックス等の先端産業に必要不可欠な機能性材料として認識されるようになる。

わが国では、通商産業省（当時）資源エネルギー庁鉱業審議会鉱山部会、あるいは科学技術庁資源調査会などの各種委員会でレアメタルに関する各方面からの検討が進められ、結果的に周期表中の31鉱種46元素がレアメタルとして扱われている。

現代日本が誇るハイテク製品としては、たとえば自動車に使われるレアメタルの種類と量はバラエティに富む。近年注目を浴びているのは希土類磁石、とくにNd磁石と呼ばれるNd-Fe-B系磁石である。このNd磁石は、ドアモータ、ワイパー駆動用モータ、エアコン用モータなどのモータ類のほか、コンプレッサー、ダイナモセル、パワーステアリング、各種センサー類等に用いられ、現在国産の売れ筋の自動車全般にとって欠かすことのできない磁石になっている。Nd磁石の材料的な特性で最も重要なことは、Nd（ネオジム）自体がレアアースであるのと同時に、磁石のパフォーマンスを示す指標の一つで「保磁力」を高温下でも保てるよう、レアアースの中でも重希土類の一種のディスプロシウム（Dy）を少量添加することにあるが、このディスプロシウムの資源的価値がきわめて高いため、必然的にNd磁石が持つ付加価値がすこぶる高くなる（柴山，2008）。

以上に示した自動車の例に代表されるように、PGMおよびレアメタル・レアアースを含んだハイテク製品は、温暖化防止、省エネルギー機器の素材として、日本を中心とする先進国での需要が急速に広まった。

ちなみにわが国は、1983年よりレアメタルのうち、バナジウム（V）、クロム鉱（Cr）、マンガン（Mn）、コバルト（Co）、ニッケル（Ni）、モリブデン（Mo）、タングステン（W）のレアメタル7鉱種を備蓄対象品として備蓄している。この制度では緊急時の放出、高騰時の売却、平時売却の3種の放出方法があり、2011

年末までに10回を超える売却が行われたが、国内産業におけるレアメタル・レアアース不足の事情を一時的に緩和しているにすぎない。

　レアメタル・レアアースと呼ばれる鉱種はその産地が極めて偏在している。具体的には中国、ロシア、南アフリカの3カ国が主要な賦存国である。また中央アジアやアフリカの途上国も一定の存在感を示している。それゆえに多くのレアメタルは供給障害リスクが極めて高い。供給障害の主な要因としては以下の事項が挙げられる。①投機（買い占め等）、②事故（鉱山や精錬所の事故・物流障害）、③生産国の政策（資源ナショナリズムの台頭、政治問題）、④優良鉱山の枯渇（高品位かつ低価格の鉱石の減少）、⑤その他（環境被害による操業停止）。2010年以来の中国のレアアースに対する急激な輸出制限による供給障害も、上述の要因が他の要因と複雑に連動しておこったものと考えられる。つまりレアメタルの価格上昇は、原油等のほかの市況資源と同様に、実際の需要が供給を上回るといった単純な経済的な理由によるものは意外と少ない。むしろ、投機などによる見かけ需要の変動が価格を乱高下させる場合が多い。レアアースをはじめほとんどのレアメタルには、在庫量や需要量の変動が定量的に開示される透明なマーケットが存在しないからである（岡部・野瀬，2011）。

　さて中国が2010年から段階的にレアアースの輸出を削減するよう公にしてから、日本はレアメタル・レアアースを中心とした希少資源の確保、多角化、安定化を図る資源外交を、豪州、カザフスタン、ベトナム、インド等に対してこれまで以上に積極的に行い始めた。さらにそのような環境も手伝って、環境省は2011年度から日本の循環資源政策で培った環境産業インフラの海外移転を積極的に支援する「日系静脈メジャーの育成・海外展開促進事業」を国際資源循環政策の一つの戦略として開始している。3Rイニシアティブの提唱以来アピールしてきた、日本の先進的な廃棄物処理・リサイクル技術を制度とパッケージにして海外展開しようという試みであり、アジアにおける環境保全、資源循環に貢献することにより、日本のレアメタル等の希少資源確保等日本の資源戦略にも貢献できることを期待した事業である。ただし、これらの事業を海外で展開するには、それぞれの地域の文化に代表される様々な特性に配慮して行うことが肝要と思われる。なおアメリカでも、中国とのコスト競争上一時休坑していた希土類鉱山の再開を2011年に発表し、日本の総合商社もこの事業に積極的に参加している。

(2) 新しい資源ナショナリズムと都市鉱山

　ところでニッケルやマンガン、クロムなどの配合率が10％強のレアメタルであれば、ステンレス鋼、特殊鋼としてすでに専業マーケットが作動しているが、レアアースのほとんどは配合率1％以下のごく微量の「添加機能剤」で、流通・回収ルートは未整備である。そこで、近年注目を浴びている考え方が「都市鉱山」とその活用である。「都市鉱山」の命名者は、当時東北大学選鉱精錬研究所に所属していた南條道夫であり、1988年のことであった。南條の議論では地上に蓄積された工業製品を再生可能な資源とみなし、その蓄積された場所を都市鉱山と名づけた。この命名は、工業製品に含まれる希少金属の成分比が鉱石品位よりも高く、鉱石からの精製錬に比べ再生に必要なエネルギーが少なくてすむ点に由来する。すなわち、再生資源としての都市廃棄物およびその予備軍を都市鉱山と称したのである。そしてそのリサイクルシステムに関しては、環境・安全性を担保した経済的効率性を持つ集荷システムが重要である。当初の分析範囲には、容器包装、エレクトロニクス、バッテリー類、バイオマス系（古紙などが想定されていた）、建築物、自動車等運輸機械が挙げられていた。

　この議論は21世紀にはいって人工鉱床構想（Reserve to Stock）という名の下で、やはり東北大学の白鳥寿一・中村　崇等により提唱された。人工鉱床構想も都市鉱山論を発展させたコンセプトであり、これからの金属資源リサイクリングが考慮すべき点として①環境負荷の視点、②経済性の視点、③技術の視点に加え、④資源戦略の視点を戦略的に取り上げた。それらを勘案した上で、①金属資源開発をする部分と拡散リスクの環境側面を加えた総合的なリサイクルの考え方の導入、②環境配慮型設計を推進できる情報の整理と新規リサイクル技術開発が民間でも推進できる施策、③国家戦略的な備蓄をリサイクルに結びつける試みの三つを今後のリサイクルシステム構築に向けたポイントとしている。これらの構想の共通点は、使用済電子機器・金属含有製品予備軍をあくまでも高品位の鉱物資源として捉えようとしている面である。人工鉱床構想は都市鉱山論への議論に再度社会的関心を集めているが、循環型社会推進政策の下、ターゲット物質の廃棄物としての要素を弱める戦略と同時に、その適正処理の担保で確実な確保を促すという二つの戦略への進化があった。

　というのも、古紙や使用済PETボトル等が中国を中心として輸出され始める。

鉄スクラップに限っては、日本はアジアの供給センター（輸出量はアメリカ合衆国に次いで第2位）にまでなった。これらアジア周辺諸国を中心とする旺盛な需要もあって、日本の素材産業も一時持ち直すが、国際的な視点からみればこの時期に資源メジャーと呼ばれる鉄鋼・非鉄金属精錬各社の大規模な買収と合併による集中化が観察された時期が21世紀最初の10年間であった。とくに2008年のリーマン・ショック時までは、石油・石炭・鉄鉱石等の鉱物資源価格は上昇傾向の一途をたどる。経済成長が見込まれる中進国の豊かな中間層をターゲットとした産業基盤、生活基盤の整備への需要は、資源メジャーによる資源「囲い込み」のみならず、資源生産国においても新たな資源ナショナリズムを生みだした。

資源ナショナリズムとは1911年のメキシコ革命に端を発すると言われている。発展途上国は第2次世界大戦後政治的独立はなしえたものの、唯一の財産とも言える天然資源は依然として旧宗主国資本が支配するケースが多く、不満と反発を強めていった。そのような背景の下、鉱山国有化等、鉱物資源産出国自身の「天然資源に関する永久的主権」確保を主眼とした一連の動きが資源ナショナリズムとして観察される（志賀，2003）。しかしながら、旧宗主国に起源をもつ事が多い資源メジャーと呼ばれる企業群の経済力は決して弱まってはいない。

今世紀に入ってから観察されている新しい資源ナショナリズムと呼ばれる現象が従来のものと若干異なるのは、中国やインド、ブラジル、インドネシアをはじめ、躍進が期待されるこれらの鉱物資源保有国自身がフルセット型の生産構造を志向しつつあることである。かつてのモノカルチャー経済下に例を見るような海外への単純な資源供給ではなく、自国内の産業化と経済発展、国際政治経済における発言力の強化にこれを利用しようとしていることである。

ほぼ20年前に資源工学出身の西山　孝は1990年代当時日本の資源政策および資源産業に携わる人材育成に関して、「わが国にふさわしい資源経済学の調査研究活動領域としては、地球規模での資源に関する総合的な研究調査を行い、探査・開発、選鉱・精錬から市場動向、ならびにリサイクリング、環境保全までを含めた評価が必要とされる。早急に消費量に見合った研究体制を確立し、後れを取り戻さなければならない。」（西山，1993，p.185）と述べていた。最近になって西山はレアメタルとベースメタルの資源戦略を整理し、前者に関しては供給先の多様化を図り、先端技術と資源産業がリスクを共有し、政治・経済問題を含む

コスト依存性に幅を持たせ、偏在を減少させボトルネックができないようにすることの重要性を述べるとともに、後者のベースメタルに関しては、資源メジャーの一部に参画し協力を求めて輸入量の安定確保を図り、また資源メジャーが対象としない中小規模鉱山の独自開発を行い、資源確保と共に人材育成をも目標とすべきであると提案している。また、近未来におけるメタル資源確保は、新鉱床の発見による埋蔵量の増加、メタル消費量を削減する省資源化およびリサイクル、代替材料の開発と実用化であるとし、レアメタルのみならずベースメタルに関しても、銅、亜鉛、鉛などを中心に成長するBRICs諸国のニーズを中心に、従来までとはケタ違いの消費増加が見込まれ、その枯渇が懸念されている。そこで低品位鉱等の資源開発への準備が肝要であるとしている（西山・前田、2011）。

国内においても「都市鉱山論」を理論的背景に、潜在的価値の高い分散されたエレクトロニクスの効率的な回収・リサイクルシステムが本格的に検討され始めている。問題は、これらの分散された資源をどのようなシステムで回収していくかでもあるが、さらに重要なのは製品のみならず生活インフラそのものが環境配慮型のデザインであるか、そしてそれが活かされているかを見直すという観点での資源開発に関する議論を深めることであろう。

参考文献

飯田哲也（2011）：再生可能エネルギー政策の急展開,（所収　吉岡　斉編集『新通史　日本の科学技術　第1巻』原書房：523-536）.

大川真郎（2001）:『豊島産業廃棄物不法投棄事件－巨大な壁に挑んだ二五年のたたかい』日本評論社.

大島堅一（2010）:『再生可能エネルギーの政治経済学』東洋経済新報社.

岡部　徹・野瀬勝弘（2011）：レアメタル資源の物質フローに関する中長期展望,『廃棄物資源循環学会誌』22：403-411.

加藤哲郎（2011）:『信州ブックレット・シリーズ3－汕頭市（貴嶼村）の現状からみる中国の経済発展と循環型社会構築への課題－』信州大学イノベーション研究・支援センター.

小島道一編（2008）:『アジアにおけるリサイクル』（研修叢書570）アジア経済研究所.

佐野敦彦・七田佳代子（2000）:『拡大する企業の環境責任－ドイツ循環経済法から日米欧の3つの異なるEPR政策へ』環境新聞社.

志賀美英（2003）:『鉱物資源論』九州大学出版会.
柴山　敦（2008）: 走るレアメタル！？～自動車に使われるレアメタル～,（所収　外川健一研究代表『平成19年度廃棄物処理等科学研究　研究報告書　アジア地域における自動車リサイクルシステムの比較研究（K1955）: 164-167.
白鳥寿一・中村　崇（2006）: 人工鉱床構想－ Reserve to Stock の考え方とその運用に関する提案－,『資源と素材』122 : 325-329.
関　満博編（2009）:『「エコタウン」が地域ブランドになる時代』新評論.
武田邦彦（2000）:『「リサイクル」してはいけない』青春出版社.
田中　彰（2012）:『戦後日本の資源ビジネス原料調達システムと総合商社の比較経営史』名古屋大学出版会.
鶴田　順（2010）: バーゼル条約95年改正をめぐる法的課題,（所収　小島道一編著:『国際リサイクルをめぐる制度変容－アジアを中心に』（研修証書586）アジア経済研究所: 213-236.
電線技術総合センター（2009）:『電線リサイクルの流通と経済性調査』電線技術総合センター.
トヨタ自動車（2007）:『Sustainability Report 2007- TOYOTA』.
永田勝也監修・北九州市環境首都研究会編著（2008）:『環境首都－北九州市』日刊工業新聞社.
中澤高師（2011）: 広東省貴嶼における電子廃棄物処理産業の実態－「電子ゴミの町」の行方と課題,『環境と公害』40-4 : 44-50.
西山　孝（1993）:『資源経済学のすすめ　世界の鉱物資源をえる』中公新書.
日刊市況通信社（2011）:『メタル元素・メタルメーカーリサイクル事典』日刊市況通信社.
畑　明郎・杉本裕明編（2009）:『廃棄物列島日本』世界思想社.
藤本延啓（2011）: 大規模不法投棄事件と地方自治体,（所収　吉岡　斉編集『新通史　日本の科学技術　第4巻』原書房: 561-573.
細田衛士・室田　武責任編集（2003）『循環型社会の制度と政策』岩波書店.
本郷寛子（1999）:『母乳とダイオキシン』岩波書店.
松永裕己（2004）: 重化学工業の集積と環境産業の創出,『経済地理学年報』50 : 37-51.
安井　至（2003）:『リサイクル－回るカラクリ止まる理由』日本評論社.
山本健兒・西澤栄一郎・増田壽郎:（2006）エコタウン事業の理念と現実－大牟田エコタウンを事例として－（上）,『経済志林』73 : 741-795.
吉岡　斉（2011）: エネルギーと原子力（所収　吉岡　斉編集『新通史　日本の科学技術　第1巻』原書房: 252-262）.

Clifford, A. H. ed.（1954）: *Rare Metals Handbook*, Reinhold, Chapman & Hall.

Daly, H. E. (1996): *Beyond Growth: The Economics of Sustainable Development*, Beacon Press. デーリー, H. E. 著, 新田　功・藏本　忍・大森正之訳（2005）:『持続可能な発展の経済学』みすず書房.

Lindhqvist, T.・東條なお子（2006）: 拡大生産者責任の考え方－トーマス・リンクヴィスト博士に聞く,『公共研究』3：207-222.

第8章 「資源論」と観光資源

1.「資源論」における観光資源

　資源という名のつくものは、水資源、森林資源、鉱物資源、水産資源、文化資源、地域資源、観光資源など多岐にわたって存在する。現行の「資源論」は、資源と名のつくものをすべて包摂するものではない。一般に観光研究者が論じる観光資源論では、観光資源を観光者の立場から対象とする場合と観光事業者の立場から対象とする場合がある。前者の「観光行動論」の用法では、観光資源は観光行動の目的になるあらゆる事象が対象となる。後者の「観光事業論」の用法では、観光資源は観光生産物を生産するために自然によって与えられる有用物が対象となる[1]。現行の「資源論」の中で観光資源を位置づけようとすれば、後者の「観光事業論」の立場を取ることになり、対象となる観光資源は自然観光資源だけとなる（図8-1参照）。本章は現行の「資源論」の中に観光資源を位置づけて論じているため、このような制約が生じる。

　観光資源も資源である限り、資源の特質との共通性を有しているものが多い。しかし、観光資源は「代替性」が無いのが特徴であり、観光資源の「地域性」を前面に出すケースが通例である。オンリーワンの観光地とは、他に代替することのできない、その地域にしかない観光資源が観光者を惹きつける一つの要素と

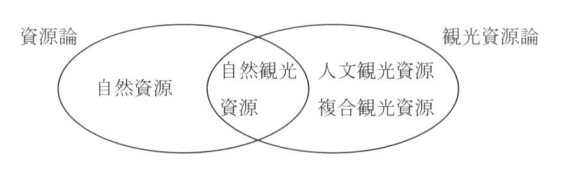

図 8-1　資源論と観光資源論
資料：筆者作図.

なっている。資源の酷使・浪費が資源の枯渇を招いた事例は、枚挙にいとまがない。自然観光資源の場合は、風化、砂漠化の進行などに伴う劣化、地震・津波・火山噴火・台風などの自然災害による毀損・消失に加え、開発行為や観光事業の増加により脅威に晒されるケースがみられる。自然観光資源の酷使・浪費も当該資源の枯渇を招くことから、適切な資源保護・管理は喫緊の課題である。

2．定常型社会の観光資源

(1) 定常型社会の定義

　経済活動の展開にあたっては、自然的制約ないし自然の有限性に直面させられる時がある。古典派経済学者のJ. S. ミル（1806～1873）は、産業革命を経てイギリス資本主義が順調な発展を遂げていた19世紀半ばに、自然の有限性を根拠に人間的進歩や人間的自由の観点から経済成長の停止状態について真正面から論じた[2]。資本や人口の停止状態においては、物質的な富の総量が一定というだけで、産業技術の向上は停止することはなく、大量のかけがえのない資源を要しない、あるいは環境の重大な悪化を生じないような人類の活動（非資源消費的、非汚染的活動）は、無限に成長を続けるであろうと考えられる[3]。

　今から150年以上も前にJ. S. ミルが論じた「停止状態」は、資源問題、環境問題、人口問題がグローバルな問題となっている現在、傾聴に値する内容を含んでいる。ミルの「停止状態」で展開された所論をベースにした地球規模における「持続可能な福祉国家／福祉社会」[4]が定常型社会であり、「定常型」とは物質的な富の総量が一定であることを表している。定常型社会は、資源や環境の地球レベルでの有限性という外的限界と人間の需要ないし欲望の飽和・成熟化という内的限界[5]を抱えており、「経済成長ということを絶対的な目標としなくとも豊かさが実現されていく社会」、「ゼロ成長社会」[6]である。また、別の観点から言うと、定常型社会は、「個人の生活保障がしっかりとなされつつ、それが資源・環境制約とも両立しながら長期にわたって存続しうる社会」[7]の姿のことである。

(2) 定常型社会の特徴

　定常型社会は、経済効率至上主義の成長社会と比べると次のような特徴をもつ

社会である。第1は、成長社会では、単位時間当たりの物質・エネルギーの消費量の多寡が豊かさの指標とされたが、定常型社会では、物質・エネルギーの消費に代わって情報が消費され、環境への負荷を小さくしつつ大きな効用が得られるようにすることから、単位時間当たりの物質・エネルギーの消費の極大化という方向づけは不要となる（＝脱物質化）[8]。

第2は、成長社会の生産現場では単位時間当たりの生産量の量的拡大それ自体が目標であり、消費においては金銭消費型の消費が主流となっていたが、定常型社会の生産現場では単位時間当たりの生産量の量的拡大は目標とされなくなり（＝脱量的拡大）[9]、消費においても時間そのものを消費の対象とする時間消費型の消費のウェイトが大きくなる。

第3は、時間の消費が成長社会ではめまぐるしく変化していく日常の時間の中で、貨幣の授受を伴う市場経済の枠組みの内部に包含されていたが、定常型社会においてはゆっくりと流れる、永続的な時間の中で、市場経済からはみ出していくような時間消費のあり方が重視されるようになる。すなわち、定常型社会は、根源的な時間の発見を通じて変化しないものにも価値を置くことができる社会である。「根源的な時間の発見」[10]とは、市場メカニズムが機能する中であわただしく変化していく経済／市場の時間の底にゆっくりと流れる時間、より永続的な時間の層があることを発見することである。「変化しないもの」[11]とは、自然、コミュニティ、古くから伝わってきた伝統行事や芸能、民芸品などである。このように、定常型社会では過密、高速に過ぎゆく日常をしばし離れ、ゆっくりと流れる時間の中で、大自然にわが身を委ね、変化しないものに新たな価値を見出していくことになる。

(3) 定常型社会の観光

経済効率至上主義の成長社会から定常型社会へ社会のあり方が変わる時、観光のあり方も変わる。定常型社会の観光は、①マテリアルな（物質・エネルギーの）消費が一定となり、②経済の量的拡大を基本的な価値ないし目標とせず、③変化しないものにも価値を置くことができる社会というこの社会の前述した三つの特徴を反映したものになると考えられる。具体的には、ゆっくりとした旅を通して旅先で出会う人々との交流を楽しみ、人間と自然の共生を見直すことや古い

もの、廃棄され、使われなくなったものの価値を再評価するような観光に日の目が当たることになる。定常型社会の観光は、人間性を取り戻す、人間と自然との共生を図る、自然と一体になる、古いものの価値を認めることにより心の充足感を与えるものである。

(4) 定常型社会の観光資源
①温泉資源

わが国の国土面積は狭小であるが、北海道から九州まで多数の火山があり、温泉資源に恵まれ、温泉観光地が形成されている。環境省の調査[12]によると、2010年度末現在、わが国の温泉地数（宿泊施設のあるもの）は3,185カ所、源泉数は27,671孔、温泉湧出量は268.7万l/分、温泉利用宿泊施設数は14,052軒、収容定員は141.2万人、宿泊利用者数は1億2,493万人である。温泉地数は、増加傾向にある。源泉数は増加傾向にあったが、2006年度以降は減少傾向にある。自噴源泉数は、減少傾向が続いている。一方、動力揚湯の源泉数はこれまで増加傾向にあったが、2007年度以降は減少傾向を示している（図8-2参照）。動力揚湯の源泉数が増加したのは大深度掘削による動力揚湯が盛んに行われるようになり、全国各地に日帰り温泉施設が増加したことによる。温泉は自然資源で、有限

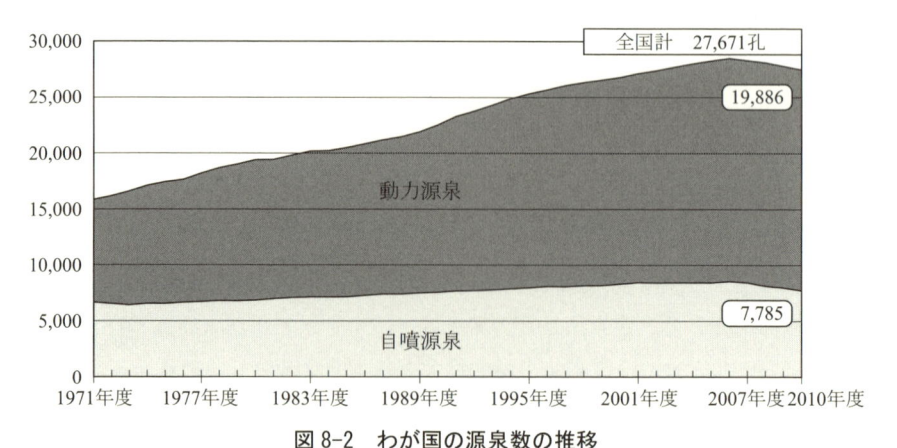

図8-2　わが国の源泉数の推移

資料：環境省自然環境局（2009）:『温泉資源の保護に関するガイドライン』p.3 に、環境省（2011）:『温泉利用状況経年変化表』より筆者一部加筆。

の資源であることから、温泉資源の保護のために、①掘削等の原則禁止区域の設定、②既存源泉からの距離規制[13]は必要である。温泉の自噴湧出量は2005年度以降、動力湧出量は2007年度以降ともに減少傾向にある（図8-3参照）。宿泊施設の収容定員は増加傾向にあるが、温泉利用宿泊施設数は2001年度以降、減少傾向にあり、宿泊利用者数は1992年度以降横ばい状態であったが、2006年度以降は減少傾向にある。

　温泉は自然の産物であるため、温泉成分は地震、火山の噴火、河川の水位の変化、気象の変動などの影響を受けて変化することがある。たとえば、自然的条件の変化により乳白色をしていた温泉が白濁しなくなることがある。それが自然の営みであり、白濁しなくなったからといって、入浴剤を入れて人為的に白濁させたとしたら、それは本物の温泉ではなくなる。長野県安曇村（現・松本市）の白骨温泉で白濁しなくなった湯に草津温泉の成分の入った入浴剤を使用して湯を白濁させていたことが2004年7月12日に発覚した[14]ことは、温泉偽装の端緒となった事例である。一方、栃木県内の温泉施設の集まりである「とちぎ　にごり湯の会」[15]は、①にごり湯であること、②温度を下げるための加水以外はしないこと、③掛け流しの湯船があること、という3条件を充足することを入会資格としている。つまり、①で定めるように、湯が濁らなくなれば入会資格を失う。②で定めるように、湯量が少ないとの理由での加水は認められな

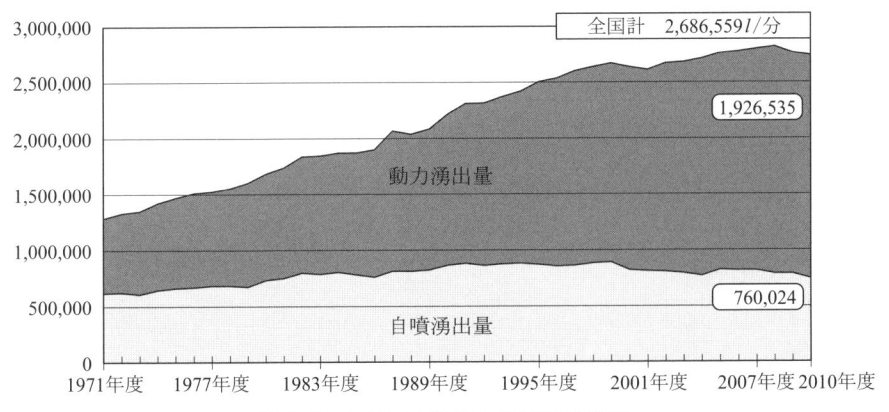

図8-3　わが国の温泉の湧出量の推移
資料：図8-2に同じ。

い。③で定めるように、同じ湯を再利用する循環風呂は認められない。

全国各地の温泉から温泉偽装の報告が相次ぐ中で、「温泉法」（昭和23年法律第125号）自体の不備が明るみに出ることになった。「温泉法」では、温泉を地中から湧出する温水、鉱水および水蒸気その他のガスで、①温度が25℃以上あること、②硫黄、ラドンなど18種類の成分が一つでも一定量以上含んでいること、③個々の成分は少なくても、その総量が源泉1kg中に1,000mg以上含んでいること、のいずれかに該当するものと定義している。従って、もし源泉の温度が25℃以上であれば、同法で定める成分を何一つ含んでいなくても温泉と称してよいことになる。温泉施設内に掲示されている「温泉分析表」は、源泉で温泉の成分を測定した結果を表示したものであり、温泉と認定されれば、入浴客が利用する浴槽内にたとえ温泉の成分が含まれていなくても温泉と称してよいことになる。しかも、ひとたび「温泉分析表」を取得すれば、定期的検査も抜き打ち検査も実施されないため、温泉の成分が同法の基準を満たさなくなったとしても、この分析表は永久に使用可能という不可解なことが行われている。そのため、環境省は温泉成分等に関する掲示事項[16]について、加水、加温、循環ろ過、入浴剤や消毒剤の添加が行われている場合にその旨とその理由を掲示することを温泉利用事業者に義務づける「温泉法施行規則」第6条を2005年2月24日に改正し、同年5月24日に施行した。さらに、環境省の中央環境審議会では、温泉利用事業者に対し10年ごとに定期的に温泉成分の再分析を行い、その分析結果に基づく掲示を義務づけるべきである[17]としている。

わが国は全国各地に温泉があり、人々は古くから温泉に親しみ、独自の温泉文化を築いてきた。温泉利用のあり方をみると、わが国では戦後4回の温泉ブーム[18]を経験している。第1回は、1950年代であり、温泉は会社持ちのレクリエーション旅行で、社員そろっての宴会を楽しみ、ストレスに満ちた日常生活から逃避する場所として位置づけられていた。第2回は、1960年代末から1970年代にかけての時期であり、マス・ツーリズムの最盛期を迎え、レジャーと観光の拠点としての温泉の地位が確立された。第3回は、1980年代半ばから2000年までであり、若い女性のあいだで温泉ブーム、露天風呂ブームが起こり、温泉そのものへの関心が高まり、温泉利用者は温泉の泉質、効能などの温泉の実質的な利用に注意を払うようになった。第4回は、21世紀以降であり、健康や美容に関する

温泉の効果への関心が高まり、源泉掛け流しで、加温も加水もしていない本物の温泉を求める本物志向が根強くなってきている。温泉には人間の自然治癒力を高め、心と身体を健康に保つ力（「温泉力」[19]）があると言われている。温泉力は、泉質を異にする温泉がもつ効能、温泉施設の食事、温泉の周辺環境が醸（かも）し出す雰囲気[20]の三拍子がそろっているときにその力を発揮する。静岡県伊豆半島の温泉では、静岡県が推進するファルマバレープロジェクト（富士山麓先端健康産業集積構想）の中核支援機関であるファルマバレーセンターが良質な温泉を基本とし、①温泉を活用した健康増進プログラムの提供、②健康に配慮した食事、③様々な癒（いや）しの提供、④リーズナブルな価格設定のうち少なくとも一つ以上の特徴で、入浴客に癒しと健康増進を提供する温泉宿泊施設を「かかりつけ湯」[21]として公開している。

②森林資源

ⅰ）森林療法

　森林は木材の生産、林産物の供給の場であるだけでなく、国土の保全、水源の涵養、自然環境の保全、公衆の保健、地球温暖化の防止などの多面的機能[22]を有している。林業の衰退とともに森林の生産機能のウェイトは低下してきたが、逆にその他の多面的機能は重視されるようになってきている。国有林野はわが国の国土面積の約2割、森林面積の約3割を占めており、「国民の森林」として国民に広く親しんでもらうための改革が林野庁によって1998年度から推進されている。

　平地環境とは異なり、地形の高低差があり、様々な種類の樹木が繁茂しているのが森林環境の特徴である。この森林環境を総合的に活用し、健康増進を図る療法[23]が森林療法である。わが国では長野県軽井沢町で2002年4月に初めての森林療法に関する市民研究会として「森林療法研究会」（2007年9月、NPO法人日本森林療法協会に改称）が発足した。その後、2004年3月には東京で林野庁と厚生労働省がオブザーバーとなり、医師、医学・林学・文化・芸術関係の研究者で組織する研究会として「森林セラピー研究会」（2008年4月、NPO法人森林セラピーソサエティに改称）が発足した[24]。

　森林療法[25]の第1は、森を歩く－森林浴・森林レクリエーション的な内容のものである。わが国では森林浴は、1982年夏に当時の秋山智英林野庁長官が提

唱したのが最初とされている。森林浴は、森林の地形や森林のもつ癒し効果を生かし、健康回復・維持・増進に役立てられるものである。樹木の葉や幹からは、揮発性物質フィトンチッド（phytoncide）[26]が発散している。phyto は「植物」、cide は「殺す」を意味している。樹木の種類によって含まれる成分や作用は異なる。そのため、わが国では北から南まで樹種の異なる森林に恵まれていることから、地域性に富んだ森林浴を実施することができる。都市環境とは異なり、森林の中では樹木の葉や幹の色、樹木の葉や幹から発散するフィトンチッドの香り、小川のせせらぎの音、小鳥のさえずりなどの視覚、聴覚等の五感が刺激され、心身ともにリラックスする効果がある。

林野庁では森林レクリエーションの場として国民の保健・文化・教育的利用に適当と認められる国有林野を「レクリエーションの森」[27]として選定している。レクリエーションの森には、①自然休養林（とくに景観が美しく、保健休養に適した森林。89 カ所）、②自然観察教育林（自然の変化に富み、自然観察学習に適した森林。163 カ所）、③風景林（名所、旧跡等と一体となって景勝地を形成している森林。481 カ所）、④森林スポーツ林（森林とふれあうアウトドアスポーツに適した森林。56 カ所）、⑤野外スポーツ地域（スキー場やホテル施設が一体となった地域。196 カ所）、⑥風致探勝林（休養施設等が設置され、湖沼、渓谷と一体となり、優れた自然を構成している地域。108 カ所）が 2010 年 4 月 1 日現在、全国に 1,093 カ所、39 万 ha ある。

第 2 は、リハビリテーション的な内容のもので、森林や山岳の地形・勾配を利用した運動療法で、ヨーロッパでは「地形療法」[28]と呼ばれている。NPO 法人森林セラピーソサエティは、森林のフィールドでの実践を普及することを目的として創設した森林セラピー実行委員会が認定したウォーキングロード（散策路）を「セラピーロード」[29]と呼んでおり、緩い傾斜で、道幅の広い、歩きやすさに配慮したコースが選定されている。

第 3 は、心理・カウンセリング的な内容のものである。森林カウンセリング[30]は、森林内で森林浴や森林散策をしながら行うカウンセリングであり、①森林内でのカウンセラーと患者の 1 対 1 のカウンセリング、②1 人で森林の中に入って自己を内観するセルフカウンセリング、③グループで遊ぶ、語る、分かち合う構成的グループエンカウンターから成る。

第4は、保育・教育的な内容のものである。保育的内容では、デンマークやドイツで多く見られる、園舎や園庭を持たないで、森林環境を活用して森林の中で幼児保育を行う「森の幼稚園」がある。平地とは異なる森林の中での幼児保育の教育効果[31]としては、①感受性が豊かになる、②五感を使った全人的な活動によって各器官が発達する、③工作によって創造力が磨かれる、④社会性が身につくなどが挙げられている。

　ヨーロッパ諸国に比べればわが国の森林療法の研究の歴史は浅いが、森林環境が人間の心身や精神のバランスを整える作用についての科学的データの蓄積、森林セラピー基地やセラピーロードなどの整備、作業療法士や森林インストラクターなどの健康づくりの指導者の養成、ソフト・プログラムの開発などが進展している。森林の存在や役割を意識し、森林に関心を持ち、森林を利用する人々が増加し、森林環境によって「人が癒される過程で森も美しくなり、自然も保たれる」[32]と言える。

ⅱ）里地里山

　奥山と都市の中間に位置し、農林業の場、生活の場として維持・活用されてきた二次的自然地域は、「里地里山」[33]と呼ばれ、農地、二次林（雑木林、巨木林、竹林ほか）、ため池、草原などから構成されている。里地里山はこれまで「農林業の場」として腐葉土の肥料への利用、雑木の燃料への利用などを通じて、人間の手が加わることによって維持されてきた二次的自然地域であるが、営農形態の変化や燃料革命など農業や生活のあり方の変化に伴い、利用されなくなり、その存在意義が希薄になってきている。その結果、里地里山の現状[34]は、①動植物の生息・生育環境の質の低下、②人と野生鳥獣の軋轢の深刻化、③ゴミの投棄、④景観や国土保全機能の低下、⑤管理の担い手の活力の低下に直面し、荒廃が進行している。里地里山は国土面積の約4割を占めるとともに、全国の希少種の集中分布地域の5割以上を占めることから、近年では「生き物と共生する場」として重要性が高まっている。里地里山の劣化は、人間が自然から得ている様々な恵み（生態系サービス）を持続的に享受することを阻害することになるため、環境省では里地里山において自然資源の持続可能な利用・管理を計り、生物多様性の保全に努めることを通して自然共生社会の実現を目指す「SATOYAMAイニシアティブ」[35]を提唱している。

里地里山の農業利用としてのウェイトは低下してきているが、近年ではエコツアーの場として利用する事例が見られる。たとえば、関東平野と秩父山地が接する場所に位置し、都心から電車で1時間という交通の便の良い埼玉県飯能市[36]では、丘陵地の二次林は、エコツアーのコースの一部になっているほか、カタクリをはじめとする二次林の林床植物を観察するエコツアーが行われている。同市では、環境省エコツーリズム推進モデル地区への指定を契機として2004年度から里地里山の身近な自然、地域の産業や生活文化を活用したエコツーリズムを推進しており、現在では地域住民や地域のNPOなどの主催により年間50回を超えるエコツアーを実施している。

③ジオパーク

わが国の国土面積は狭小であるが、日本列島は火山活動を伴う地殻変動や気候変動による海面の変化の影響を受けて、多様な地質構造、複雑な地形、植生の多様性が特徴となっている。ジオパーク[37]は大地の遺産としての特色ある地質がメインとなるが、地質によって規定される植生や生態系、特色ある地形、そしてそれらと関わりのある地域の歴史、文化、生活様式（伝統的な暮らし）などの保護・保全だけでなく、研究・教育や経済活動に活用することを通して、地球の営みと人間生活の関わりを考える大地の公園である。ジオパークは、当初は「地質遺産」の保護・保全、活用をする「地質公園」と称していたが、現在は「大地の遺産」の保護・保全、活用をする「大地の公園」と表現されており、前者より広義な概念に変化している[38]。ジオパークが認定されるまでの流れは、図8-4に示すとおりである。すなわち、地域でジオパーク推進協議会を組織し、日本ジオパークネットワーク（JGN）に参加し、日本ジオパーク委員会（JGC）に自己評価書を提出し、審査に合格することで「日本ジオパーク」として認定される。その後、国際的な活動を進めて、世界ジオパークネットワーク（GGN）に申請書を提出し、審査に合格すると「世界ジオパーク」に認定される[39]。2012年5月現在、日本ジオパークは20地域（そのうち、世界ジオパークは5地域（表8-1参照））、世界ジオパークは27カ国88地域である。

ユネスコ（UNESCO：国連教育科学文化機関）の支援により2004年に設立された世界ジオパークネットワーク（GGN）は、次の「審査基準」[40]の下に世界ジオパークの認定を行っている。すなわち、

2．定常型社会の観光資源　183

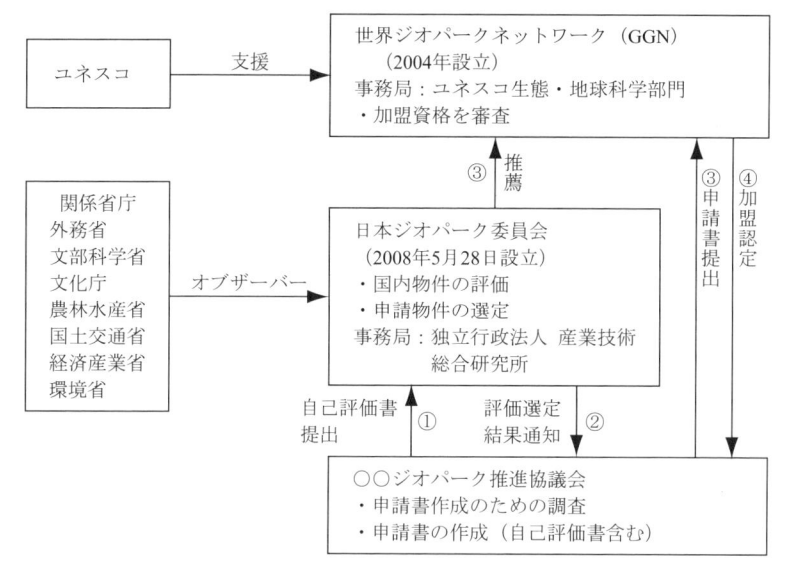

図 8-4　ジオパーク認定までの流れ
資料：長崎県自然環境課，島原半島ジオパーク HP (http://www.pref.nagasaki.jp/sizen/14geopark.pdf).

① 「規模と環境」に関して、ジオパークは明瞭に定められた区画と十分な面積があり、その地域の地史や地質現象がどのように形成されたかがよくわかることである。
② 「運営および地域とのかかわり」に関して、ジオパークはしっかりした運営組織と運営計画を作り上げることが必要条件である。
③ 「経済開発」に関して、ジオパークは地域の経済活動の活性化と持続可能な開発が主要戦略目標の一つである。
④ 「教育」に関して、ジオパークは地球科学の知識や環境の概念を社会に伝える手助け、手段、活動を提供し、準備することをその責務としている。
⑤ 「保護と保存」に関し、ジオパークを担当する当局は、その地域の伝統と法規制に基づいてジオパーク内の大地の遺産を確実に保護する。
⑥ 「世界的ネットワーク」に関し、世界的ネットワークの一員としての相互の情報交換や会議への参加により地質学上の場所が世界中に知れ渡ること、他のメンバーの経験に学ぶことができること、さらには活動を通してネットワークを

表8-1 日本国内の「世界ジオパーク」認定地域

ジオパーク名 項目	洞爺湖有珠山ジオパーク	糸魚川ジオパーク	島原半島ジオパーク	山陰海岸ジオパーク	室戸ジオパーク
認定年月日	2009年8月23日	2009年8月23日	2009年8月23日	2010年10月3日	2011年9月18日
ジオパークの概要	有珠山や洞爺湖カルデラなどの地質遺産や自然遺産のほか、縄文遺跡群などの歴史遺産も多い。ジオパークのテーマ「変動する大地との共生」	新潟県の最西端にありフォッサマグナ西側の断層である「糸魚川-静岡構造線」が通り、日本列島の形成を示す貴重な地形や特徴的な地形を見ることができる。	島原半島は、約430万年前の海底火山の噴火に端を発する火山活動と約20万年前から始まった断層活動によって形成された。ジオパークの特徴：｢火山と人との共生｣が体感できる。	山陰海岸国立公園を中心として広がり、京都府、兵庫県、鳥取県の東西110kmに渡って広がり、日本列島がアジア大陸の一部だった時代から現在に至るまでの経過を確認できる貴重な地形や地質遺産が多数存在する。	高知県東部の室戸半島に位置し、プレートの沈み込みによってつくられた付加体で、洪積世の海成段丘、地震隆起段丘、隆起によって離水した海岸地形などの地質遺産を見ることができる。
ジオサイト	昭和新山、西山山麓散策路（洞爺湖町）、有珠山外輪山遊歩道（伊達市）、北黄金貝塚公園、カムイチャシ史跡公園（豊浦町）	親不知、糸魚川-静岡構造線と塩の道、小滝川ヒスイ峡、海谷渓谷、弁天岩、フォッサマグナミュージアム	龍石海岸、仁田峠から望む平成新山、眉山の山体崩壊と流れ山	小天橋と久美浜湾（京丹後市）、玄武洞（豊岡市）、猿尾滝、鎧袖岩（兵庫県香美町）、三尾大島（兵庫県新温泉町）、浦富海岸、鳥取砂丘（鳥取県岩美町）（鳥取市）	羽根岬、西山台地、杉山、黒耳海岸、行当岬、室戸岬、夫婦岩サイトなど22のジオサイトがある。
博物館、活動拠点	洞爺湖ビジターセンター、洞爺湖町立火山科学館	フォッサマグナミュージアム	雲仙岳災害記念館、雲仙お山の情報館、平成新山ネイチャーセンター、雲仙諏訪の池ビジターセンター	新温泉町山陰海岸ジオパーク館、鳥取県立博物館付属山陰海岸学習館	室戸ジオパークインフォメーションセンター、室戸ジオパークギャラリー
教育・普及活動	壮瞥町とNPO法人そうべつエコミュージアム友の会では、昭和新山と有珠山の登山学習会を開催している。	フィールドを中心とした事業：地学ハイキング、植物の野外観察、経済学など、半島内の教育普及活動を行っている。「ジオサイト」と呼ばれる事業：地学ハイキング、体験学習、子ども向け体験学習、科学実験、土器、石器づくりなど。2009年11月には糸魚川ジオパーク検定を実施している。	「ジオサイト」と呼ばれる市民向けのジオパーク・ガイド、ウォーキング、観察会、観光ツアー、磯の観察会等、観光・観察を目的とした半島内の教育普及活動を行っている。平成21年、小中学生向けには、平成21年の火山と人の災害を主題とした学習会と防災活動を主とした教育普及活動を実施している。	エリア内の各地域では、オブザーバー、ツーリング、磯の観察会、農村・漁村の暮らしを体験するなど、地域の特徴を活かした学習プログラムを実施している。	2010年8月に室戸市内で「第11回地震火山こどもサマースクール」を開催している。住民対象に研究者や発生メカニズムを説明する講演会を開催している。
問い合わせ先	洞爺湖有珠山ジオパーク推進協議会 TEL 0142-66-4200	糸魚川ジオパーク協議会 TEL 025-552-1511	島原半島ジオパーク連絡協議会 TEL 0957-65-5540	山陰海岸ジオパーク推進協議会 TEL 0796-26-3782	室戸ジオパーク推進協議会 TEL 0887-22-5161

資料：経済産業省産業技術環境局知的基盤課「日本のジオパーク」（http://www.meti.go.jp/policy/economy/hyojun_infra/geoparks/index/）、日本ジオパークネットワークHP(http://www.geopark.jp/about/datacenter/)、糸魚川ジオパークHP(http://www.geopark.jp/)、室戸ジオパーク推進協議会(2010)：「世界ジオパークネットワーク加盟申請書」より筆者作成。

積極的に活性化させる。

　世界ジオパークの申請書提出にあたっての自己評価項目[41]の重みづけについて分野別重み係数（％）は、①地質と景観（地域5％、大地の遺産の保存20％、自然文化遺産10％）、②運営組織25％、③情報や環境教育15％、④ジオツアー15％、⑤地域経済の将来性10％であり、「審査基準」の②でしっかりした運営組織と運営計画が挙げられていたように、各項目の中で運営組織に関する重みづけが最も大きい。従って、世界ジオパークに認定されるためには、大地の遺産の保存とともにしっかりした運営組織の存在が不可欠である。

　わが国のジオパーク活動の歴史は浅いが、新潟県糸魚川市では市内にある露頭（崖）や地形を1991年からジオパークと呼び、「フォッサマグナパーク」を開設し、糸魚川－静岡構造線の断層露頭の見学ができるようになっており、「フォッサマグナミュージアム」（1994年開館）を中心に地学ハイキング、動植物の野外観察会などの活動が行われてきた。糸魚川市は比較的早くからジオパーク活動に取り組んできた例と言えるが、わが国のジオパークスタイルはまだ確立していないうえ、ジオパーク事業は現時点ではいまだ定着した事業とはなっていない[42]。2001年にはユネスコ執行委員会で各国のジオパーク推進活動をユネスコが支援することが決定し、2004年に各国のジオパークのグローバルなネットワークとして「世界ジオパークネットワーク（GGN）」が設立された。2007年8月にはわが国の多様で、個性豊かな地域資源を生かしながら地域活性化を模索する自治体や地域の支援を目指す「日本ジオパーク・モデル化研究会」、同年12月にはジオパーク設立を目指す地域の全国的な集まりである「日本ジオパーク連絡協議会」、2008年5月には国内外のジオパーク認証のための国内組織である「日本ジオパーク委員会（JGC）」、2009年2月には日本ジオパーク連絡協議会が発展的に解散し、ジオパークの広報・普及、世界ジオパーク申請の支援を行う「日本ジオパークネットワーク（JGN）」が設立された。日本ジオパークは、2008年12月に7地域、2009年10月に4地域、2010年9月に3地域、2011年9月に6地域の計20地域が認定され、そのうち5地域が世界ジオパークに認定されている（表8-2参照）。

　ジオパークの構成要素である地質、地形、植生、地域の歴史、文化、伝統などを代表する拠点がジオサイトである。ジオサイトは他地域では見られない特色あ

表 8-2 ジオパーク略史

年　月	摘　　要
1997年	ユネスコ地球科学部を中心にユネスコジオパーク計画提唱。
1999年	ユネスコ執行理事会においてジオパーク計画の推進を勧告。
2000年 6月	ヨーロッパジオパークネットワーク（EGN）設立。
2001年	ユネスコ執行委員会で各国のジオパーク推進活動をユネスコが支援することが決定。
2004年 2月	世界ジオパークネットワーク（GGN）設立。
2007年 8月	日本ジオパーク・モデル化研究会設立。
2007年12月	日本ジオパーク連絡協議会設立。
2008年 5月	日本ジオパーク委員会（JGC）設立。
2008年12月	日本ジオパークとして洞爺湖有珠山*、島原半島*、糸魚川*、アポイ岳、南アルプス（中央構造線エリア）、山陰海岸*、室戸*を認定。
2009年 2月	日本ジオパークネットワーク（JGN）設立。
2009年10月	日本ジオパークとして恐竜渓谷ふくい勝山、隠岐、阿蘇、天草御所浦を認定。
2010年 9月	日本ジオパークとして霧島、伊豆大島、白滝を認定。
2011年 9月	日本ジオパークとして男鹿半島・大潟、磐梯山、茨城県北、下仁田、秩父、白山手取川を認定。

注：*印は、世界ジオパークを示す。
資料：平野　勇（2008）：『ジオパーク』オーム社，125-127、世界のジオパーク編集委員会・日本ジオパークネットワークJGN共編（2010）：『世界のジオパーク』オーム社，まえがき，2-3より筆者作成。

るものでなければならないが、ジオパークの魅力は、個々のジオサイトの魅力とジオサイト全体の総合的な魅力に依存する。ジオツーリズムとは、地球の営みと人間生活の関わりをテーマに、大地の遺産としての地質、それによって規定される植生や生態系、地形、そしてそれらと関わりのある地域の歴史、文化、生活様式（伝統的な暮らし）などの保護・保全だけでなく、研究・教育や経済活動に活用するツーリズムである。ジオツーリズムの考え方に基づいてジオパークの中にあるジオサイトを利用して実施されるツアーがジオツアーである。つまり、ジオツーリズムとはツーリズムの考え方を示す一形態であり、その実現形態がジオツアーである。わが国ではジオパーク活動が始まって日が浅く、社会の認知度や関心もいまだ低いため、現時点ではジオパーク事業が純粋なビジネスモデルとして成立するとは考えられない[43]。ジオツアーが実行されるにあたっては、地球の歴史、地質学的メカニズムをわかりやすく説明できるとともに地域の魅力を総

合的に伝えることのできるジオガイドの果たす役割が大きい。ジオガイドは地質学、地域、動植物、地域文化の知識[44]に加えて、わかりやすく、時にはユーモアも交えて説明する能力、現場でのガイドの場合には危機管理能力、統率力なども要求される。ジオツアーを催行するにあたっては、ジオパークに関心を持って参加するジオツーリスト[45]を集客する必要がある。そのためには、第1段階としてジオパークの認知度を高めるための啓発・普及に、そして第2段階は、リピーター、ファンづくりに努めなければならない。採算可能な集客ができなければ、ジオツアーはビジネスとして存続できない。

現時点ではジオパーク活動は、地質学研究者ならびに地質学関連研究機関が主導しており、地理学研究者や観光研究者が関心を示してからの日は浅い。ジオツーリズムの考え方に基づくジオツアーの実践の蓄積も多いとは言えないのが現状である。そのため、ジオツアー実施の際には次のようなことを考慮しなければならない。

第1に、ジオでの統一を図ることである。ジオツアーの中で断層や海岸地形を観察する、化石掘りを体験する、地元の野菜や魚を食べる、海洋深層水を飲む、温泉に入るなどの活動がジオツーリストにとってジオの観点から構成されている[46]と認識されなければならない。ジオツアーに参加したジオツーリストに、「どうしてこれがジオツアーなのか」といった違和感を抱かれるとすれば、それはジオツアーの中味にジオへの無理なこじつけがあるからである。

第2に、児童・生徒、地域住民、ジオツーリストの様々なニーズを充足するジオツアー・メニュー[47]を創造することである。わが国には現在、北海道から九州まで日本ジオパークが20地域あり、多様性に富んでいる。ジオパークは児童・生徒の課外学習、地域住民の環境教育・防災教育、ジオツーリストのジオツアーの場として多様な利用のされ方をしている。そのため、多様なニーズに対応できるジオツアー・メニューを創造し、楽しく、参加して良かったと言えるジオツアーにしなければならない。

第3に、ジオパークの構成要素は多岐にわたっているうえ、火山活動や地形の形成メカニズムなど極めて専門性の高いものも含まれているため、ジオガイドの果たす役割は大きい。ジオツアーは野外で実施する場合が多いので、ジオガイドはジオツーリストに対して説明能力だけでなく、危機管理能力、統率力などを必

表 8-3　ジオパークガイドの説明時の心構え

1. ジオパークに関する基本的事項の説明は必ず行い、わかりやすい説明を心がける。
2. 説明板に書かれている専門用語の質問を受けた場合、ガイドはそれをかみ砕いて説明する能力が求められる。
3. 当該現象の規模などを表現する際に相手に感動を与えるためには身ぶりや手ぶりも交え、一生懸命説明することも有効である。
4. 常に説明に対するツーリストの反応を見ることが重要で、マニュアルを棒読みするような説明は勧められない。
5. ツーリストの反応を見て臨機応変に話題を変える。
6. 団体行動を守れない者やジオパークでのルール（化石などの保全）に違反する者に対する注意についてマニュアルなどを整備しておく。
7. 異常気象時や崖地での行動についてガイドはリーダーシップをとらなければならない。
8. 視覚障がい、聴覚障がい、車イス搭乗者など障がい者に対しガイドする時どのような配慮が必要か、化石や岩石資料を手にとって触ってもらう、手話によるイントロダクション部分の説明、車イスでアクセスできる範囲での説明など個別に対応を考えておく。

資料：(社)全国地質調査業協会連合会（2011）：『「ジオパーク活動を通じた、地域づくりプロジェクトのモデル化事業」委員会報告書』6-7（一部筆者加筆）.

要とする（表 8-3 参照）。

　第 4 に、ジオツーリズムの歴史は浅く、ビジネスとしてジオツアーを単独で実施するのが難しい現状では、①児童・生徒の課外学習や地域住民の環境教育・防災教育との連携、②ジオツアーを観光コースに組み込んだ既存の観光との連携に取り組まなければならない。

3．観光資源の保護・管理

　「資源論」の対象とする自然観光資源には、温泉に代表される再生不可能な資源と動物や植物に代表される再生可能な資源がある。前者は、資源保護のために掘削等の原則禁止区域の設定、既存源泉からの距離規制が実施されなければ資源の枯渇を招くことになる。後者は、再生可能な範囲内での資源利用であれば何ら問題は生じないが、その限度を超える資源利用（乱獲・乱伐）を行った場合には、資源の枯渇という事態に陥る。観光開発の過程で自然観光資源が毀損され、観光地に観光者が殺到することによるゴミの散乱、河川の汚染、山道の浸食などの問

題が生じている。

　持続可能な開発と持続可能な観光を両立させることは、難しい課題である。この課題に取り組むにあたって、環境や社会が観光の要求をどの程度まで受け入れることができるかを表す「収容能力」[48]という持続可能性の指標がある。「収容能力」には様々な種類があるが、自然観光資源の場合には、①物理的空間の制約内で収容可能な観光者数を表す「物理的収容能力」と、②地域の生態環境が観光者の活動に対して許容可能な限界を表す「生態学的収容能力」が重要である。前者の場合、物理的空間の広さに対して観光者数が超過し、問題が生じているとすれば、立ち入り規制という直接的管理手法に訴えて、観光者数を制限しなければならない。もし入場料が無料であるために観光者が殺到して問題が生じているとすれば、入場料を徴収して、物理的空間に対して適正な観光者数を維持する間接的管理を実施する必要がある。後者の場合、たとえばエコツアーを実施する際には、エコツアー・ルールを策定しなければ、生態環境は維持されない。小笠原諸島（2011年6月24日、世界遺産（自然遺産）登録）では、沿岸20mile以内の海域で、ザトウクジラなどのヒゲクジラ亜目全種とマッコウクジラを対象とするホエールウォッチングを実施する際に、20t未満の小型船の場合には、①船はクジラから300m以内に近づいたら減速する（減速水域）、②ザトウクジラから100m、マッコウクジラから50m以内には船の方から近づかない（侵入禁止水域）、③クジラの進路や行動を妨げない、という「ホエールウォッチング自主ルール」[49]を1989年に制定しており、国内他地域で実施されているホエールウォッチングの自主規制のモデルとなっている。

　観光資源の保護・管理は、行政や観光事業者だけが行うものではなく、資源利用者である観光者も積極的に関心を持ち、行動しなければならない。そのためには、学校教育や社会教育を通じて観光資源についての知識を深め、その価値を認識し、資源の保護・保全のルールを守り、将来の世代へ伝えるためにわれわれ一人ひとりは何をしなければならないかを教える観光教育の重要性が高まっている。

注
1）香川　眞編，日本国際観光学会監修（2007）：『観光学大事典』木楽舎：101.

2) Mill, J.S. (1848): *Principles of political economy*. ミル，J. S. 著，末永茂喜訳（1961）:『経済学原理（四）』（岩波文庫）岩波書店：109.
3) Meadows, D.H., Meadows, D.L., Randers, J. and Behrens III, W.W. (1972): *The Limits to Growth*, New York: Universe Books. メドウズ，D.H. ほか著，大来佐武郎監訳（1972）:『成長の限界－ローマ・クラブ「人類の危機」レポート－』ダイヤモンド社：159.
4) 広井良典（2001）:『定常型社会』（岩波新書）岩波書店：ⅵ.
5) 市来治海（2004）:『「諦観的日本経済論」のすすめ』（生活人新書）日本放送出版協会：11.
6) 広井良典，前掲書：ⅰ.
7) 同上書：ⅵ.
8) 同上書：161.
9) 同上書：144.
10) 同上書：158.
11) 同上書：145.
12) 環境省（2011）:『平成 22 年度温泉利用状況』，『温泉利用状況経年変化表』による.
13) 環境省自然環境局（2009）:『温泉資源の保護に関するガイドライン』：5.
14) 『日本経済新聞』2004 年 7 月 12 日（夕刊），松田忠徳（2004）:『ホンモノの温泉はここにある』（光文社新書）光文社，56-76.
15) 「とちぎ　にごり湯の会」HP（http://www.tochigi-nigoriyu.com/outline.stm）による.
16) 環境省中央環境審議会自然環境部会温泉小委員会（2005）:『温泉事業者による表示の在り方等について』：4-5.
17) 環境省中央環境審議会（2007）:『温泉資源の保護対策及び温泉の成分に係る情報提供の在り方等について』：6.
18) 小林英俊（2004）:『温泉文化のさらなるパラダイム』（世界観光機関石川会議報告レジメ，於ホテル日航金沢）：7-8.
19) 松田忠徳（2010）:『温泉力』（ちくま文庫）筑摩書房：123.
20) 松田忠徳（2005）:『温泉教授の湯治力』（祥伝社新書）祥伝社：116.
21) 「かかりつけ湯協議会」HP（http://www.kakaritsukeyu.jp/）による.
22) 2001 年改正の『森林・林業基本法』（昭和 39 年法律第 161 号）第 2 条.
23) 阿岸祐幸（2009）:『温泉と健康』（岩波新書）岩波書店：161-162.
24) 上原　巌（2005）:『森林療法のすすめ』コモンズ：153, 155.
25) 同上：14.
26) 田中淳夫（2009）:『森を歩く～森林セラピーへのいざない～』（角川 SSC 新書）角

川 SS コミュニケーションズ：12.
27) 林野庁 HP（http://www.rinya.maff.go.jp/j/kokuyu_rinya/kokumin_mori/katuyo/index.html）による。
28) 阿岸祐幸，前掲書：150.
29) 森林セラピー総合サイト HP（http://www.fo-society.jp/therapy/）による。
30) 上原　巌，前掲書：44-57.
31) 上原　巌，前掲書：106.
32) 田中淳夫，前掲書：163.
33) 環境省（2008）：『里地里山保全再生計画作成の手引き』：3.
34) 環境省（2010）：『里地里山保全活用行動計画』：1-2.
35) 環境省（2010）：『SATOYAMA イニシアティブ』：4.
36) 飯能市エコツーリズム推進協議会（2009）：『飯能市エコツーリズム推進全体構想』：2；15.
37) 国土交通省四国運輸局（2008）：『四国圏域の総合交通ネットワーク及び地域資源を活用した地域振興策に関する調査（3）ジオ（地質遺産等）を中心とするジオパーク形成に向けての調査報告書』：9、社団法人 全国地質調査業協会連合会・特定非営利活動法人 地質情報整備・活用機構共編（2010）：『ジオパーク・マネジメント入門』オーム社：8.
38) 新名阿津子（2010）：ジオパークに関する調査報告－山陰海岸ジオパークの世界ジオパークネットワーク加盟に向けて－，『TORC レポート』（（財）とっとり地域連携・総合研究センター）No.33：102.
39) 経済産業省産業技術環境局知的基盤課：『日本のジオパーク』（http://www.meti.go.jp/policy/economy/hyojun/techno_infra/geoparks/geoparks/whats…）による。
40) 世界ジオパークネットワーク（2008）：『各国のジオパークがユネスコの支援を得て世界ジオパークネットワークに参加するためのガイドラインと基準』：3-7.
41) 世界ジオパークネットワーク（2006）：『国際ジオパークネットワークに加入するためにユネスコからの支援を申請するジオパークの自己評価と進捗状況評価用紙（申請者用）』：3.
42) 社団法人 全国地質調査業協会連合会ほか共編，前掲書：17；123.
43) 平野　勇（2008）：『ジオパーク』オーム社：116.
44) 社団法人 全国地質調査業協会連合会ほか共編，前掲書：126.
45) 国土交通省四国運輸局，前掲報告書：40.
46) 社団法人 全国地質調査業協会連合会（2011）：『「ジオパーク活動を通じた、地域づ

くりプロジェクトのモデル化事業」委員会報告書』: 75.
47) 国土交通省四国運輸局, 前掲報告書 : 51.
48) Telfer, D.J. and Sharpley, R. (2008): *Tourism and Development in the Developing World*, London: Routledge. テルファー, D.J., シャープリー, R. 著, 阿曽村邦昭・鏡　武訳 (2011):『発展途上世界の観光と開発』古今書院 : 279.
49) 小笠原エコツーリズム協議会 :『小笠原ルールブック 平成 22 年度』12（http://www.vill.ogasawara.tokyo.jp/heritage/page_6.html）.

第9章 人的資源・労働力・労働市場

1. 資源論における人的資源

　辞書における資源の定義は、資源の概念における人的資源の位置づけを反映している。『大辞泉』によれば、「資源」とは、①「自然から得る原材料で、産業のもととなる有用物。土地・水・埋蔵鉱物・森林・水産生物など。天然資源」であり、②「広く、産業上、利用しうる物資や人材」である。『大辞泉』と同じような構成をとる辞書は多い[1]。つまり、一般に資源という言葉から想起されるのは「天然資源」であり、「産業のもととなる有用物」であるという性質からの類推で、「人材」すなわち人に対しても資源という言葉が比喩的に使われる。人的資源が比喩的な概念であることと同様に、労働力も比喩的な概念である。一般的な商品とその価格の関係からの類推によって、人間がもつ財・サービスを生産する肉体的・精神的能力は、労働力（商品）として概念化され、労働者が受け取る賃金は、その対価とみなされるのである。

　比喩は対象の本質を論理的に捉えようとする努力を失わせることがある。比喩が光を当てるのは、物事の類似性のみであり、しかも直感的に把握できる部分のみである。直感的な類似性に納得してしまい、それ以上の追及を放棄することや、相違性に目を向けないことがあってはならない。経済地理学者が展開した資源論は、資源の概念と向き合うなかで、今日的な資源・環境保全に生かすことのできる知的財産を生み出してきた（佐藤, 2011）。ところが人的資源については、ほとんど手をつけずに残してきた。それ以前に、「人的資源」を資源の列に加えるか否かというところですでに意見の一致が見られない。

　石光（1983, p.251）は、生活資源を充足しようとし、目的をもって自然に働きかける人間の機能を「人間資源」と呼んでいることから、人的資源に相当す

るものを資源に含めていると思われる[2]。一方森滝（1983, p.217）は、「『資源』とはもともと人間に役立つもの」であるから、「人間それ自体はあくまで主人公とみる、いわば素朴なヒューマニズム」に基づいて「人間ないしその労働力を『資源』に含める立場をとらない」と明確に断っている。石井（2007）を読む限りでは、国家総動員体制の下で「人的資源」という言葉が使われてきたことから、人的資源を資源とみることには批判的であると思われる。資源論をリードした経済地理学者は、「人的資源」を資源とみることにどちらかというと否定的であったため、人的資源概念の掘り下げは行われようがなかったのである。

軍国主義との結びつきから、人的資源という言葉を使うこと自体に依然として違和感を覚える読者がおられるかもしれない。国家総動員体制の下では、人的資源という概念の比喩性がかなぐり捨てられ、人間も自然物と同様に動員可能な正真正銘の資源とみなされたのではなかったか。そのことを踏まえれば、何が人的資源という比喩を成り立たせているのかを論理的に把握し、自覚しておくことが必要であると考える。同時に人的資源と天然資源が本質的に異なることを認識しておくことも不可欠である。

なお、本稿では、人的資源と天然資源を対置させるというよりは、労働力を特殊な形態の人的資源と位置づけたうえで、労働力と一般的な商品との類似性や相違性を検討することが中心になる。筆者は広義の「労働の地理学」[3]に関心を持っているが、労働（力・者・市場）を経済地理学の立場から研究する意義が自明であるとは思っていない。本稿を通じて労働力とそれが分配される場である労働市場に対する概念的な理解を深め、労働力や労働市場に関する諸現象を経済地理学の立場から分析する意義が少しでも認識できればと考えている。

2．人的資源と労働力の特性

今日、人的資源という言葉はもっぱら経営学において使われており、代表的な教科書やリーディングスの多くは、人的資源の概念や特性について整理している（例えば伊丹ほか編, 1993）。それらは参考になる指摘を含んでいるものの、企業にとって望ましい「人的資源管理」を追及するという応用的関心に偏ったものになりがちである。実証研究ではその傾向がさらに強まり、結局人的資源は従業員

と置き換え可能な用語となってしまっている。

　経営学の人的資源の概念を借用しても本質的な議論に発展させられそうにないので、ここは正攻法を取り、資源論の枠組みに内在する形で人的資源の概念的検討に取り掛かることにする。具体的には近年の資源論ルネサンスを象徴する書物である佐藤（2011）に寄り添う形で議論を進める。なお、佐藤（2011）においても人的資源を正面から論じた部分はないといっていい。

　資源の辞書的な定義は冒頭に示したとおりであるが、佐藤は資源を「働きかけの対象となる可能性の束」とより一般的に定義している（佐藤，2011，p.17）。そのうえで、資源と商品の違いについては、「各種の財は資源のもつ様々な可能性から特定の用途を想定して加工されたものであり、目的の幅が限定されている点において資源とは異なる」（佐藤，2011，p.21）と述べている。引用文中の財は商品と言い換えても差し支えないだろう。佐藤は「財は資源から生み出されるもので資源生産物と言い換えてもよい」（佐藤，2011，p.19）とも言っているので、市場経済を前提とすれば、資源とは「働きかけによって商品となる可能性の束」と考えることができる。

　人間にとって根源的な「可能性の束」とは何であろうか。「無限の可能性」という言葉が冠されるように、持てる肉体的・精神的能力こそが、人間とっての「可能性の束」であり、これが人的資源である、と筆者は考える。このように考えれば、人的資源は生身の人間そのものではない。人的資源は労働だけではなく、スポーツや芸術、学問や思想など、様々な形で花開く。人間の肉体的・精神的能力すなわち人的資源のうち、目的の幅が商品の生産に限定されているものを、われわれは労働力（商品）と呼んでいる。生産される商品もまた労働力である労働が再生産労働である。

　ここで問題になるのは、佐藤による資源の定義において「働きかけの対象となる」の主語が欠けていることである。一般的な資源の定義においては、あえて主語を補うとすれば「人間が」となるだろうから、省略されていても不都合はない。しかし人的資源に限っては、主語が何であるのかが大きな問題となる。この点については、後に改めて議論したい。

　佐藤は別の観点からみた資源と商品の相違点について、「互いにつながっている資源とは対照的に、資源生産物である財は個別化され、それを生み出す土地か

らは離れて存在している」(佐藤, 2011, p.20) ことを指摘している。この指摘は、経済学が想い描く「理想の」労働市場の姿と重なる。労働経済学においては、人的資源が特定の地域やコミュニティから切り離されたばらばらの労働力となり、価格メカニズムに従って流動する場として労働市場が想定されている。価格メカニズムが貫徹している自由市場は、一般的な商品についても完全な形では実在しない。しかし長短はともかく貯蔵・輸送が可能である商品については、輸送費さえ適切に処理すれば自由市場を想定して分析することは許されるべきであろう。労働経済学は労働力について自由市場を想定することで成り立っているが、労働力の本質を考えると、現実の労働市場はほかの商品一般の市場と比べてはるかに自由市場から隔たったものになる。われわれは、思考の力によって労働力という概念を抽象化することはできるが、それはあくまでも思考の産物であり、人格から切り離された素材（モノ）としての労働力が実在するわけではない。労働力は素材（モノ）ではないので貯蔵することはできず、労働力を持った労働者から切り離して輸送することはできない。労働力は特殊な形態の人的資源であるから、人的資源もまた、それを持つ人間から切り離して輸送することはできない。

確かに労働者の移動という形をとれば、労働力も輸送可能である。しかしほとんどの労働者は、特定の職場において自らの労働力を販売・行使し、その職場への通勤利便性を考慮して再生産の場としての住居を選択する。人間は住居を拠点に生活空間を編成し、コミュニティへの帰属を深め、人的ネットワークを築き上げていく中で、特定の土地に根差して生活することを志向する。それを持つ労働者が自らの意思で特定の土地に固着しようとするため、労働力の移動性は大きく損なわれる。自由市場であれば、商品は価格メカニズムに従って供給過剰の地域から供給不足の地域に移動するはずであるが、労働力に関してはこの想定が成り立ちがたいのである。

労働市場の不完全性についてもう少し述べよう。労働市場が自由市場であるとすれば、需給の変動に応じて頻繁に労働者の解雇が行われたり、労働者が許容できない水準にまで賃金率が落ち込んだりすることがありうる。このような場合、労働者は自らの肉体的・精神的能力＝人的資源を商品の生産ではなく、不当な扱いを受けたことに対する異議申し立てに振り向ける可能性がある。こうした異議申し立ては、特定の土地に根差した労働運動として組織化されることでより強い

威力を持つことがある[4]。

　このことは、先に人的資源においては「働きかけの対象となる」の主語が重要であると述べたことと関わっている。雇用主は労働者の人的資源に直接働きかけて労働力を行使させることはできない。労働者が自らの能力を商品の生産に振り向けることに同意して、初めて生産が可能になる。つまり雇用主が労働者に働きかけ、労働者がそれに同意して自らの人的資源に働きかけるという二重の働きかけが必要である。雇用主はその時々に必要な労働力を可能な限り安く購入し、自由に使いたいという希望を持っている。しかし需要の変動に合わせて解雇と採用を頻繁に繰り返したり、買い手市場であるからといって極端な低賃金で労働者を雇用したり、労働者を過酷な労働条件のもとで働かせようとしたりすれば、労働者の組織的抵抗や消費者の反発を招き、生産活動は阻害される。希望する労働力の使い方に対して労働者の同意が得やすい状況すなわち良好な労使関係を作り出すためには、雇用主は労働市場における需給の変動リスクをある程度負担する必要がある。

　再び佐藤（2011）の議論に戻ろう。佐藤は水を引き合いに出して、資源利用には「時間的、場所的な調整を必要とする」ことを説明する（佐藤 2011, p.106）。水は多すぎると洪水になり、少なすぎると渇水になるので時間的調整が必要であり、水が余る地域と不足しがちな地域があるため場所的調整が必要である、というわけである。これらを踏まえ、「水をめぐる競合は、調整という社会的プロセスを必要不可欠にする」と結論付けている。

　人的資源についても空間的・時間的調整は欠かせない。しかもここまでの説明から、人的資源の空間的・時間的調整が他の資源一般に比べて困難であることは明らかであろう。佐藤は都留重人の言葉を引き、「資本主義が資源問題を扱うというのは、あたかも『死物を扱いなれているものが、生き物を扱うようなもの』（都留, 1951, p.159）」（佐藤, 2011, p.88）と表現しているが、人的資源に限っては、これはまったく比喩ではない。「生き物」である労働者から労働力を「死物」として切り離すことができないために、人的資源の社会的調整は資本主義にとっての重要な課題となる。

　自律的市場メカニズムによる需給のマッチングが期待できないのであるから、社会的調整によって需給のマッチングが図られなければ、労働市場は存立できな

い。より具体的には、人的資源のうち、どの部分を労働力として開発するのかを見定めたうえで、労働力の需要と供給のミスマッチを克服する制度を用意する必要がある。そして労働力の円滑な再生産、言い換えれば労働者の健康で文化的な生活を保障するしくみも同時に求められる。経済地理学の立場から労働（力・者・市場）を研究する意義は、労働力や労働市場の持つ特性を踏まえたうえで、いかなる社会的調整のメカニズムによって労働力の需要と供給の空間的・時間的ミスマッチの克服が目指されたのかを、地域構造や地域的文脈と関連付けて分析することにあるといえよう。

　次節以下は、これまでの到達点を踏まえたうえで、戦後の日本を高度成長期、安定成長期、低成長期に区分し、どのような人的資源がどのような形で労働力として動員されたのか、労働力の供給と再生産がいかにしてなされ、労働力の空間的・時間的ミスマッチがいかにして乗り越えられたのかについて、それぞれの時代における特徴を把握する作業に充てられる。本稿は資源論に関する書物の一章ではあるが、事実上労働力ならびにその配分メカニズムである労働市場に関する議論が中心となる。しかし労働力を目的の幅が商品の生産に限定された特殊な形態の人的資源であるとみる筆者の立場からすれば、労働力について論じることはある種の人的資源論になりうる。

3．戦後日本における労働市場の社会的調整

(1) 高度成長期

　日本は1950年代半ばから高度成長期を迎えた。1956年から1973年までのGDPの成長率は、年率平均で10％に迫っていた（図9-1）。この時期を象徴する労働力の供給主体は、「標準労働者」である。標準労働者とは「学校卒業後直ちに企業に就職し、同一企業に継続勤務しているとみなされる労働者」のことである。この言葉は決して死語ではなく、今日でも賃金構造基本統計調査の中に生きている。高度成長期とは、それ以前は一部のホワイトカラー層のみが辿った「標準労働者」としての職歴がブルーカラーにまで浸透した時代であり、それを可能にする諸制度が労働市場において確立した時代であった（菅山, 2011）。

　日本の高度経済成長は、三大都市圏を含む太平洋ベルトに立地した重化学工

図 9-1 GDP 実質成長率の推移
資料:『国民経済計算』(内閣府:SNA) により作成。

1956～73年度平均9.1%
1974～90年度平均3.9%
1991～2010年度平均0.9%

業がエンジンとなって、国民経済全体を浮き上がらせることで達成された。製造業の生産拡大に伴う人口増加は、商業やサービス業における労働力需要を生み出し、大都市圏は深刻な労働力不足に見舞われた。一方高度成長期の非大都市圏では、人口転換のプロセスにおける多産少死世代が就職の時期を迎え、これに農業労働の効率化が相まって、労働力は供給過剰の状態であった。しかし農家労働力はまさしく特定の土地と結びついているために移動性が低く、挙家離村して大都市圏に移動する農家世帯は少なかった。

高度成長期は「国内にあっても利用上非効率な資源は容赦なく廃棄し」(石井, 2007, p.297)、輸入に依存する体制が確立していく時期でもあった。それがとくにドラスティックに起こったのが産炭地域である(矢田, 1975)。石炭資源の放棄に伴って、それを開発する労働力となってきた人的資源も放棄された。政府は炭鉱離職者対策の一環として広域職業紹介を行い、元炭鉱労働者たちを労働力需要のある地域に移動させようとした[5]。しかしすでに生活基盤を築き上げ産炭地域特有の地域社会に埋め込まれていた中高年者には、地域を離れることができず失業者として滞留することになった人も少なくなかった[6]。

成長著しい大都市圏と労働力過剰の非大都市圏というコントラストは、有効求人倍率にもはっきりと表れている(図9-2)。労働力の需給の空間的ミスマッチは、日本経済にとって高度経済成長を成し遂げる上で克服すべき課題であった。しかし現実の労働市場は、需要と供給が「見えざる手」によって瞬時に結びつけられるものではない。そのため、大都市圏の労働力需要と非大都市圏の余剰労働力を結びつける「見える手」が求められたのは必然であった。この「見える手」となったのが新卒一括採用制度における学校および職安である。

世帯を形成しておらず、生活基盤の定まっていない新規学卒者は、移動の制約が最も小さい人的資源である。しかし各企業の採用担当者が全国各地を訪れて採用候補者を一人ひとり面接するとなると、莫大な時間と費用がかかる。逆に卒業

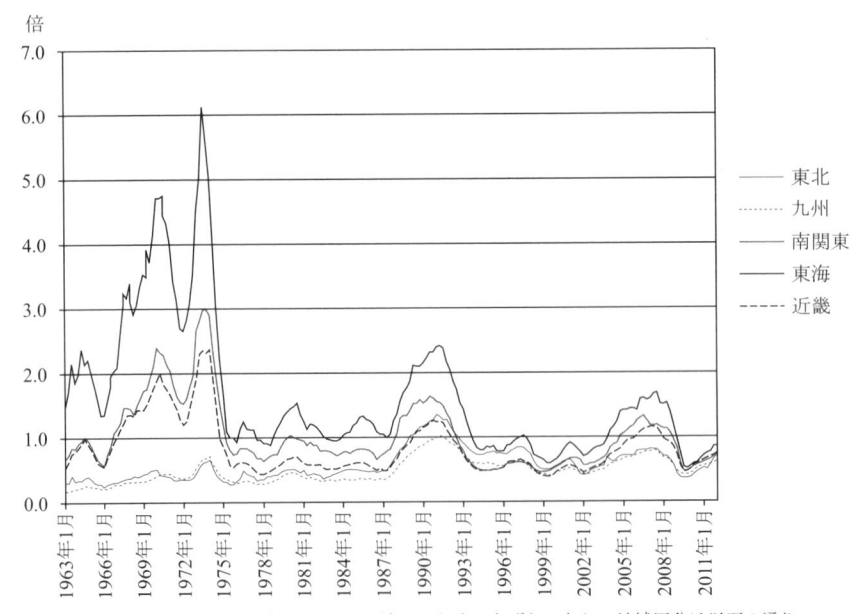

注) グラフが煩雑になるのを防ぐため、5地域のみを取り上げた。なお、地域区分は以下の通り。
東北：青森県、岩手県、宮城県、秋田県、山形県、福島県
九州：福岡県、佐賀県、長崎県、熊本県、大分県、宮崎県、鹿児島県、沖縄県
南関東：埼玉県、千葉県、東京都、神奈川県
東海：岐阜県、静岡県、愛知県、三重県
近畿：滋賀県、京都府、大阪府、兵庫県、奈良県、和歌山県

図9-2　地域別有効求人倍率の推移
資料：『一般職業紹介状況（職業安定業務統計）』により作成。

前の中学生・高校生に今日の大卒者のような就職活動を課すわけにもいかない。インターネットも携帯電話もない時代であるから、物理的に遠く離れた中学校・高校に通う新規学卒予定者に、求人情報を届けることだけでも難題であった。新卒一括採用制度は、求人情報のありかを学校あるいは職安に一元化し、採用候補者の選抜過程についてもその大半をこれらの組織が代行することによってこうした課題に対処するものであった。

1960年代半ばまでは、新規学卒就職者の多数派は中卒者であった。中卒者の新規学卒労働市場は職安行政による強力な社会的調整の下に置かれており、各都道府県の職業安定課職員が求人・求職情報を持ち寄って広域的なマッチングを行う場として「全国需給調整会議」が開かれていたほどであった（菅山・西村，2000）。当時の「労働省は『求人倍率の全国的平均化』に向けて求人者の採用希望地の強制的な変更も辞さない強力な調整方式を採用」（菅山・西村，2000，p.106）したのであるが、そのような方式を採用しないかぎり需給の空間的ミスマッチは解消できなかったのである。ちなみに職安の影響力が強かった新規中卒者の就職過程においても、一人ひとりの生徒の能力や個性、家族的背景などを把握し、希望する就職先の地域や企業、職業などを聞いたうえで職業指導を行うという緻密な作業は学校が担っていた（石田，2000；菅山，2000）。

1960年代後半になると進学率の急上昇に伴って新規中卒就職者は激減し、新規学卒者の中心は高卒就職者へと移る。新規高卒者については高度成長期に学校を窓口とする新卒一括採用制度が定着し、現在に至っていることがよく知られている[7]。学校を窓口とする新卒一括採用制度は、明治期に帝国大学や高等工業学校出身の技術者を獲得するために企業が学校に求人を依頼したことに端を発し、それが若干形を変えて文系高等教育機関や実業学校の卒業生を対象にした職員採用にも広がっていった（菅山，2011）。そして高度成長期には、この制度が高卒者にも適用されるようになった。今では個人的な就職活動が中心の文系大卒者でも、高度成長期には依然として学校を通じた就職が一般的であったという（苅谷，2000，p.52-53）。

このように、高度成長期においては、中卒者から大学・大学院卒者にいたる全ての新規学卒労働市場が組織的な社会的調整の下に置かれており、とりわけ学校が重要な役割を果たしてきたことが特徴である[8]。この社会的調整によって、労

働市場における労働力の需要と供給の空間的ミスマッチという難題が乗り越えられたのであった。それは学校と職場が切れ目なく接続され、「標準労働者」の定義のうち「学校卒業後直ちに企業に就職し」の部分を達成することにもつながった。

「終身雇用」は、「標準労働者」の定義のうち「同一企業に継続勤務している」を表す言葉である。「終身雇用」を理念とする日本企業においては、必要な労働力を必要な時に外部労働市場から調達するのではなく、内部労働市場において人的資源管理を行う。外部労働市場が発達していないため、新規学卒時に良好な雇用機会に恵まれるか否かが、その後の人生全体に影を落とす。つまり新規学卒一括採用制度と「終身雇用」は表裏一体の関係にある。

資本主義の下では、景気の変動によって労働力の需給に時間的ミスマッチが生じることは避けられない。1950年代までは、解雇という強権的な手段でこのミスマッチの解消が図られたこともしばしばあり、それは激しい労働争議を結果した。仁田（2003，p.20）は、殺伐とした労働争議の教訓を踏まえ、「一方では、労働者は、一旦就職した企業をやめないで勤勉に働き続けるのに対応して、他方では、経営者は労働者が重大な不正行為を働いたり、企業が経営危機に陥らない限り解雇しないという、コミットメントの相互交換」として、「終身雇用」の理念が定着したとしている。日本企業は解雇という手段を用いずに労働力の需給の時間的ミスマッチに対応するため、景気が悪化した場合には、企業グループ内での転籍や残業時間の削減で労働力需要の減少に対応してきたことは周知のとおりである。

内部労働市場に依存して様々な業務を遂行していくためには、それに対応できる質的フレキシビリティを持った労働力を養成していく必要がある。日本企業はOff-JTよりもOJTを重視する傾向にあり、従業員はその過程で転勤などによる地理的移動を迫られることもしばしばある。佐藤（2011，p.33）は、「資源と資本の決定的な違いは、資本がすでに人の手にかかり『固定化』されていることである」としている。日本企業は、人的資源を現場での仕事を通じて事業内容や「社風」にふさわしい企業特殊的な人的資本として固定化していく仕組みを作ったのである。

人的資本を形成するために費やした時間とコストは、従業員が辞めてしまえ

ば無駄になる。一般に労働経済学では、離職する確率の高い女性は投資効率が悪いため、周辺的な業務にとどめられ、それに対応して賃金も低くなる（統計的差別）と説明する。しかし高度成長期の日本企業はそもそも商品の生産に際して女性の人的資源をあまり期待しておらず、男性従業員に対して妻の生活費もカバーする家族賃金を支払うことで、もっぱら再生産労働力として間接的に使用していたといえる。高度成長期には大企業を中心に家族賃金が浸透し、性別役割分業に依拠した「近代家族」のすそ野が広がっていった。そして「近代家族」を象徴する生活空間となったのが、大都市の周辺部に開発された郊外住宅地であった。

(2) 安定成長期

1973年の第1次オイルショックによって日本の高度経済成長は終わりを迎えたが、それでも年率平均のGDP成長率は4%程度を保った。1980年代いっぱいまで日本経済が安定成長を続けてきた背景には、高度成長期とは異なる人的資源の開発がある。それはもっぱら再生産に費やされてきた女性の労働力を賃労働に振り向けることであり、農家労働力を賃労働力化することであった。

高度成長期には、非大都市圏から大都市圏へと大量に移動した新規学卒労働力が経済成長を支えてきたが、大都市圏の転入超過は1970年頃を境に急減する。成長の鈍化によって大都市圏の労働力需要が減退したことはもちろんその要因の一つであるが、人口学的には新規学卒就職を迎える世代が少産少死世代へと移行したことが重要である（伊藤，1984）。

落合（1997, p.81）が示したように、国勢調査によれば、拡大家族に相当する「その他の親族世帯」の実数は1955年から1990年までほぼ一定である。このことは、日本の家族は高度成長期以降も基本的にあとつぎを確保してきたこと、裏を返せばあとつぎ以外の子どもが核家族を形成してきたことを示す。本格的な長男・長女時代が到来した1970年代以降には、あとつぎとなるべき人の割合が増大し、非大都市圏出身者の地元定着志向やUターン志向（荒井ほか編著，2000）が顕在化した。高度成長期の終焉と機を同じくして、雇用者が大都市圏にいながらにして若く安価な労働力を確保できる時代も終わった。

非大都市圏において相対的に豊富となった人的資源を安価な労働力として開発

するため、大手の製造業企業は全国スケールで企業内地域間分業を発展させ、分工場や生産子会社を非大都市圏に立地させた。そして分工場や生産子会社を頂点として地域内での階層的な下請構造（地域的生産体系）を築き上げた（末吉，1999）。高度成長期以降、農村地域にも都市的な生活様式が浸透し、現金収入の増大が望まれたが、農業の相対所得は低下していた。そのため、農家世帯の側にも自家消費していた労働力を労働市場において販売したいという意向があった。こうして安定成長期の非大都市圏においては、地域的生産体系に対応した階層的な労働力需要と、主として農家の供給する労働力とが結びつく場である「地域労働市場」が展開した。安定成長期には、高度成長期とは逆に労働力の需要が移動することで、労働力需給の空間的ミスマッチが解消されたことになる。

　地域労働市場における労働力供給はあとつぎ世代の女性から始まり、次第にあとつぎ世代の男性も賃労働に従事するようになった。一方親世代は、男性世帯主を中心に依然として農業に従事することが多かった。親世代の女性は農業の傍ら育児や家事の多くを担い、その分あとつぎ世代の女性が賃労働に専念するといった世代間役割分業も広くみられた。安定成長期の非大都市圏では、農家世帯が農業所得と農外所得を組み合わせて世帯単位で労働力の再生産を行う多就業構造が定着していった（安東，1986）。

　あとつぎ世代の男性には、大手製造業企業の生産子会社や関連会社に就職し、安定した雇用の下で比較的良好な処遇を受けていた人もいたが、女性の場合は生産子会社や関連会社に勤務していても賃金は低水準で年功的な上昇は望めず、しかも日給月給制が一般的であった（末吉，1999）。地域的生産体系の階層構造の下層に行くほど女性労働力の比率は高まる。その最底辺に位置する内職はほぼすべてを女性が占め、需要変動に対応しやすい低賃金労働力としての活用された（青野，2011）。プラザ合意に伴う円高で操業環境が悪化すると、親企業による受注単価の切り下げなどを受けて人員削減を行う下請企業も多かった。大手製造業企業は、階層的な地域労働市場を緩衝剤として、労働力需給の時間的ミスマッチに対応したのである。

　国や地方自治体は、一連の「農村工業化」のプロセスを社会的に調整してきた。安定成長期の大部分は定住圏構想を柱としてきた三全総の時期と重なるが、定住のためには雇用機会を確保することが不可欠である。低成長期には農村地

域工業導入促進法やテクノポリス法に基づいて全国各地で工業団地が造成され、自治体は様々な優遇策を設けたうえで企業誘致のための営業活動に奔走した。よりインフォーマルなレベルでは、自治体や農協の職員がある程度の資本を持った地域住民に対して創業のサポートをし、地域的生産体系の確立に寄与したという（末吉，1999，p.94）。

　人件費の削減という需要側の論理ばかりに目を向けると、農家の人的資源が低賃金労働力として「地域労働市場」に受動的に取り込まれていったとの印象を抱きがちである。しかし製造業の非大都市圏への進出が、自分が生まれ育った地域で生活を送りたい、あとつぎが「イエ」を継承できるような雇用機会が地元にほしいといった地域住民の声に応えるものであり、それが政策的に下支えされてきたことを見落としてはならない。それは、過疎・過密によって国土構造が不均衡化したことへの反省を下敷きとして、非大都市圏出身者が出身地で生活を送ることができる条件を整備することが政策的課題であるというコンセンサスによって実現した部分も大きいと考える。

　今度は大都市圏に目を向けてみよう。大都市圏郊外が「近代家族」の生活の舞台となった当初は、就業機会のみならず消費機会についても中心市に依存していたが、安定成長期になると駅周辺やロードサイドを中心に小売業や飲食業、対個人サービス業などの立地が進み、生活空間としての自立性を高めていく。これに対応して大都市圏郊外では、住民のサービス需要を満たすための労働力需要が発生した。

　製造業の場合には、賃金の安いところに工場を立地させ、生産された工業製品を任意の地点に輸送して消費することが可能である。しかしサービスは労働力の行使そのものであるために輸送ができず、消費地において生産しなくてはならない。加えてサービスの場合、景気変動以上に需要の季節変動や日変動、時間変動が激しく、しかも製造業のように商品を在庫としてストックすることができないため、生産効率を向上させるためにはサービス需要の変動に労働力の供給を対応させるしかない。そのため、労働力需要が増加する季節や時間帯、曜日には短時間労働者を雇うことで労働力需要の時間的ミスマッチの克服が図られた。とりわけ大都市圏郊外においては、既婚女性の人的資源がパート労働力として開発され、サービス需要増大への対応が図られた。

図9-3には大都市圏郊外の典型例として神奈川県を取り上げ、オイルショック直後の1975年とバブル崩壊直前の1990年の女性労働力率の内訳を示した。この間、女性労働力率は15〜19歳を除く全年齢階級で上昇し、とくに25〜29歳と40歳代から50歳代前半にかけての上昇が顕著である。前者は晩婚化・非婚化の進展によるものであるため「主に仕事」が上昇分の大半を占めているが、後者では「家事のかたわら仕事」の伸びが目立つ。このうちのかなりの部分が既婚パート労働者に相当するとみられる。

安定成長期にも大都市圏の地価は上昇を続け、とくに1980年代後半にはバブルが発生したため、住宅価格は高騰した。ロストウ（1974）が述べたように、郊外化の進展と高度大衆消費社会の到来は足並みをそろえて進み、大都市圏郊外の世帯は耐久消費財やサービスの消費の単位としての側面を強めた。重い住居費の負担の下で消費生活の維持・向上を実現するためには、追加的な所得が求められる。そこで既婚女性も賃労働に従事することになるが、性別役割分業規範を維持することが世帯にとっての前提であるならば、自宅周辺でのパートタイム労働という働き方が一つの妥結点となる。

サービス経済化の下で既婚女性のパート労働力の供給が増加したことは、労働力の需要側にとって歓迎すべき変化ではあったが、サービス需要の変動に対応したきめ細かな労働力の調達を阻害する労働力の供給行動も見られた。配偶者控除および配偶者特別控除は、制度上の問題により、年間所得が103万円を超えると

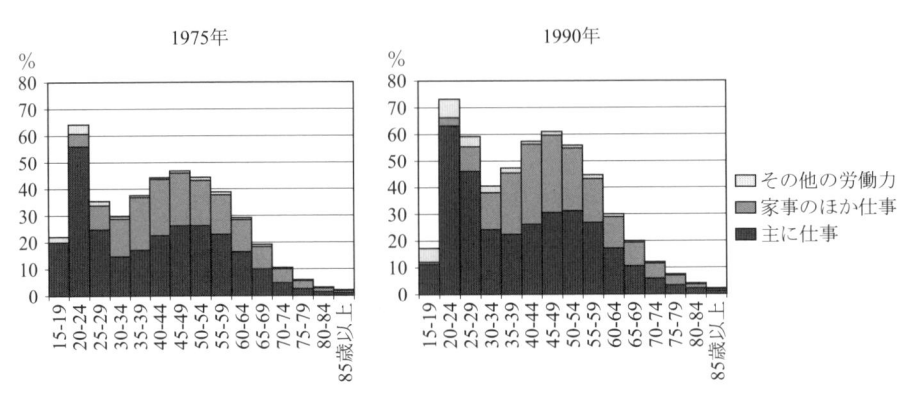

図9-3　神奈川県の女性労働力率とその内訳
資料：『国勢調査』により作成。

所得税を差し引いた後の手取り額はむしろ減少する[9)]。さらに年間収入130万円を超えると、配偶者の社会保険の被扶養者となる資格を失い自分で社会保険料を負担する必要が出てくる。そのため既婚女性の多くは年間の所得を103万円あるいは130万円までに抑えるために年末や月末に労働時間を調節した。そのため雇用主は、既婚女性のそうした行動を織り込んだうえで労働力の割り付けを行わざるを得なかった。

　こうした制度のひずみや、制度に潜むジェンダー規範が、既婚女性をパート労働者という「身分」に追いやっていたことは否定できない。しかし非大都市圏の農家世帯が多就業構造によって「イエ」の存続を目指したように、大都市圏の世帯の多くは既婚女性が賃労働に従事するとしても家計補助の水準にとどめ、基本的には「近代家族」的な性別役割分業を保つことを自ら選択したという側面もあったのではなかろうか。そしてこの選択は、労働市場において男性正社員が優遇され、かつその雇用が依然として安定していたからこそ可能であった。

(3) 低成長期

　バブル崩壊によって日本経済は低成長期に突入し、GDPがマイナス成長の年が繰り返し訪れる事態となった。労働力という商品は労働者の健康で文化的な生活が保障されてこそ、安定的に供給される。高度成長期以降の日本においては、「終身雇用」を理念とし、労働力需給の変動リスクの相当部分を雇う側が負担することで、労働者の生活の安定を保障するというコンセンサスが形成された。生活給や家族賃金は、それを具現化したものといえる。低成長期はそのコンセンサスが大きな転換を迎えた時期であると位置づけられる。

　転換に向けた狼煙(のろし)となったのは、日本経済団体連合会による『新時代の日本的経営』(新・日本的経営システム等研究プロジェクト編著, 1995) である。この報告書では、高コストとなりがちな旧来の「日本的経営」を見直し、従業員を3グループに区分し、それぞれの特徴を踏まえて弾力的な労働力の活用を図る「雇用ポートフォリオ」という考え方が提示されている（表9-1）。「雇用ポートフォリオ」の中には、「長期蓄積能力活用グループ」のように内部労働市場において職業能力を高めることが期待される従業員も存在する。しかし「高度専門能力活用型グループ」や「雇用柔軟型グループ」は外部労働市場から調達するものと位

表9-1 「雇用ポートフォリオ」におけるグループ別にみた処遇の主な内容

	長期蓄積能力活用グループ	高度専門能力活用グループ	雇用柔軟型グループ
雇用形態	期間の定めのない雇用契約	有期雇用契約	有期雇用契約 **間接雇用**
対象	管理職・総合職・技能部門の基幹職	専門部門 （企画・営業・研究開発等）	一般職 技能部門 販売部門
賃金	**各グループの賃金は，基本的には各企業の経営方針，支払能力，生計費がベースになって検討される** **一定資格以上は業績によって上下に格差が開く，いわばラッパ型の賃金管理を志向** 月給制か年俸制 職能給 昇給制度 **一定の資格までは職能給＋年齢給か多少の年功給を考慮した職能給，それ以上は職能給か年俸制**	年俸制 業績給 昇給なし	時間給制 職能給 昇給なし
賞与	業績反映型に切り替え，年間賃金に占める賞与の割合を若干高める方向で検討 従業員も賞与とは業績に応じて支払われるものとの考え方の下で生活設計を見直す必要がある 定率＋業績スライド	成果配分	定率
退職金・年金	従業員の流動化を阻害せず，功労報酬を反映した貢献度反映型退職金 ポイント制	なし	なし
昇進・昇格	役職昇進 職能資格昇格	業績評価	上位職務への転換
福祉施策	生涯総合施策	生活援護施策	生活援護施策

資料：新・日本的経営システム等研究プロジェクト編著（1995, p.32）の表に報告書全体を参考に加筆（太字部）して作成。

置づけられ、雇用主が「人的資本」形成のための投資を積極的に行うことは想定されていない。

「雇用ポートフォリオ」の狙いは、「過剰な人員を抱えず人材を有効に活用するためにも、一括採用をも含めて『必要な都度、必要な人材を、必要な人数だけ採用する』との考え方に立って人の採用・活用を考えていく」（新・日本的経営システム等研究プロジェクト編著，1995, p.69）という部分に示されている。目指すところは、労働力についても、部品などと同様にジャスト・イン・タイム化を

図ることなのである。その野心的な試みは、少なくとも他の商品と同じレベルにまで労働市場を自由市場に近づけなければ達成されない。

日本では、労働契約法16条に「解雇は、客観的に合理的な理由を欠き、社会通念上相当であると認められない場合は、その権利を濫用したものとして、無効とされる」として解雇権の濫用を禁止している[10]。労働者の生活保障を企業が負担するという「社会通念」がある以上、雇用主が解雇権を行使するためのハードルは必然的に高い。有期雇用の非正規労働者であっても解雇権濫用の法理は類推適用されるため、日本の労働法の下では従業員を直接雇用している限りにおいて、労働力のジャスト・イン・タイム化は困難である。そこで雇用主は、派遣や請負といった間接雇用を積極的に活用することで、直接的な雇用関係によらない労働力の調達を拡大していった。

戦後の日本では労働者供給事業が禁じられてきたが、実態としては業務請負などの形をとって広く存在していた。1980年頃になると労働者供給事業の法制化の動きが具体化し、経済同友会労使関係プロジェクトの議論から生まれた「中間労働市場論」（伊丹・松永，1985）を理論的根拠とする形で1986年に労働者派遣法が施行されるに至る（伍賀，2000）。「中間労働市場」とは、資源配分に係る「市場」と「組織」という二つのメカニズムの中間に位置するものであり、雇用者と労働者の間に媒介項を置くことで、前者の雇用保障のリスクと後者の失業のリスクの両方が緩和されると主張された。

労働者派遣法の施行からしばらくは、労働者保護の観点から労働者派遣が認められたのは専門性が高いとされた特定業種のみであったため、派遣労働者の増加は緩やかであった（図9-4）。しかし1999年に対象業務がネガティブリスト化されるや、派遣労働者数は急増を始める。さらに2004年に製造業務への労働者派遣が自由化されたことと、2006年には当初1年であった製造業務への派遣期間の上限が3年となったことが、増加に弾みをつけた。もっとも労働者派遣が合法化される以前から、製造業においては数十万人単位の請負労働者が働いていた（中馬，2003）。

伊丹・松永（1985）が謳っていたように、中間労働市場の典型である派遣・請負業者を利用すれば、派遣先は雇用保障のリスクを免れることができる。間接雇用においては、派遣・請負労働者と派遣先は直接的な雇用契約を結んでいないた

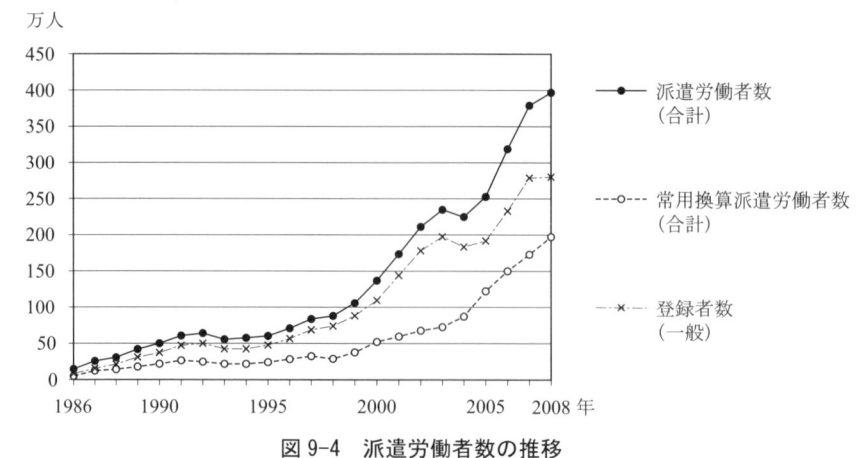

図 9-4 派遣労働者数の推移
資料：高橋 (2006)，労働者派遣事業報告書集計結果により作成。

め、労働力需要が減少した時には民事契約である労働者派遣契約や業務請負契約を解除すれば、容易に労働力の調整ができる。すなわち派遣先は、間接雇用労働者を使用することによって労働力のジャスト・イン・タイム化を図り、労働力需給の時間的ミスマッチを解消することができる。加えて大手派遣・請負業者は、全国的な事業所網を生かして必要とされる質と量の人的資源をそれが存在する地域から掘り起こして労働力化し、クライアントに届ける。このことは、派遣・請負業者が労働力需給の空間的ミスマッチをも乗り越える媒介項となっていることを意味する。

これに対して、中間労働市場の「本質とは、『失業』という問題が発生しない（あるいはしにくい）メカニズムということである」（伊丹・松永，1985，p.12）という言葉は、まったくの空手形であった。そのことは 2008 年にアメリカ合衆国に端を発する金融危機（リーマン・ショック）が起こり、日本では輸出主導型製造業を中心に「派遣切り」が行われた結果、大量の失業者が発生したことが証明している（中澤，2010b，2012 参照）。冷徹な見方をすれば、企業は労働力調達をジャスト・イン・タイム化できるように間接雇用労働力の活用を進めていたのであるから、大量の失業者は生まれるべくして生まれたのである。

いわゆる「派遣切り」が社会的に大きな問題となったのは、職とともに住居をも失った労働者が多数に上ったからである。間接雇用労働者には他地域から職場

近くの寮に転入してきた人が多い。こうした寮は入居に際して保証人を立てる必要がなく、敷金や礼金などのまとまった資金も不要であることが普通である。最低限の家具や家電、寝具などが用意されていることも多く、身一つでやってきても働ける条件が整えられている。

　雇用と一体化している住居である点では、間接雇用労働者の入居する寮も正規労働者にあてがわれる給与住宅も同じであるが、両者は本質的に全く異なるものである。後者は福利厚生施設であり、低廉な使用料を設定することによって従業員の定着を図るものである。大企業の中には給与住宅を持家奨励策の一環に組み込み、給与住宅への入居期間を持家取得資金の蓄積期間と位置づけるところもある。一方間接雇用労働者の寮は、他地域から転入した労働者が翌日からでも働けるようにするためのものであって、福利厚生施設ではない。給与から差し引かれる寮費が決して近傍同種の家賃に比べて安いとはいえないことは、それを裏書きする。備え付けの家具や家電などについても、通常はリース料を別途支払う必要がある。

　「可能性の束」としての資源を商品に転化し、有用性を発揮させるためには何らかのインフラが必要であり、その基礎をなすのは貯蔵のためのインフラである。労働力については貯蔵することができないので、再生産のためのインフラを整備する必要があり、それが寮であると考えることができる。暴論かもしれないが、ここまでの議論を踏まえれば、間接雇用労働者の寮はガスタンクや貯木場と本質的に変わらないものであると筆者は考えている。

　さて、失職した間接雇用労働者のうち、実家などの帰るべき場所や友人などの「資源」を持っていた人は、それらが得られる地域へと転出していったと考えられる。また、ある程度の蓄えがあれば、経済的にも精神的にも余裕をもって次の職探しに臨むことができたであろう。生活上の危機に直面した時に動員できるこうした「資源」を持たない人々が、もはや打つ手がなくなって自治体の緊急相談窓口やコミュニティ・ユニオンなどを訪れた。金融危機の発生は、危機に陥った時に「働きかけの対象となる可能性の束」＝「資源」を持たない労働者が、派遣・請負業者を媒介項として広域的に流動している状況を明るみに出した。労働力は特殊な商品であるがゆえに、労働市場の一部は中間労働市場に置き換えられたことでむしろ自由市場にきわめて近い状況となったのである。

4．おわりに

　本稿では、佐藤（2011）による資源の定義に基づき、人間が本源的に持っている「働きかけの対象となる可能性の束」とは、何事かをなしうる肉体的・精神的能力であると考え、それを人的資源と定義した。そして人的資源のうち、目的の幅が商品の生産に限定されているものを労働力（商品）と考えることにした。そのうえで労働力ならびにその配分を行う労働市場の特性について考察を進めた。労働力という商品は、それを持つ労働者と不可分であるという本質ゆえに、他の商品一般に比べて需要と供給の空間的・時間的ミスマッチが大きくなる。労働力の需要ならびに供給の構造を踏まえたうえで、いかなる社会的調整のメカニズムによって需給の空間的・時間的ミスマッチの克服が目指されたのかを、地域構造や地域的文脈と関連付けて分析するならば、経済地理学において労働（力・者・市場）を扱う意義が認められる。

　こうした分析視角から、本稿では戦後日本を3期に分けて労働市場の特徴を見ていった。その内容を重ねて述べることはしないが、注目すべきは低成長期において労働市場の一部が中間労働市場に置き換わったことにより、自由市場に近づいたことである。これは労働力が他の商品に近づいたということと同義である。

　人的資源および労働力（商品）という概念は、もともと比喩的な概念である。比喩を比喩と認識したうえでモデルを構築し、分析をすることは認められるべきであるし、そうすることによって初めて得られる知見も多い。しかし比喩性が忘れ去られたり、意図的に覆い隠されたりすれば、悲劇的な結果となりかねない。労働力も他の商品と本質的に同じなのであるから、必要な時に対価を払ってそれを買い、逆に必要ないときに買わないのは使用者の自由であり、買った後にどう使おうと自由であるというコンセンサスが広がり、労働市場の規制緩和に歯止めがかからなくなったらどうなるであろうか。

　国際労働機関（ILO）は1944年の総会でフィラデルフィア宣言を採択し、「ILOの目的及び加盟国の政策の基調をなすべき原則」を示した。その中で、ILOの根本原則の第1番目に掲げられているのが「労働は、商品ではない（Labor is not a commodity）」[11]という言葉である。多くの労働者の苦難の末に、70年近く前にこの言葉に行きついた歴史的な意味は大きい。そしてわれわれは、人間の肉体的・

精神的の能力を、人格と切り離して動員可能な文字どおりの（つまり比喩ではない）「人的資源」とみなし、総力戦へと駆り立てていった歴史を思い起こす必要がある。

注
1) 広辞林〔第六版〕では、「生産のために利用される、物的資源の本源。人間を含めてもいう。」とされている。大辞林〔第二版〕では、「自然から得られる生産に役立つ要素。広くは産業のもととなるもの、産業を支えているものをいう。地下資源・水資源・海洋資源・人的資源・観光資源など。」とされている。
2) ただし、後に述べる石井素介と同様の理由で、あえて「人的資源」という言葉を避けている可能性もある。
3) 「労働の地理学」については、中澤（2010a）を参照。
4) 戸塚・兵頭（1995）はその好例を鮮やかに描き出している。
5) 職業安定法は制定当初（1947年）、職業安定所が求職者に対して職業紹介を行う際、原則として住居の移動を伴わないように努めなければならないとしていた。しかし石炭合理化の過程で発生した失業者を他地域に移住させる必要があるとの認識から、1959年に制定された炭鉱離職者臨時措置法によって、広域職業紹介が導入された（伍賀，1990）。
6) 矢田（1967）は、高度成長期の常磐炭田を対象として炭鉱離職者の動向が年齢や性別、勤務していた炭鉱の規模などによって異なることを分析している。
7) 高度成長期を対象とした実証分析ではないが、具体的な新規高卒者の就職プロセスについては苅谷（1991）に詳しい。
8) 研究開発技術者として就職した理系の大学・大学院卒業者については中澤（2008：Ⅲ章）を参照されたい。
9) 民間企業では、配偶者（通常は妻）に対する扶養手当の支給基準にこの水準を援用しているところも多く、その場合はさらに所得が減少する。
10) これは2003年に制定されたものであるが、それ以前の判例を踏襲し条文化したものである。
11) ILO基本文書フィラデルフィア宣言付属書参照。（http://www.ilo.org/public/japanese/region/asro/tokyo/standards/constitution.htm）（2012年3月19日閲覧）

参考文献
青野壽彦（2011）:『下請機械工業の集積－首都圏周辺における形成と構造』古今書院.

荒井良雄・川口太郎・井上　孝編（2002）:『日本の人口移動－ライフコースと地域性』古今書院.
安東誠一（1986）:『地方の経済学－「発展なき成長」を超えて』日本経済新聞社.
石井素介（2007）:『国土保全の思想－日本の国土利用はこれでよいのか』古今書院.
石田　浩（2000）:中卒者就職のミクロなメカニズム，（所収　苅谷剛彦・菅山真次・石田　浩編『学校・職安と労働市場－戦後新規学卒労働市場の制度化過程』東京大学出版会：113-154）.
石光　亨（1983）:資源論の課題，神戸大学経済経営学会編『経済学研究のために　増補改訂第3版』神戸大学経済経営学会：250-256.
伊藤達也（1984）:年齢構造の変化と家族制度からみた戦後の人口移動の推移，『人口問題研究』172：24-38.
伊丹敬之・加護野忠男・伊藤元重（1993）:『日本の企業システム　第3巻人的資源』有斐閣.
伊丹敬之・松永圭介（1985）:中間労働市場論，『日本労働協会雑誌』312：11-19.
落合恵美子（1997）:『21世紀家族へ－家族の戦後体制の見かた・超えかた（新版）』有斐閣.
苅谷剛彦（1991）:『学校・職業・選抜の社会学』東京大学出版会.
苅谷剛彦（2000）:学校・職安・地域間移動，（所収　苅谷剛彦・菅山真次・石田　浩編『学校・職安と労働市場－戦後新規学卒労働市場の制度化過程』東京大学出版会：31-63）.
伍賀一道（1990）:労働市場政策における「地域」の問題，金沢大学経済学部論集10（2）：145-164.
伍賀一道（2000）:非正規雇用－派遣労働を中心に－，『大原社会問題研究所雑誌』501：13-29.
佐藤　仁（2011）:『「持たざる国」の資源論－持続可能な国土をめぐるもう一つの知』東京大学出版会.
新・日本的経営システム等研究プロジェクト（1995）:『新時代の「日本的経営」－挑戦すべき方向とその具体策』日本経営者団体連盟.
末吉健治（1999）:『企業内地域間分業と農村工業化』大明堂.
菅山真次（2000）:中卒者から高卒者へ－男子学卒労働市場の制度化とその帰結－，（所収　苅谷剛彦・菅山真次・石田　浩編『学校・職安と労働市場－戦後新規学卒労働市場の制度化過程』東京大学出版会：193-264）.
菅山真次（2011）:『「就社」社会の誕生－ホワイトカラーからブルーカラーへ』名古屋大学出版会.
菅山真次・西村幸満（2000）:職業安定行政の展開と広域紹介，（所収　苅谷剛彦・菅山真次・

石田　浩編『学校・職安と労働市場－戦後新規学卒労働市場の制度化過程』東京大学出版会：65-112).

中馬宏之（2003）：労働市場における二極分化傾向－構内請負工急増の事例から，『フィナンシャル・レビュー』67：57-74.

戸塚秀夫・兵藤　釗編著（1995）：『地域社会と労働組合－「産業空洞化」と地域戦略の模索』日本経済評論社.

都留重人（1958）：『経済を見る目』岩波新書.

中澤高志（2008）：『職業キャリアの空間的軌跡－研究開発技術者と情報技術者のライフコース』大学教育出版.

中澤高志（2010a）：「労働の地理学」の成立とその展開，『地理学評論』83：80-103.

中澤高志（2010b）：大分県における間接雇用の展開と金融危機に伴う雇用調整の顛末，『経済地理学年報』56：136-161.

中澤高志（2012）：自治体の緊急相談窓口利用者にみる間接雇用労働者の不安定性－2008年の金融危機に伴う雇用調整の帰結，『人文地理』64：259-277.

仁田道夫（2003）：『変化の中の雇用システム』東京大学出版会.

森滝健一郎（1983）：わが国における資源論の動向と課題，『経済地理学年報』29：217-233.

矢田俊文（1967）：常盤炭田における離職者の動向，『地理学評論』40：498-511.

矢田俊文（1975）：『戦後日本の石炭産業－その崩壊と資源の放棄』新評論.

Rostow, W.W. (1960): *The Stages of Economic Growth: a Non-Communist Manifesto*, London: the Cambridge University Press. ロストウ，W.W. 著，木村健康・久保まち子・村上泰亮訳（1974）：『経済成長の諸段階――一つの非共産主義宣言（増補版）』ダイヤモンド社.

第10章　土地資源

1．土地資源の意義

　そもそも人間の生産物ではない土地が、資源として取り扱われる意義はどこにあるのだろうか。自然のままの土地は、広がりを有するとともに、地形、土壌成分、水分条件などの構成要素からなり、それが農業にとって土地生産性を左右する地力となる。相対的に広い土地を必要とする農業とは異なるものの、工業や商業・サービス業、あるいはオフィスや住宅などの場合でも、事業活動や生活を営んでいく上で、一定の広がりのある土地は不可欠である。そればかりか、特定の位置条件の土地を占有することによって、業務の効率化や収益増を図ったり、快適な生活を実現することが可能になったりする。

　また、地表面上の土地だけではなく、地下に鉱物資源を有している場合は、採掘権を有する企業や個人に莫大な利益をもたらす。その占有をめぐって歴史の上では、国家も含めた様々な主体間で、領域・領土の分割競争が繰り広げられてきた。さらに、自然のままの土地は、素地と呼ばれるが、素地に人間労働が加えられ、土地は「人為的自然」として捉えられる。たとえば農業の場合は、土地改良を通じて地力の向上を図ったり、灌漑施設の建設により農地を拡大する事業も古くから行われてきた。私鉄会社の場合は、新線開発により位置を創出することができ、投資にみあう収益をあげていくことが可能となる（松原，1982）。

　資源として土地が価値を有する場合、その土地を占有することによって土地所有者は地代を得ることができるし、土地利用主体間の競争が激しく展開されることもある。地代には差額地代と独占地代があり、差額地代は豊度によるものと位置によるものとに分けられる。古典派の経済学者たちが主に小麦1作物の豊度による差額地代を取り上げたのに対し、チューネンは多種類の作物の位置による

差額地代を取り上げ、同心円状の土地利用分化としてチューネン圏の形成メカニズムを明らかにした。こうしたチューネンの同心円モデルは、その後、都市経済学者らによって、都市内部構造モデルへと発展し、現在に至っている（松原, 2006）。

ところで、第2次世界大戦後の日本、とりわけ高度経済成長期の日本において、土地は極めて重要な資産であり、「土地を持っていれば、銀行からお金を借りることもでき、生活も困ることはない」、といった「土地神話」が、長い間まかり通っていた。日本の地域構造の求心性を論じた加藤（2003）は、その背後に「土地神話」ないし「土地本位制」の存在を指摘した。しかしながら、1990年代初めにバブル経済が崩壊するとともに、「土地神話」も終焉を迎え、地価下落が続く中で、むしろ土地が「不良資産化」してしまうケースも生じることになった。

このように、経済的な観点から土地資源を捉える考え方が長い間支配的であったが、日本経済の成熟化とともに、国土の保全や景観の保護といったより広義の経済的価値、社会的・文化的価値の観点から土地を捉える考え方が拡がってきている。こうした土地資源の捉え方の変化に注目しつつ、以下ではまず、全国的にみた土地利用・土地所有の変化と地価の推移を概観し、その上で縮小経済の下での土地資源問題について検討し、最後に土地資源をめぐる政策的課題を考えていくことにしたい。

2．土地利用・土地所有の変化と地価の推移

(1) 全国的にみた土地利用の変化

まず、日本の国土が、どのように利用されてきたかを概観してみよう（表10-1）。2005年時点では、3,779万 ha の国土の 66.4％を森林が占め、次いで農用地が 12.6％、以下宅地（4.9％）、道路（3.5％）の順になっていた。国土利用の変化をみると、1965年には 643万 ha あった農用地は、1975年に 576万 ha へと大幅に減少し、その後も減少を続け、2005年には 478万 ha と 1965年の 7割になっている。これに対し宅地は、1965年から 2005年にかけて 85万 ha から 185万 ha へ、道路は 82万 ha から 132万 ha へと増加した。宅地のなかでも、工業用地は 1975年以降は横ばい、事務所や店舗などのその他の宅地も増加幅を落として

表10-1 国土利用の変化

	全国						三大都市圏と地方圏の割合(%)			
	1965年 (万ha)	1975年	1985年	1995年	2005年	2005年 構成比(%)	1965年		2005年	
							三大都市圏	地方圏	三大都市圏	地方圏
農用地	643	576	548	513	478	12.6	13.8	86.2	12.8	87.2
森林	2,516	2,529	2,530	2,514	2,510	66.4	8.4	91.6	12.6	87.4
原野	64	43	31	26	28	0.7	1.6	98.4	3.6	96.4
水面・河川・水路	111	128	130	132	134	3.5	11.7	88.3	14.2	85.8
道路	82	89	107	121	132	3.5	17.1	82.9	20.5	79.5
宅地	85	124	150	170	185	4.9	31.8	68.2	33.0	67.0
住宅地	69	79	92	102	112	3.0	30.4	69.6	33.0	66.1
工場用地	9	14	15	17	16	0.4	44.4	55.6	31.3	62.5
事務所・店舗など	7	31	44	51	57	1.5	28.6	71.4	31.6	68.4
その他	270	286	282	302	312	8.3	12.2	87.8	16.7	83.7
合計	3,771	3,775	3,778	3,778	3,779	100.0	10.3	89.7	14.2	85.8

資料:国土庁『国土利用白書』、国土交通省『土地白書』各年版より作成。

いるのに対し、住宅地は比較的安定した伸びを示している。

これを三大都市圏と地方圏とに分けてみると、1965年以降、宅地の3割が三大都市圏に集中している。ただし、1965年から2005年にかけて、工業用地における三大都市圏の比率は44.4%から31.3%に低下し、工業の地方圏への分散傾向がみてとれる。三大都市圏での農用地の割合も22.9%から11.4%に半減しており、大都市圏での生産機能の低下は著しい。代わって、宅地が6.9%から11.4%に増加している。地方圏の土地利用構成は、山林が67.7%、農用地が12.9%を占め、宅地は3.8%に留まるものの、土地利用の変化量は三大都市圏よりも地方圏の方が多く、地方圏においても農用地の減少と道路・宅地の増加が顕著であった。

こうした国土利用の変化には、1950年に制定された国土総合開発法とその下で5度にわたり策定された全国総合開発計画、新産業都市や工業整備特別地域、テクノポリスなどの大規模プロジェクト、高速道路や新幹線、空港や港湾、工業団地などの建設に関わる大型公共工事が、大きく関わってきた。自然のままの土地は、大規模かつ人工的に改変され、工業地域の拡張、住宅不足の解消、高速交通体系の整備など、主として経済成長に役立つ資源として、活用されてきたのである。

(2) 全国的にみた土地所有の変化

　農地、山林、原野、宅地などの全地目にわたる全国的な土地所有に関する統計は、きわめて不完全であり、1970年（一部71年）についての島本の推計が、おそらく初めてのものであろう（島本，1973）。それによると、国土総面積の57.9％が私有地、21.7％が国有地、7.9％が公有地となっており、私有地のうち8％にあたる175万haが法人所有地であった。175万haの地目別割合をみると、山林・原野が最も多く、83％を占め、以下宅地（11％）、雑種地など（5％）の順であった。また、地目ごとの法人所有地の割合をみると、雑種地などでは25％、宅地では2割と比較的高く、一方山林・原野では5.7％、農地では0.7％を占めるにすぎなかった。

　次に、法人所有地の推移をみると、1970年代前半に急増し、とりわけ資本金1億円以上の大手企業が著しく所有地を増大させていた（松原，1988）。また、1億円以上の大手企業の所有地のなかで販売用資産土地の占める割合も、70年代前半に増加し、60年代後半の2倍程度になっていた。さらに、1973年時点の資本金1億円以上の企業の業種別所有地面積をみてみると、紙・パルプ・紙加工が最も多く、林業・漁業・鉱業、電気・ガス業の順となっており、生産構造上大量の用地を必要とする業種が上位を占めていた。しかし、総合商社や不動産業もかなりの土地を所有していた点は注目に値する。これは、大規模住宅地開発やリゾート開発に関連した販売用不動産の急増によるものであった。なお、高度成長期から低成長期に移行するなかで、法人所有地の伸びは低下してきた。しかも、資本金1億円以上企業の所有地および販売用土地の占める割合は、停滞ないし減少傾向をみせていた。

　こうした法人所有地の全国的調査が本格的に行われるようになるのは、1993年以降になる。国土交通省土地・水資源局では、5年ごとに「法人土地基本調査」を実施している。「平成20年　法人土地基本調査確報集計結果の概要」（2010年）によると、土地を所有する会社法人は、約45万6千法人あり、業種別では製造業が21.7％を占めて最も多く、以下建設業（20.4％）、小売業（12.8％）、卸売業（12.7％）の順になっていた。業種別にみた土地所有率では、鉱業が58.3％で最も高く、次いで電気・ガス・熱供給・水道業（56.1％）、林業（49.2％）の順であった。また、資本金別に土地所有面積をみると、資本金1億円以上の法人が所有す

る土地面積は 9,874 km² で、会社法人全所有地面積の 64.3％ を、土地資産額全体の 69.8％ を占めていた。しかも資本金 100 億円以上の法人土地所有が、全所有地面積の 40.9％、土地資産額全体の 48.9％ を占めていた点も注目に値する。

会社法人以外の法人も含む法人全体について、事業用資産の宅地などについての利用状況を「建物敷地」と「建物敷地以外の土地」とに分けてみてみると、「建物敷地」では「工場・倉庫」が最も多く（全面積の 28.9％）、次いで「事務所」（同 7.7％）、「宗教用施設」（同 5.8％）となっており、「建物敷地以外の土地」では、「ゴルフ場・スキー場・キャンプ場」が最も多く（全面積の 12.2％）、次いで「空き地」（同 8.0％）、「宗教用地」（同 3.3％）となっていた。利用変化については、「社宅・従業員宿舎」、「その他の福利厚生施設」、「グランドなど」を合計した面積が、1993 年の 287 万 km² から 2008 年には 167 万 km² へと減少してきた点が特筆される。

宅地などの取得時期については、業種による差が顕著で、1960 年以前に取得した土地の割合が 3 割を超える業種としては、林業、鉱業、電気・ガス・熱供給・水道業、宗教が、反対に 2001 年以降に取得した土地の割合が 2 割を超える業種としては、建設業、飲食店・宿泊業、医療・福祉、教育・学習支援業があげられる。なお、製造業においては、1961 年～1980 年までに取得した土地が全体の 34.9％、1960 年以前が 17.9％ を占め、1981 年～1990 年が 16.6％、1991 年～2000 年が 12.4％、2001 年以降が 9.2％ と近年になるほど減少する傾向を示している。

都道府県別に法人土地所有面積をみると、北海道が 6,506 km² と最も大きく、以下岩手県（954 km²）、静岡県（848 km²）、岐阜県（826 km²）の順となっていた。都道府県の行政面積に占める法人所有土地の割合をみると、神奈川県が 15.5％ で最も高く、以下大阪府（13.7％）、東京都（13.1％）、群馬県（12.0％）、三重県（11.0％）の順であった。

土地取引件数の推移をみると、高度成長期の 1971 年から 1973 年にかけて 290 万件から 351 万件に急増した後、オイルショックにより 1975 年には 250 万件に急減し、その後増加と減少をくり返しながらも 1991 年までは 200 万件以上を維持してきていた。バブル崩壊後は、長期にわたる減少傾向をたどり、2010 年には 115 万件に落ち込んでいる。

こうした落ち込みの理由としては、バブル崩壊後の家計・企業ともに土地に対する意識が大きく変化してきたことがあげられる。たとえば、国土交通省による「土地問題に関する国民の意識調査」では、「土地は預貯金や株式などに比べて有利な資産か」といった質問をしているが、「そう思う」と回答した人の割合は、1993、94年度には6割以上あったが、年々低下し、1998年以降は3割台にとどまっている。同じく国土交通省による「土地所有・利用状況に関する企業行動調査」では、「今後、土地・建物の利用について、所有と借地・賃貸ではどちらが有利になると思うか」といった質問に対して、「所有が有利」と考える企業の割合が1993、94年度には6割以上あったが、1998年以降は4割前後にとどまっている。

(3) 地価の推移

第2次世界大戦後の日本の地価の推移をみると、1950年代後半から60年代前半までは、工業地地価の対前年上昇率が最も高く、高度成長期前期の工場への民

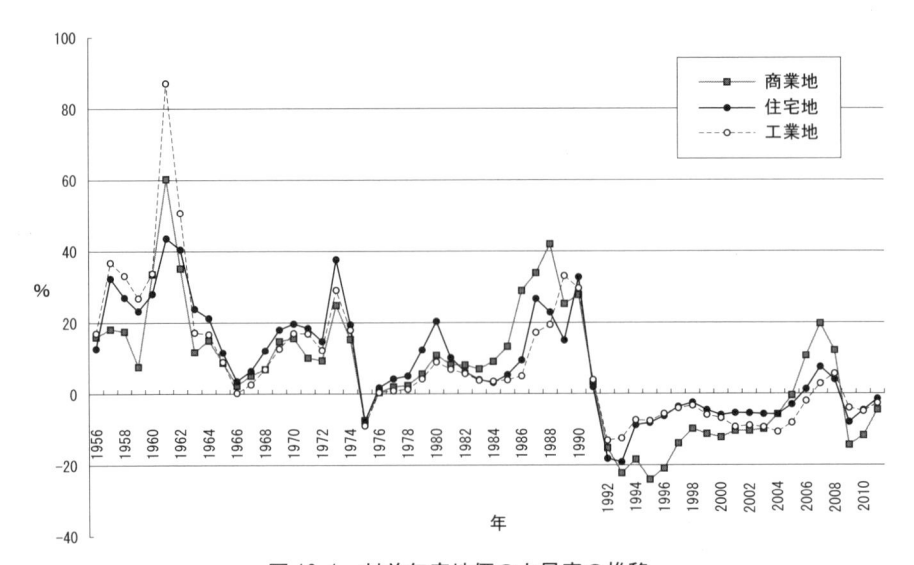

図 10-1　対前年度地価の上昇率の推移
注：六大都市、3月時点の地価を比較。
資料：日本不動産研究所資料より作成。

間設備投資の活発な動きに対応したものといえる（図10-1）。また、60年代後半以降から80年代にかけては住宅地地価が最も高い上昇率を示すようになり、とりわけ70年代前半は企業の大規模な土地取得により地価暴騰がみられ、70年代後半はマンション、ミニ開発による3大都市圏の住宅地の上昇が顕著となる。そして、80年代後半に入ると、東京や地方中枢都市都心部での商業地地価の上昇率が顕著となり、商業地地価に続く形で住宅地地価の高騰がみられた。その後1991年は、商業地、住宅地、工業地ともに大幅な下落を記録し、2005年までマイナスで推移している。2006年〜2008年まで再び商業地地価で対前年度10％をこえる上昇がみられたものの、2008年秋のリーマン・ショックによって、2009年以降マイナスに転じている。

このように地価の牽引力が、工業化から戸建住宅地化、マンション、そしてオフィスビル開発へと転換してきたことがわかる。また、地価上昇の波も、60年代後半から70年代までの郊外や地方都市から都心へという方向から、80年代に入り東京都心から郊外、地方中枢都市への方向、しかも距離と鉄道沿線のセクターの差に対応する形へと転換してきている。以上のなかで、70年代前半と80年代後半の二つの時期は、その地価高騰の異常さから注目すべき時期といえよう（松原，2006）。

1970年代前半における地価高騰の「震源」は、住宅限界地にあり、その限界地での地価上昇は、農家の土地の売り惜しみによってではなく、大手不動産資本の行動によって説明すべきであろう。すなわち、過剰流動性による資金余剰を背景にした大手不動産資本による限界地外の土地の大量な取得、豊富な資金力を生かした大規模住宅地の造成、関連社会資本の整備（これは公共機関に依存することが多い）による良好な住宅地の形成、需給関係を逼迫させて独占価格を最大化しようとする販売、といった過程を通して地価の高騰がもたらされたのである。

また、「新都市計画法」により、都市計画区域は、市街化区域と市街化調整区域に分けられたが、市街化調整区域では当面の間住宅地建設が原則として禁止されたものの、20 ha以上の大規模開発については、許可の方向が示された。これは、一般に素地価格すなわち不動産資本の仕入れ価格を低く維持し、その一方で、大手不動産資本の独占的土地開発と独占的宅地価格設定を認めるものといえよう。そこでは、法的な規制が大手不動産資本の「独占価格」設定を保障してい

るのである。

　これに対し、1980年代後半の地価高騰の「震源」は、都心部のオフィスビル開発にあった。もっとも、オフィスビル開発は60年代から活発化しており、とりたてて地価高騰の主因とするには、オフィスビル開発が従来とは異なる点に注目する必要があろう。すなわち、オフィス需要の増加もあり、ビル建設用地の不足が深刻化し、従来は借地・借家など権利関係が複雑で回避されていた細分化の進んだ土地が、「地上げ」という形で不動産資本に取得されたり、また国鉄用地などの公共用地がオフィスビル用地として高額で売却されることが多くなってきた。ここでの中心主体も大手不動産資本であるが、その背後には余剰資金を抱える金融機関の存在があった。

　また、地価高騰の波及も、高額な「追い出し」金を手にした既存の都心居住者の住み替え用の土地の上昇、しかも少数の高額支払能力者による高位平準化、またそうした需要をあてこんだ不動産業者の土地転がしといった特殊なルートで進行した。

　このように、70年代前半と80年代後半の地価高騰は、いずれも「金余り」を背景としており、余剰資金の不動産への大量流入、不動産資本の投機的行動によって引き起こされたものといえる。

3．縮小経済の下での土地資源問題

　2010年の国勢調査結果によると、日本の人口は1億2,805万7千人で、5年間の人口増減率は過去最低の0.2％にとどまった。2005年～2010年の都道府県別の人口増減をみると、東京都、神奈川県、千葉県など9都道府県で人口増加がみられたものの、北海道、青森、福島、秋田県など38道府県で人口減少となった。市町村別にみても、全国1,728市町村（2010年10月1日現在）の4分の3にあたる1,321市町村で人口が減少し、人口が増加したのは407にとどまっていた。

　地域経済の最近の変化について、「事業所・企業統計調査報告」をみると、2001年から2006年までの5年間で従業者を減らしている地域が非常に多く、雇用縮小地域が全国的に広がっていることがわかる（松原，2012）。こうした縮小経済化のもとで、土地資源の利用においてどのような問題が生じているのだろう

か、以下では農業、工業、商業、住宅の側面からみていくことにしよう。

(1) 日本農業における耕作放棄地の増大

日本の農地面積は、1960 年の 607 万 ha から減少傾向をたどり、2011 年には 456 万 ha となった。2010 年の「耕地面積統計」によると、農地の減少理由は、非農業用途への転用によるものが 55%、耕作放棄によるものが 44% となっている。「以前耕地であったもので、過去 1 年以上作物を栽培せず、しかもこの数年の間に再び耕作する考えのない土地」を耕作放棄地として、農林業センサスでは定義しているが、こうした耕作放棄地は、1985 年まではおおよそ 13 万 ha で横ばいであったが、1990 年以降増加が顕著となり、2010 年には 39.6 万 ha に達している。耕作放棄率も、1980 年の 2.5% から 2010 年には 10.6% に及んでいる。農家の分類別に耕作放棄地面積をみてみると、主業農家及び準主業農家の耕作放棄地面積は 1990 年以降横ばいであるのに対し、土地持ち非農家や自給的農家のそれは増加傾向にある。農業地域類型別に耕作放棄地面積率（2005 年）をみると、山間農業地域が 14.6% と最も高く、以下中間農業地域（12.9%）、都市的地域（12.7%）の順であった。

ところで、耕作放棄地に似た用語として、遊休農地という用語があり、「農地であって、現に耕作の目的に供されておらず、かつ、引き続き耕作の目的に供されないと見込まれるもの」として、農業経営基盤強化促進法で定義されている。こうした遊休農地対策として、2009 年 12 月に農地法の改正がなされ、毎年 1 回、農業委員会による区域内にある農地の利用状況調査の実施が法定化されることになった。利用状況調査の結果、過去 1 年以上作物の栽培が行われていない農地や所有者が農業経営を行う意向のない農地、周辺の農地利用に比して利用の程度が著しく劣っていると認められる農地と判断された農地については、遊休農地の所有者に対して、利用状況調査の結果を伝え、耕作再開に向けた指導または「遊休農地である旨の通知を行う」とされている。改正農地法の施行後、2010 年末までに全国で 6,443 ha を対象に、34,079 件の指導が行われたとのことである。

(2) 工場用地をめぐる需給ギャップ

グローバル化が進む中で工場の立地動向も複雑化してきており、工場の新規

立地のみならず、移転や拡張、閉鎖、縮小、機能変化といった多様な変化を捉えていくことが必要になっている。こうした近年の工場立地の量的・質的変化は、工業用地の需給にいかなる変化を与えてきたのだろうか、以下では、『工業統計表』の用地・用水編を用いて、工業用地の変化をみてみることにしよう。なお、用地・用水編で集計されている対象工場は、従業員数30人以上の工場である。

図10-2は、1965年以降の事業所数、工場敷地面積および1事業所当たりの敷地面積の推移を示している。高度経済成長期にあたる1960年代後半から70年代前半まで、事業所数、工場敷地面積、1事業所当たり敷地面積ともに毎年大きな伸びがみられた。1970年代後半以降、オイルショック後の低成長期に入ると、事業所数は減少、敷地面積はほぼ横ばいで推移し、1980年代後半のバブル期に再び事業所数と敷地面積は増加傾向をみせるようになる。こうしたこれまでの推移に対し、バブル崩壊後の不況期に入ると、3本の線はそれぞれ別な動きをみせるようになる。事業所数は、明確な減少カーブを描き、敷地面積は横ばい傾向を

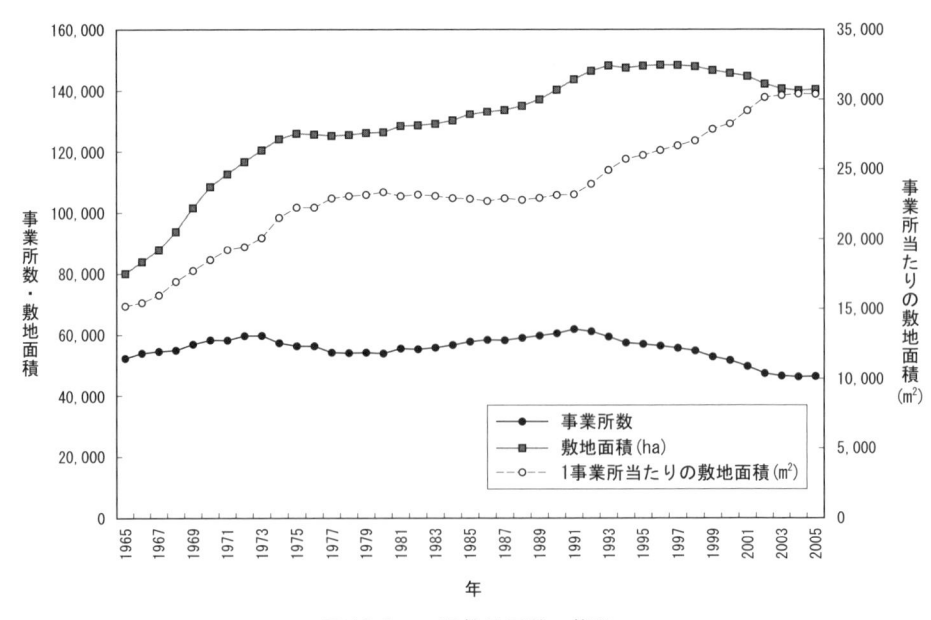

図10-2 工場敷地面積の推移
資料：『工業統計表（用地・用水編）』より作成。

経て、1990年後半から2000年代に入ると減少傾向を示すようになる。これに対し、1事業所当たりの敷地面積は、大幅な増加傾向を示すようになるのである。

次に、都道府県別の工場敷地面積（2005年）をみると、愛知県が最も大きく、以下茨城、兵庫、千葉、北海道の順となっていた。可住地面積当たりの工場敷地面積割合をみると、愛知県が3.9％で最も高く、以下神奈川県、大阪府、滋賀、兵庫の順であった。

工場敷地面積の変化（2000年〜2005年）を都道府県別にみると、東京都での減少率が最も大きく、沖縄、山形、高知でも10％を超えるマイナス、北海道、青森、大阪、鳥取、島根、徳島、鹿児島でも減少率が大きかった。これに対し、工場敷地面積の増大がみられる県は少なく、増加率もごくわずかにとどまっていた。

業種別の工場敷地面積をみてみると、鉄鋼業が最も多く全体の12.2％を占めていた。これに輸送用機械（12.1％）、化学工業（11.5％）が続いていた。2000年〜2005年の変化をみると、ほとんどの業種で減少していたのに対し、輸送用機械が6.7％、プラスチック製品製造業が4.8％の増加を示していた。1事業所当たりの敷地面積をみると、石油製品・石炭製品製造業が最も大きく、以下鉄鋼業、化学工業、非鉄金属製造業の順となり、広大な用地を必要とする素材型工業の特性が表れている。2000年〜2005年の増減率をみると、電気機械器具製造業の伸びが14.7％と大きくなっている点が注目される。小規模な電気機械工場が淘汰され、大規模な電気機械工場が中心的な存在になってきていることをうかがわせるデータといえよう。

ところで、工場数の減少傾向とともに工業用地も減少局面に入り、全体量での不足感はそれほど強くない。また、一部で地価の上昇が起きてきているとはいえ、未だ工業地地価はかつてほどの上昇をみせてはいない。こうした中で、どのような工場用地が求められてきているのだろうか、以下では「工場立地動向調査結果」をもとに、敷地面積規模別の立地動向をみてみよう（図10-3）。これによると、バブル期には比較的小規模な敷地面積での立地件数が多かったのに対し、2002年以降の景気回復期においては、1万m^2以上の比較的大規模な敷地面積を求める企業が増えてきている。また、工場立地1件当たりの平均敷地面積および平均建築面積の変化をみてみると、敷地面積については年による変動が大きいも

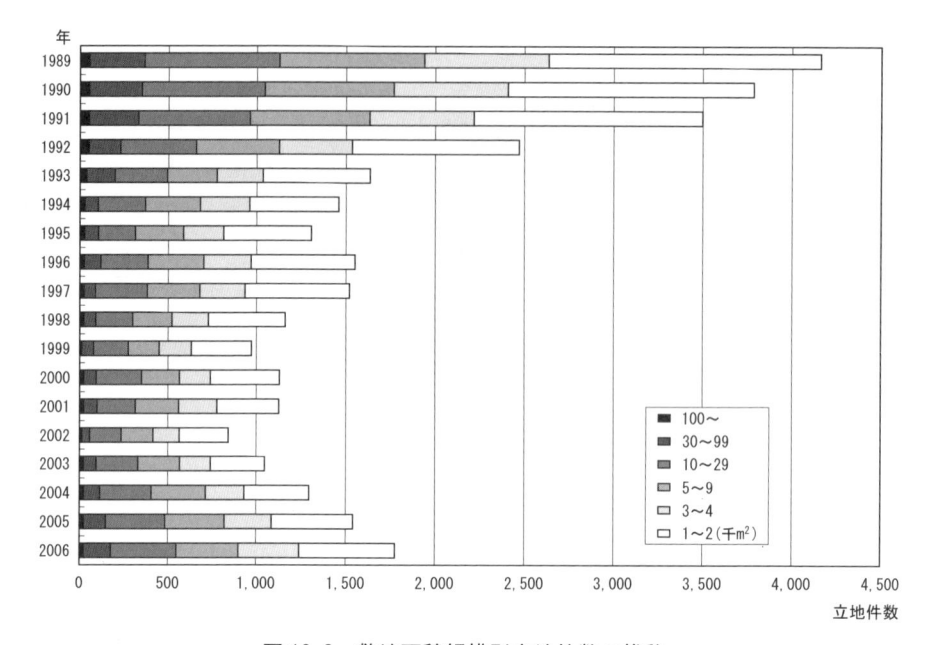

図 10-3　敷地面積規模別立地件数の推移
資料：経済産業省『工場立地動向調査結果』より作成。

のの、建築面積については 2003 年以降大幅に増大する傾向がみてとれる（松原, 2008）。業種別にみてみると、とくに電気機械と輸送用機械で建築面積が急増していることがわかった。こうした比較的大規模な工場用地を求める企業が増える傾向に対して、要望に見合う工場適地が提供できるかという点になると、問題は深刻である。

　都道府県のホームページより、工業団地の分譲状況を把握してみると、神奈川、埼玉、群馬、山梨、静岡などの諸県で、ほとんど工業団地が埋まってしまっており、新規分譲の区画が非常に少なくなっている現状が明らかになった（松原, 2008）。一方、北海道や青森などでは、大量の工業用地が売れずに残っており、分譲可能面積の地域差は非常に大きい。「工場立地動向調査結果」によると、工業団地内立地率（件数）は 50％弱を推移しており、工業団地のみで議論はできないにせよ、需給のアンバランスが生じているのは確かであろう。グローバル競争の下で、企業は本社や研究開発拠点との近接性を重視した立地、高度な

技術を有する人材を求めた立地、すなわち大都市圏を指向する傾向がある。しかしながら、2008年秋のリーマン・ショック、世界同時不況以降、国内立地件数は急減し、産業空洞化懸念が強まるなかで、工場用地の面での需給変動はますます大きくなりつつあるのである。

(3) 中心商店街の衰退と大型店閉鎖

　地方都市における中心市街地の衰退は、地域経済の活力の点で問題になるとともに、地方都市における土地資源の有効活用の点でも重要な政策的課題といえる。2003年度の「商店街実態調査結果」によると、全国の商店街の空き店舗比率は7.3％で、2000年の8.5％より減少しており、駐車場や住宅に転換し、減少したことも寄与している。ただし、「今後も増加する」と回答した商店街は、半分近くにのぼる。「シャッター通り」と呼ばれる商店街が全国各地で拡がっているが、そうした理由は、商店主が高齢化し、跡継ぎがいないために、廃業をした結果であることが多い。

　こうした中小零細の商業者の店舗とは別に、大型店の閉鎖も相次いでおり、こちらの場合は、土地利用のみならず土地・建物の所有問題がからむことが多い。すなわち、中心市街地に比較的規模の大きな空き地が発生し、そうした空き地が長い間利用されないという事態が続いているのである。大型店の閉鎖の要因としては、古くからの地元百貨店が倒産、閉鎖に追い込まれたケースと全国チェーンによる店舗のスクラップアンドビルドによるケースとに分けられる。閉鎖された大型店跡地の利用については、地元自治体が公共施設を立地させて、活用を図ったり、他の大型店を誘致しようとしたり、様々な対応がとられてきた。

　経済産業省による『中心市街地における大型空き店舗等遊休不動産の活用に係る調査・研究事業報告書』(2012年) によると、2000年6月の大店立地法の施行以降に提出された大型店の廃止届は、2011年12月までで1,525件、店舗面積では532万1千m^2にのぼる。しかも、1件当たりの廃止店舗面積は大きくなる傾向にある。地方ブロック別にみると、関東が591件で最も多く、以下近畿 (186件)、中部 (176件)、九州・沖縄 (161件) の順であった。

　また、全国の市区町村へのアンケート調査結果 (回収率72.6％) によると、回答のあった1,258市区町村のうち、中心市街地に「営業中の大型店舗がある」と

答えた自治体は 536、「大型空き店舗がある」と答えた自治体は 96、「大型店舗跡の空き地がある」と答えた自治体は 54 を数えた。営業中の大型店、空き店舗、空き地の総数は 2,140 で、空き店舗は 121、空き地は 61 であった。空き店舗の 76％、空き地の 72％が地方圏にあり、このうち空き店舗の 45％、空き地の 50％が、10 万人以上～30 万人未満の都市に分布していた。地方ブロック別では、空き店舗の 35％、空き地の 36％が関東に、空き店舗の 16％、空き地の 26％が東北に分布していた。

(4) 少子・高齢化とグローバル化による土地資源の変容

『平成 18 年版土地白書』では、「土地基本調査」のデータをもとに、全国の空き地が 1998 年の 124,512 ha から 2003 年には 130,687 ha に増加していること、絶対量では北海道、関東、中部、九州・沖縄地区で多く、増加率では関東や北陸地区で高くなっていることを示している。また、総務省「住宅・土地統計調査」によると、全国の住宅総数に占める空き家（別荘などの二次的住宅を除く）の割合は、1980 年代前半の 6％から 2003 年には 12％、2008 年には 13％へと増加傾向を示している。これを都道府県別にみると、西日本とりわけ中国・四国地方で高くなっている。こうした空き地・空き家の増加傾向は、少子・高齢化、人口減少の進行や農林業の衰退と密接に関わっていると考えられ、ゴミなどの不法投棄の誘発、景観の悪化、防災や防犯機能の低下などの問題が指摘されている。

こうした土地管理水準の低下は、地方圏だけの問題ではなく、大都市圏でも生じている。首都圏の人口動向をみてみると、1995 年以降、都心部での人口増加が顕著になり、逆に郊外の人口が減少傾向に転じている。いわゆる「都心回帰」現象がみられ、交通の便が良くない「アウターサバーブ」では、高齢化が進行するとともに、空き地・空き家が目立つようになってきていると指摘されている。『平成 16 年版首都圏白書』では、首都圏大規模ニュータウンを取り上げ、短期間に大量の住宅が供給されたニュータウンでは、住民の高齢化や住宅の老朽化、中心商業施設の衰退などの現象が顕在化しつつある点を指摘している。こうした縮小都市化の傾向は、首都圏のみならず、大阪や名古屋などの大都市圏でもみられるようになっている。

一方で、都心に立地しているオフィスビルにおいても、空きスペースが増大

してきている。三鬼商事のデータによると、東京都心5区（千代田・中央・港・新宿・渋谷）の空室率は、2000年12月の3.17％から2003年12月に8.12％に上昇した後、2007年12月までに2.65％に低下したものの、2008年のリーマン・ショック以降再び上昇し、2011年12月には9.01％となった。その他の主要都市ではより深刻な状態が続いており、2011年12月の空室率は、大阪と札幌が10％台、名古屋と横浜が11％台、福岡が13.23％、仙台が15.05％となっていた。

　なお、都市地域における土地資源利用としては、宅地が中心となるが、全国の宅地供給量の推移をみると、1961年から1972年にかけて大幅に増加した後、以後急速に減少し、2007年には5,400 haにとどまっている。とりわけ、公的供給は、日本住宅公団が住宅・都市整備公団、都市再生機構へと名称変更し、役割を変化させるとともに、大幅に減少してきている。三大都市圏の宅地供給量も1995年以降大幅な減少を示している。このように、宅地政策の基本的方向もこれまでの量的拡大政策から転換され、質の維持向上に向けた宅地政策の展開とストックの有効活用等が展開方向としてあげられている。

　ところで、21世紀に入り不動産市場における大きな変化としては、不動産証券化の動きを指摘することができる。証券化の対象となる不動産の取得実績の推移をみると、2000年度の161件から2006年度の1,642件へと急増し、2008年度には456件へと急減している。用途別資産額も、1990年代末のオフィスが7割前後を占める時期から、2002年度以降になると、オフィスの割合は3割台になり、住宅や商業施設の割合が増加する。

　こうした不動産証券化の動きとともに、国境を越えてのクロスボーダー投資が顕著になってきた点も注目すべき事態である。日本への不動産投資額におけるクロスボーダー比率は、2007年の第3四半期に50％近くまで達した後に低下し、2010年には20％台になっている。国別ではアメリカが大半を占め、香港、シンガポールからの投資もある。

　また、2006年〜2010年における外国人・外国資本による森林取得の事例として、全体で40件、620 haが把握されている。そのうちの36件、604 haが北海道の森林であり、水源の確保などの観点から、より詳しい把握と対応が求められている。

4．国土保全の動きと土地資源をめぐる政策的課題

　本章では、土地利用と土地所有の変化を概観するとともに、縮小経済下の土地資源問題について、とりわけ有効に利用されない低・未利用地が増大している実態を、農業、工業、商業、都市の各側面についてみてきた。

　こうした土地資源をめぐる問題が深刻化する一方で、問題を解決し、国土の保全を進めようとする動きもまた活発化してきている。しかも、従来のように国や自治体が中心になるというよりも、NPO などの市民団体や研究者、民間企業など、多様な主体が関わる傾向が強くなっている。1970 年代以降、知床半島や和歌山県天神崎などで自然環境を守るために繰り広げられてきたナショナルトラスト運動や歴史的・伝統的建造物が建ち並ぶ街なみを保存しようとする運動、農山村地域における棚田や里地里山を保全しようとする運動など、土地の地理的状況に応じて多様な運動が展開されている。たとえば、里地里山保全については、COP 10（生物多様性条約第 10 回締約国会議）が名古屋で開催されたことを契機に、日本で蓄積されてきた里地里山保全の知恵を世界各地の自然共生社会の実現に活かしていく取り組みを「SATOYAMA イニシアティブ」として、世界各地に運動を拡げようとする動きが活発化している。環境省がまとめた『里地里山保全活用行動計画』によれば、行動計画は、全国レベルと地域レベルとに分けられており、市民・NPO、農林業者や地域コミュニティ、企業、専門家・研究者、国や地方自治体といった各主体が、参加・協働による里地里山保全活用を、地域の自然条件や社会条件など地域特性に応じた対応を行うとしている。

　ところで、国土交通省による『土地白書』では、国の土地政策の基本的施策として、土地に関する情報の体系的整備と国土調査の推進、不動産取引価格情報等の提供、不動産投資市場の整備、土地税制における対応、土地利用計画の整備・充実等、都市計画における適正な土地利用の確保、低・未利用地の利用促進、河川流域の適切な保全、文化財等の適切な保護等があげられている。このほか、国連環境計画金融イニシアティブ不動産ワーキンググループでは、環境、社会、企業統治を重視する「責任不動産投資」を提唱している。

　こうした具体的な施策のみならず、国土政策のなかに、土地資源を位置づけていくことが求められよう。1950 年に策定された国土総合開発法は、2005 年に国

土形成計画へと名称変更され、従来からの全国計画に加え、広域地方計画が策定されることになった。その後、2009年9月に政権交代が起き、国土形成計画の位置づけも変わったが、地域主権の時代における土地資源のあり方については、必ずしも明確な方向性が打ち出されているとはいえない。従来の都道府県による土地利用基本計画とは別に、東北や九州などの広域圏を対象にした土地利用計画が、広域地方計画とともに今後は重要性を増していくものと思われる。

　なお、2011年3月11日に発生した東日本大震災は、広域にわたる日本の海岸部に甚大な津波被害をもたらした。さらに、今後予想される東海、東南海、南海地震による津波被害は、西南日本の太平洋岸に大きな被害を及ぼすことが報じられている。日本の相当量の土地資源が津波被害のリスクを負っていることになり、そうした観点からの国土形成計画の見直しも喫緊の課題といえよう。

参考文献

加藤和暢（2003）：日本の地域構造，（所収　松原　宏編『先進国経済の地域構造』東京大学出版会：221-250）．

島本富夫（1973）：わが国土地所有の現状に関する検討，『農政調査時報』1973年12月号：10-25．

松原　宏（1982）：東急多摩田園都市における住宅地形成，『地理学評論』55：165-183．

松原　宏（1988）：『不動産資本と都市開発』ミネルヴァ書房．

松原　宏（2006）：『経済地理学－立地・地域・都市の理論－』東京大学出版会．

松原　宏（2008）：製造業のグローバル化と工場立地の変容，『不動産研究』50：5-15．

松原　宏編（2012）：『産業立地と地域経済』放送大学教育振興会．

おわりに

　本書の企画を中藤康俊先生からお聞きしたのは2年前で、北京の外交学院から一時帰国された時だったと記憶している。中国での滞在が、日本の資源問題を強く意識せしめたのではと想像するが、資源・エネルギー問題が話題に上ることが多い反面、専門書がきわめて少ないと感じており、また駒場の新コースの講義科目として資源論が予定されていたこともあり、大いに関心を持って話をうかがった。その後、学内外の仕事で忙しく、本のことは先生にお頼りしてしまったが、編者としての役割を多少とも果たせればと思い、まとめの文章を記すことにした。

　まずは各章を簡単に振り返っておこう。第1章では、資源を自然資源と社会資源の二つに分け、広く捉えることをあらかじめ断っている。その上で資源問題を、①資源の開発、利用、保全をめぐる問題、②グローバル化に伴う問題、③「地域づくり」に関する問題、④国土利用といった四つの側面から捉え、さらに資源問題の歴史的、階級的、地域的性格を指摘している。また、「資源有限論」には批判的で、資源の偏在に伴う需給関係の問題、「社会の有限性」をむしろ問題にし、重層的な地域的視点を重視しつつ、時期としては1990年代以降に焦点を当てるとしている。その上で、資源外交、資源備蓄、原子力政策の見直し、新たな資源・エネルギーの開発、省資源・省エネ技術の開発、資源循環・管理型社会の形成、持続可能な社会の形成、産業・国土構造・生活スタイルの転換を柱とした日本の資源政策を提起している。

　第2章では、食料資源の地域的偏倚、フードチェーンの地理的拡大を歴史的に整理するとともに、資源獲得における国家や多国籍企業によって主導されるフードチェーンのパワー問題に光を当てている。また安定した食料資源確保については、量的・質的側面と、国家の役割の重要性に言及している。

　第3章では、森林資源問題の構図を明示した上で、森林をめぐる「U字型仮説」と木材貿易、森林認証とREDD+といった経済面と制度面の二つのグローバル化

を検討している。その上で、「森林少子化」が危惧される森林管理をめぐる民主党政権の「森林・林業再生プラン」について、市場の限界と地域の限界を指摘している。

第4章では、水資源の特徴として、多目的に利用可能で、浪費的に利用されやすい点を述べるとともに、ダム・河口堰による水資源開発が、水需要に合わない点を指摘している。また、中止に向けた動きと止まらない公共事業の慣性が紹介されている。

第5章では、水産資源をめぐる問題として、海水温の上昇などの海洋環境の変化による影響、沿岸海域の埋立て問題、海域の汚染問題、乱獲に対する漁業管理の問題、領土問題を孕む国際的な水産資源問題などを取り上げている。また課題として、漁場環境の保全と再生、漁協を中心とした自主的な漁業制度や漁業管理などを指摘している。

第6章では、石炭の時代から石油の世紀、ポスト石油・原子力の時代へというエネルギー経済の歴史を、学説史や原油価格の地域差、日本のエネルギー経済や電力体制の特徴、エネルギー政策の課題といった豊富な話題を挿入しつつ、論じている。

第7章では、環境問題、とりわけ廃棄物問題と関連づけながら、鉱物資源の調達とリサイクルを取り上げ、前半では、持続可能な発展をめざし、枯渇性資源と再生可能資源との関係やリサイクルに関する法的整備がなされてきた経緯を整理している。後半では、鉄スクラップや銅および関連スクラップなどの循環資源の国際移動や、レアメタル・レアアースなどをめぐる国際資源循環論や新たな資源ナショナリズム、都市鉱山などの資源環境戦略の重要性を指摘している。

第8章では、資源論における観光資源の位置づけを行い、その上で、定常型社会の観光に着目し、そうした観光資源として、温泉資源、森林資源、ジオパークの事例をあげ、観光資源の保護と管理の課題を述べている。

第9章では、資源論における人的資源の取扱い方および人的資源の特徴について論じるとともに、高度成長期、安定成長期、低成長期といった戦後日本の各時期で、いかなる社会的調整のメカニズムによって労働力の需要と供給の空間的・時間的ミスマッチの克服が目指されたのかを、明らかにしている。なかでも高度成長期には、新規学卒労働市場における学校の役割が重要であったのに対し、低

成長期においては労働市場の一部が中間労働市場に置き換わり、自由市場に近づいた点に着目している。

　第10章では、土地資源の意義や特殊性を指摘した後に、日本の土地利用・土地所有の変化、地価の推移を整理し、その上で縮小経済下での土地資源問題として、日本農業における耕作放棄地の増大、工場用地をめぐる需給ギャップ、中心商店街の衰退と大型店閉鎖、少子・高齢化の下での空き地・空き家の増大等を取り上げ、国土保全の動きと広域的観点からの土地利用計画の推進などの政策的課題を指摘している。

　以上、各章の概要をみてきたが、本書では、広義に資源を捉えることによって、資源問題を広くカバーしながら、1990年代以降の新しい資源問題を中心的に取り上げ、この間の研究の空隙をある程度埋めえたのではないかと思っている。もっとも、グローバル化と人口減少、多様な主体の関わりの下で、日本の資源問題は複雑さを増しており、それらをまとめることは難しい。

　編者2人がオーガナイザーになり、2012年5月20日に北海学園大学（札幌市）にて開催された経済地理学会大会時に、ラウンドテーブルを企画した。そこでは、本書の執筆者全員が、それぞれ5分以内で担当部分に関わる政策的課題を提起し、会場の参加者の方々の意見をうかがいながら、討論を行った。会場から出された意見は多岐にわたるが、主な論点をまとめておきたい。

　第1点は、資源の定義に関するもので、資源をどう捉えるか、どこまで含めるかが問題とされた。本書では、土地や森林、水や鉱物といった天然資源に加え、稲や麦などの農業原料やその加工品である食料、木材、電気、石炭などの原料、さらには観光資源や人的資源まで、広義に捉えていこうとするのに対し、会場からは国土利用・土地利用の観点から天然資源に限るべきだとする見解が対峙された。また、資源を羅列的に扱うことによって、議論が散漫になることについても批判が出された。このほか、人間と自然との関係、物質循環論の観点から資源を捉えることが重要だという意見も提示された。

　第2点は、資源をめぐるグローバル・ローカル関係についてである。資源の保護に関するローカルな取り組みが活発化し、そうしたローカルな動きが、国際会議などを通じて、グローバルな意味での資源のサステナビリティに連動する局面が増えている。その一方で、資源ナショナリズムとグローバルな資源獲得競争が

先鋭化してきている点も無視できない。日本では少子高齢化の下で、一部の資源は過剰となりつつあるのに対し、世界的にみると資源は不足しており、資源争奪競争が激化している。こうした資源をめぐる内外のギャップに着目する必要性も指摘された。

　最後に残された課題をいくつか指摘しておこう。

　第1は、資源の定義や捉え方についての整理・検討が依然として必要であるという点で、資源全体のなかで、個別の資源をどう位置づけ、配列するかも検討の余地が大きい。

　第2に、資源問題を検討するフレームワークの強化があげられよう。本書の各章で試みられているが、当該資源の特徴や位置づけ、資源利用の歴史的変化、主体間関係、地域的特徴、グローバル・ローカル関係、政策などの観点に留意し、相互の関連性を重視しながら実態把握をまとめていくことが重要だろう。

　第3は、資源問題を解決する新たな方向性を切り開き、科学的根拠に基づいた資源利用のあり方を政策的に提言する必要性があげられる。20世紀の帝国主義戦争の時代、戦後の冷戦時代が終わった今、資源の共同利用、資源の平和利用の枠組みなどを、地域経済統合の進展とともに、アジア地域で構築し、推進できるかが問われているといえよう。

　また、2011年3月11日の東日本大震災、原子力発電所の事故によって、災害や事故に強い国土利用をどう構想するか、あるいは自然エネルギー利用をいかに進めていくかが問われている。資源の枯渇を避け、いかにリサイクルを進め、再生可能エネルギーの利用を増やすかという点も重要であろう。もちろん、楽観できない深刻な事態も少なくないが、本書が、資源問題についての理解に役立ち、議論の一端を担えたとしたら、幸いである。

2012年7月

松原　宏

索 引

[あ 行]

空き地　230
空き家　230
アグリビジネス　28, 35, 37, 40, 42, 45
アングロ・アメリカ（Anglo America）162
E-Waste 問題　164
ヴァーレ（Vale）　160
エコタウン事業　156, 157
エコツアー　189
エコツーリズム　13, 182
エネルギー革命　123, 125, 127, 132, 134
エネルギー経済　124, 128, 136, 144
エネルギー資源　12, 131, 144
エネルギー政策　8, 134, 143, 145
円高不況　160
遠洋漁業　102, 105
沖合漁業　114
温泉資源　176, 177
温泉ブーム　178

[か 行]

海域の汚染問題　111
外部労働市場　202
化学的酸素要求量（COD：Chemical Oxygen Demand）　111
拡大家族　203
拡大生産者責任（Extended Producer Responsibility）　155, 156
確認（proven）可採埋蔵量　129
化石エネルギー　19, 123, 128, 146
河川水利秩序　84, 85
環境と開発に関する世界委員会（ブルントラント委員会）　21, 143
観光資源　13, 173, 174, 176, 188, 189
環太平洋戦略的経済連携協定（TPP）　10
企業内地域間分業　204
究極可採埋蔵量（ultimate recoverable reserves）　129
漁獲可能量（TAC：Total Allowable Catch）　109, 114
漁獲努力量管理（TAE：Total Allowable Effort）　114
挙家離村　199
漁場環境　109, 110, 116, 120
近代家族　203, 205, 207
空室率　231
グローバル化　47, 50, 159, 225, 230
傾斜生産方式　127, 133
原子力政策　18
原子力発電　4, 139, 141, 142
広域地方計画　233
工業団地　228
工業用水　79, 85, 87, 89, 94
工業用地　226〜228
耕作放棄地　10, 19, 35, 225
工場用地　225
鉱物資源　149, 217
国際再生可能エネルギー機関（IRENA：International Renewable Energy Agency）　152
国際資源循環政策　167
国際捕鯨委員会（IWC：International

Whaling Commission) 117, 118
国土形成計画 233
国土構造 22, 135
国土政策 232
国土利用 218, 219
固定価格買い取り制度（Feed in Tariff）153
固定枠買い取り制度（Renewable Portfolio Standard）153
古田優先原理 84
個別漁獲割当（IQ：Individual Quota）109, 114, 120
ごみ固形燃料（RDF：Refuse Derived Fuel）158
ごみ固形燃料処理事業 158
コミュニティ 9, 22, 175, 196
雇用ポートフォリオ 207, 208
コンパクト・シティ 146

[さ 行]
サービス経済化 206
再生可能エネルギー 19, 143, 152 〜 154
栽培漁業 104, 109, 116, 120
差額地代 217, 218
サステナビリティ 137, 144, 146
里地里山 181, 232
里地里山保全 232
3R（政策）149, 154, 155, 164
産業構造 10, 17, 22, 141
産業廃棄物 5, 154, 155, 164
ジェンダー規範 207
ジオツーリズム 186
ジオパーク 182 〜 187
市街化区域 223
市街化調整区域 223
資源 1 〜 4, 15, 17, 18, 75, 105, 125, 128, 129, 131, 144, 145, 149, 164, 173, 174, 211, 217

資源外交 17
資源管理 21, 113, 121
資源管理型漁業 120
資源ナショナリズム 2, 5, 7, 12, 16, 145, 167 〜 169
資源備蓄 18
資源保護 117
資源メジャー 5, 160, 169, 170
資源問題 2, 3, 6 〜 8, 15, 16, 174
自然資源 2, 20, 181
持続可能な開発（発展）（Sustainable Development）21, 151, 189
地代 217
地盤沈下 85, 87, 88
社会資源 2
社会的調整 201, 212
社会的費用 145
ジャスト・イン・タイム 208 〜 210
終身雇用 202, 207
縮小都市化 230
循環型社会 5, 9, 141, 142
譲渡可能個別漁獲割当（ITQ：Individual Transferable Quota）109, 114, 120
食料自給率 9, 103
食料資源 25 〜 32, 35 〜 44
食料輸入 33, 34
女性労働力 204
人為的自然 217
人工鉱床構想（Reserve to Stock）168
人口転換 199
人材 15, 193
新卒一括採用制度 200, 201
人的資源 9, 27, 28, 40, 43, 193 〜 200, 202, 203, 205, 212, 213
人的資源管理 194
人的資本 208
森林組合 68

森林経営計画制度　65
森林資源　47, 48, 50, 52 〜 54, 59, 61 〜 63, 69 〜 71, 179
森林消失　54
森林認証　60, 61
森林療法　179
水害　81 〜 83, 93
水産業復興特区　115
水産資源　12, 103 〜 110, 113, 114, 116, 118, 120, 121
水道水　77, 78
水道用水　85 〜 88, 94
水土保全（Protection of soil and water）　57
スマート・グリッド　124
スローフード　39
成長の限界　3, 7, 151
生物学的許容漁獲量（ABC：Allowable Biological Catch）　114
石油危機　17, 20, 134, 139
石油産業　145
石油メジャー（ズ）　126 〜 130, 133, 145
全国総合開発計画　219
ソフト・エネルギー・パス　143

[た　行]
ダイオキシン問題　154, 156, 158
宅地　219 〜 221, 231
多国籍企業　35, 42, 43
多就業構造　204
ダム・河口堰　88, 91 〜 97
炭鉱離職者対策　199
地域資源　8, 21
地域独占　138
地域労働市場　204, 205
地価　206, 222, 223
地価高騰　223, 224
地球温暖化　112, 146

地球サミット　21, 152
治水計画　82, 83
中間労働市場　210 〜 212
中間労働市場論　209
中心市街地　135, 229
チューネン圏　218
定常型社会　174 〜 176
定常社会（stable society）　126
鉄スクラップ　160 〜 162, 169
電源立地　138
電力産業　138, 145
電力自由化　152
独占地代　217
都市鉱山　20, 168, 170
都市内部構造モデル　218
都市用水　85, 87 〜 89
都心回帰　230
土地資源　14, 27, 28, 40, 43, 217, 218, 224, 229, 232, 233
土地所有　218, 220, 232
土地神話　14, 218
土地整備　48
土地利用　83, 218, 219, 229, 232

[な　行]
内部労働市場　202
ナショナルトラスト運動　232
西テキサスの軽質低硫黄原油（WTI：West Texas Intermediate）　128, 131
農業用水　84
農地　220, 225

[は　行]
パートタイム労働　206
排他的経済水域（EEZ：Exclusive Economic Zone）　102, 105, 106, 110, 114, 116, 119
派遣労働者　209, 210

白金属（PGM：Platinum Group Metal） 150
BHPビリトン（BHP Billiton） 160, 162
東日本大震災 4, 18, 22, 115, 123, 143, 153
非正規労働者 209
標準労働者 198, 202
フードシステム 44, 45
フードチェーン 27, 28, 30〜33, 35〜41, 43, 44
フェアトレード 39, 41, 45
フォーディズム 127
福島第1原発（事故） 18, 112, 123, 143
不動産資本 223, 224
不動産証券化 231
普遍（ubiquitous）原料 125
プラザ合意 101, 160, 204
ブルントラント委員会 124, 143, 151

[ま 行]

マス・ツーリズム 178
まちづくり 9, 22
水資源 9, 78, 79
水資源開発 88, 89
水資源計画 93
水資源賦存量 79〜81
水収支 80
「緑の雇用」事業 67
モノカルチャー経済 169

[や 行]

有機農産物 41
遊休農地 225
有効求人倍率 200
U字型仮説 52, 53
Uターン志向 203
養殖業 12, 115, 120

[ら 行]

リオ・ティント（Rio Tinto） 160, 162
リーマン・ショック 135, 136, 169, 229
リサイクル 5, 20, 149, 150, 155, 156, 158, 159, 163〜165, 168
領土 217
領土問題 2, 6, 9, 16, 110, 121
林業クラスター 63, 68
林産物（Forest Products） 57
林齢構成 70
レアアース（REE: Rare Earth Element 希土類） 165〜168
レアメタル（希少金属） 6, 14〜16, 20, 149, 150, 165〜170
レント 128, 131, 144
労働経済学 196, 203
労働市場 194, 196〜198, 204, 207, 209, 211, 212
労働の地理学 194
労働力 193〜200, 202〜204, 211, 212
ローマ・クラブ 3, 7, 123, 126, 151

[a, b, c, ………]

FSC（Forest Stewardship Council） 60
GE（General Electric） 142
M&A（mergers and acquisitions） 130
OJT 202
PEFC（Programme for the Endorsement of Forest Certification Schemes） 60
REDD+（Reducing Emissions from Deforestation and forest Degradation Plus） 60, 61
RPF（Refuse Paper and Plastic Fuel） 158
SGEC（Sustainable Green Ecosystem Council）（緑の循環認証会議） 60

編著者および執筆者紹介 (50音順)

[編著者]
中藤 康俊（はじめに、第1章）
なかとう　やすとし・岡山大学名誉教授，華東師範大学（中国・上海）顧問教授　1939年岡山県生まれ．名古屋大学大学院博士課程修了．農学博士．専門は経済地理学．主著『現代日本の食糧問題』汐文社，『戦後日本の国土政策』地人書房，『水環境と地域づくり』古今書院，『北東アジア経済圏の課題』原書房，(編著)『混住化社会とコミュニティ』御茶の水書房

松原 宏（第10章、おわりに）
まつばら　ひろし・東京大学大学院総合文化研究科教授　1956年神奈川県生まれ．東京大学大学院理学系研究科地理学専門課程博士課程修了．理学博士．専門は経済地理学．主著『不動産資本と都市開発』ミネルヴァ書房，『経済地理学』東京大学出版会，(編著)『立地論入門』古今書院，『先進国経済の地域構造』東京大学出版会，『立地調整の経済地理学』原書房，『産業立地と地域経済』放送大学教育振興会

[執筆者]
荒木 一視（第2章）
あらき　ひとし・山口大学教育学部教授　1964年和歌山県生まれ．広島大学大学院文学研究科博士課程単位修得退学．博士（文学）．専門は経済地理学，食料の地理学．主著『フードシステムの地理学的研究』大明堂，『アジアの青果物卸売市場』農林統計協会

磯部 作（第5章）
いそべ　つくる・日本福祉大学子ども発達学部教授　1949年岡山県生まれ．岡山大学法文学専攻科史学専攻地理学コース修了．専門は人文地理学，漁業地理学，環境地理学．主著（共著）『日本の漁村・水産業の多面的機能』北斗書房，(共編著)『漁業経済研究の成果と展望』成山堂書店

伊藤 達也（第4章）
いとう　たつや・法政大学文学部教授　1961年愛知県生まれ．名古屋大学大学院文学研究科博士課程修了．博士（環境学）．専門は資源・環境論，経済地理学．主著『水資源開発の論理』成文堂，『木曽川水系の水資源問題』成文堂

米浪　信男（第8章）
　こめなみ　のぶお・神戸国際大学経済学部教授　1948年奈良県生まれ．大阪市立大学大学院経済学研究科博士課程単位取得満期退学．経済学修士．専門は観光経済学，経済地理学．主著『観光と地域経済』ミネルヴァ書房,『観光・娯楽産業論』ミネルヴァ書房,『現代観光のダイナミズム』同文舘出版

富樫　幸一（第6章）
　とがし　こういち・岐阜大学地域科学部教授　1956年山形県生まれ．東京大学大学院理学系研究科地理学専門課程博士課程修了，理学博士．専門は工業地理学，主著（共著）『人口減少時代の地方都市再生』古今書院,『図説　名古屋圏』古今書院,(共訳書)『空間的分業』古今書院

外川　健一（第7章）
　とがわ　けんいち・熊本大学法学部教授　1964年北海道生まれ．九州大学大学院経済学研究科博士後期課程中退，博士（経済学）．専門は経済地理学，環境政策，主著『自動車とリサイクル』日刊自動車新聞社，（共編著）『自動車リサイクル』東洋経済新報社

中川　秀一（第3章）
　なかがわ　しゅういち・明治大学商学部教授　1966年愛知県生まれ．名古屋大学大学院文学研究科博士課程単位取得満期退学．文学修士．専門は人文地理学，森林管理論．主著（共編著）『グローバル化に対抗する農林水産業』農林統計協会

中澤　高志（第9章）
　なかざわ　たかし・明治大学経営学部教授　1975年神奈川県生まれ．東京大学総合文化研究科博士課程修了．博士（学術）．専門は経済地理学，都市地理学．主著『職業キャリアの空間的軌跡』大学教育出版

書　名	現代日本の資源問題
コード	ISBN978-4-7722-3146-6 C3033
発行日	2012年9月20日　初版第1刷発行
	2014年11月7日　初版第2刷発行
編著者	中藤康俊・松原　宏
	Copyright ©2012 yasutoshi NAKATOU and hiroshi MATSUBARA
発行者	株式会社古今書院　橋本寿資
印刷所	株式会社太平印刷社
製本所	株式会社太平印刷社
発行所	古今書院
	〒101-0062　東京都千代田区神田駿河台2-10
電　話	03-3291-2757
ＦＡＸ	03-3233-0303
振　替	00100-8-35340
ホームページ	http://www.kokon.co.jp/
	検印省略・Printed in Japan

いろんな本をご覧ください
古今書院のホームページ

http://www.kokon.co.jp/

★ 700点以上の**新刊・既刊書**の内容・目次を写真入りでくわしく紹介
★ 地球科学やGIS, 教育など**ジャンル別**のおすすめ本をリストアップ
★ 月刊『地理』最新号・バックナンバーの特集概要と目次を掲載
★ 書名・著者・目次・内容紹介などあらゆる語句に対応した**検索機能**

古今書院

〒101-0062　東京都千代田区神田駿河台 2-10

TEL 03-3291-2757　　FAX 03-3233-0303

☆メールでのご注文は　order@kokon.co.jp　へ